PRODUCTION AND OPERATIONS MANAGEMENT
생산과 경영

류춘호·이정호 공저

간디서원

생산과 경영

초판 발행일|2021년 2월 25일
개정판 발행일|2022년 8월 25일
제3판 인쇄일|2024년 8월 20일
제3판 발행일|2024년 8월 30일
지은이|류춘호·이정호
펴낸곳|간디서원
펴낸이|최청수
주　소|(03340) 서울 은평구 가좌로 335, 2층
전　화|02)3477-7008
팩　스|02)3477-7066
등　록|제2022-000014호
E_mail|gandhib@naver.com
ISBN|978-89-97533-57-2 (93320)

ⓒ 류춘호·이정호, 2024

* 이 책의 무단전제와 복제 행위는 저작권법 제136조 1항에 의해 엄격히 금하며, 이 책의 일부 및 전부를 전재하려면 반드시 저자의 동의를 구해야 합니다.
* 잘못된 책은 바꾸어 드립니다.

머리말

'생산과 경영'의 제3판을 통해 다시 한번 이 교재를 소개하게 되어 매우 기쁘게 생각합니다. 무엇보다 이 교재를 선택하고 꾸준한 관심을 보내주신 모든 교수와 학생에게 깊은 감사의 말씀을 드립니다. 이번 개정판은 초판과 제2판을 발행한 출판사의 인쇄 및 출판업 철수로 인해 새로운 출판사와 협업 및 계약을 맺음에 따라 출간하게 되었습니다. 비록 이번 제3판의 목차, 내용, 연습문제, 탐구문제뿐만 아니라 교재로서의 출간 목표 모두가 제2판과 동일하지만, 출판사 변경을 통해 더욱 향상된 품질과 서비스로 다가가고자 합니다.

새로운 출판사와의 협력으로 이번 제3판에서 다음과 같은 개선이 이루어졌습니다. 첫째, 제2판에서의 오류를 모두 정정하여 완성도를 높였습니다. 둘째, 출판사의 최신 인쇄 및 제본 기술을 통해 교재의 내구성과 가독성이 보다 향상되었습니다. 셋째, 출판사의 유통망을 통해 교재를 더욱 신속하고 효율적으로 제공할 수 있게 되었습니다. 아울러 출판사의 체계적인 지원시스템을 통해, 여러분의 문의와 피드백에 더욱 빠르고 정확하게 반응할 수 있도록 노력하겠습니다. 이 교재가 교수와 학생의 수업 및 학습에 지속적으로 큰 도움이 되기를 바랍니다.

한편으로 이 교재가 수업에서 유용하게 사용될 수 있도록 지속적인 관심과 피드백을 부탁드립니다. 앞으로도 더욱 유익한 교재를 제공하기 위해 끊임없이 노력할 것을 약속드리며, 여러분의 소중한 의견을 언제든지 환영합니다.

이 책이 출간될 수 있도록 협조와 지원을 신속하게 해주신 간디서원에 감사의 말씀을 드립니다. 초판이 아닌 개정판임에도 불구하고, 출판사 여러분의 적극적인 협력 덕분에 개정판이 빠르게 출간될 수 있었습니다. 앞으로도 변함없는 협력과 지원을 부탁드립니다.

2024년 8월

류춘호 · 이정호 배

개정판 머리말

'생산과 경영'의 초판을 출간하고 보니, 워드 프로세서로 작성하여 단색으로 인쇄하는 바람에 친근감이 떨어지고, 여기저기 오타도 많았으며, 일부 그림은 손으로 그렸고, 내용도 간결하게 쓰고자 하는 의욕이 과하여 미흡한 부분도 많았습니다.

이에 설명이 부족한 부분을 수정/보완하였고, 전체적으로 서비스 분야에 관한 서술을 추가하였으며, 마지막에 '서비스 운영관리'라는 장을 새롭게 추가하였습니다. 연습문제가 부족하다고 판단된 경우에는 연습문제를 새로 추가하였고, 모든 장의 연습문제 뒤에 '탐구문제'를 추가하여 학생들이 배운 내용을 바탕으로 현실 문제에 관해 탐구해 보는 기회를 제공하였습니다. 아울러 가독성을 높이고 지루함을 줄이고자 단색 인쇄가 아니라 두 가지 색으로 인쇄하였습니다. 하지만 교재의 가격을 고려하여 양장이 아닌 사철(소프트커버)로 제본하였습니다.

요즘 학생들은 교재를 준비(구입)하는 비율이 과거 학생들과 비교해서 현저히 작아지고 있습니다. 그로 인해 출판계가 어려움을 겪는 것도 문제이겠지만, 그 결과 수업에 대한 집중도도 떨어지게 되고, 수업 내용을 이해하는 정도도 약해지고 있다는 점 또한 함께 고민해볼 문제라고 하겠습니다.

초판 머리말에서 말씀드렸던 학생들의 생각을 알아보기 위하여, 수강 학생들을 대상으로 설문 조사한 결과, '교재가 필요한 것일지라도 가격이 비싸면 사기 싫다'에 대한 평균점수(5점 만점)가 3.698, '교재가 두꺼우면 읽기 싫다'는 3.967, '교재의 내용 중 배우지 않은 곳이 많으면 돈이 아깝다는 생각이 든다'는 4.273, '부담을 느끼는 교재의 가격 평균'이 3.079(만 원)로 나왔습니다.

    학생들의 이러한 생각이 반영되어서 그런지, 초판으로 수업을 한 학생들의 교재(초판) 준비율이 93.1%로 예전보다 월등히 높았고, '교수님의 수업을 따라가기 위해 많은 노력과 시간을 투입하였다'라는 강의평가 문항에 대한 점수도 과거 5년의 평균(5점 만점)이 4.202였는데, 이번에는 4.504로 높아졌습니다. 교수의 수업 방식(강의, 과제, 시험 등)에 큰 변화가 없었다는 점에서 볼 때, 교재의 변화가 어느 정도는 영향을 미쳤으리라 생각합니다.

    이번 개정판은 완성도를 높이고자 노력하였지만, 수업 시간에 다루는 내용만 모아 책을 만들어서 초판의 간결함을 유지하였습니다. 초판으로 교재를 사용하면서 경험했던 것처럼, 개정판 교재도 준비하는 학생들이 더 많아지고 예습해오는 학생들이 더 늘어나길 희망합니다.

    그리고 이 책의 부족한 부분은 수업을 진행하면서 학생들의 피드백을 받아서 조금씩 개선함으로써 완성도를 높여가리라 마음을 먹고, 다음 개정판은 지금보다는 더 나아진 모습을 보여드릴 것을 약속드립니다.

    이 책의 출간을 위해 오래전부터 교재 집필의 의지를 키워주며 격려해주신 명경사 한의명 사장님과 정성 들여 원고를 편집해주신 최승훈 님께 깊은 감사를 드립니다.

2022년 1월

류춘호 · 이정호 배

초판 머리말

생산(운영)관리 과목은 학생들에게 그 내용이 '수학적'이라고 인식이 되면서 수강하기 어려운 과목으로 알려져 있는데, 특히나 고등학교 시절 문과 학생이었거나 '수포자(수학포기자)'였던 학생들에게는 그 불편해하는 정도가 더 큰 게 사실입니다.

20여 년 이상을 대학강단에서 이 과목을 강의해 오면서 느끼고 경험한 사실은 수업 전에 교재를 읽어 예습하거나 수업 후 복습하는 학생들은 그렇지 않은 학생들에 비해 학습성과가 월등히 높다는 것입니다. 그런데 최근 들어서는 SNS와 동영상 등의 시청각 자료가 일반화되면서 교재는 물론 책 자체를 아예 읽지 않는 학생들이 점점 더 늘어나고 있고, 나아가 이제는 대학교재를 준비(구입)조차도 않는 학생들도 많아졌다는 게 모두 공감하고 있는 현실이라고 생각합니다.

학생들의 대체적인 반응은 한 학기 동안에 배우는 양에 비해 교재가 너무 많은 양을 다루고 있고(책이 두껍고), 그로 인해 비싸진 책값 또한 학생들의 부담이 적지 않다고 합니다. 아울러 다음 수업 시간을 위한 예습에 대해서도 하나의 장(chapter) 전체를 읽어오라고 하기보다는 수업 시간에 다룰 부분만 구체적인 페이지를 적시하는 경우에 학생들의 예습 욕구가 더 높으며, 그 페이지 숫자가 적을 경우에는 예습 가능성이 훨씬 더 커진다고 합니다.

그래서 한 학기 동안 다루는 내용만으로 교재를 만들면 좋겠다는 생각에서 출발하여, 강의 노트에 살을 붙이고 말을 만들어 책의 형태를 갖추려다 보니, 그리고 전문 출판인의 힘을 빌리지 않고 저자 혼자 부족한 역량으로 만들다 보니, 아직은 분량도 비교적 적고 설명이나 예제 등도 불완전한 상태라서, 모든 면에서 제대로 된 교재와는 다소 거리가 있는 모습으로 첫선을 보이게 되었습니다.

하지만 이 책은 수업 시간에 다루는 내용만 모아서 간결하게 설명하였기 때문에, 다른 교재들에 비해 책의 두께도 얇고 가격도 저렴해서, 교재를 준비하는 학생들이 더 많아지고 예습해오는 학생들이 더 늘어나길 희망합니다. 그리고 이 책의 부족한 부분은 수업을 진행하면서 학생들의 피드백을 받아서 조금씩 개선함으로써 완성도를 높여가리라 마음을 먹고, 용기를 내어 출간하게 되었습니다. 개정판은 가능한 한 빨리 준비하여서 지금보다는 더 나아진 모습을 보여드릴 것을 약속드립니다.

부족하지만 이렇게나마 책의 모습을 갖추게 된 것은 오래전부터 교재 집필의 의지를 키워주며 격려해주신 명경사 한의명 사장님의 공로가 컸다고 생각하기에, 이 자리를 빌어 깊은 감사를 드립니다.

2021년 7월
류춘호 배

차례

| CHAPTER 1 | 생산관리 입문 | 1 |

    1.1   모 형   2
    1.2   생산시스템   5
        ■ 연습문제 / 7
        ■ 탐구문제 / 8

| CHAPTER 2 | 예 측 | 9 |

    2.1   예측치의 특성   11
    2.2   예측기법의 종류   12
        2.2.1 정성적 예측기법   13
        2.2.2 계량적 예측기법   14
    2.3   시계열분석기법   17
        2.3.1 이동평균법   18
        2.3.2 지수평활법   20
        2.3.3 추세분석법   23
        2.3.4 시계열분해법   27
    2.4   예측치의 평가   35
    2.5   예측기법의 선택   38
        ■ 연습문제 / 40
        ■ 탐구문제 / 43

CHAPTER 3　설비 및 총괄계획　45

3.1　내부생산과 외부구매　46
3.2　생산능력의 적정 규모　48
3.3　설비계획의 절차　50
3.4　총괄계획과 총괄생산단위　50
3.5　총괄계획 관련 비용　51
3.6　총괄계획의 수립과 운영　53
　■ 연습문제 / 54
　■ 탐구문제 / 56

CHAPTER 4　일정계획　57

4.1　생산공정의 종류　58
4.2　일정계획의 용어　60
4.3　작업순서의 평가기준　61
4.4　작업의 처리순서 결정　65
4.4.1　한 개의 작업장　65
4.4.2　두 개의 작업장　69
4.4.3　여러 개의 작업장　71
4.5　서비스 일정계획　72
　■ 연습문제 / 74
　■ 탐구문제 / 75

CHAPTER 5　프로젝트 일정계획　77

5.1　프로젝트 일정계획의 방법　78
　5.1.1　간트도표　79
　5.1.2　PERT/CPM　80
5.2　확정적 PERT/CPM　82
5.3　확률적 PERT/CPM　87
5.4　PERT/CPM의 시간과 비용 조절　88

■ 연습문제 / 91
■ 탐구문제 / 94

CHAPTER 6 　재고관리　　　　　　　　　　　　　　　　　　　　95

　6.1　재고의 유형　　　　　　　　　　　　　　　　　　　　96
　6.2　재고 보유 동기　　　　　　　　　　　　　　　　　　97
　6.3　재고 관련 비용　　　　　　　　　　　　　　　　　　99
　6.4　재고시스템의 고려사항　　　　　　　　　　　　　　100
　6.5　재고모형의 종류　　　　　　　　　　　　　　　　　101
　　　6.5.1 고정주문량모형　102
　　　6.5.2 고정주문주기모형　103
　　　6.5.3 두 모형의 차이점　103
　6.6　확정적 재고모형　　　　　　　　　　　　　　　　　105
　　　6.6.1 경제적 주문량모형　105
　　　6.6.2 경제적 생산량모형　112
　　　6.6.3 수량할인모형　115
　　　6.6.4 기타 확정적 재고모형　117
　6.7　확률적 재고모형　　　　　　　　　　　　　　　　　117
　　　6.7.1 단일기간재고모형　118
　　　6.7.2 확률적 고정주문량모형　121
　　　6.7.3 확률적 고정주문주기모형　123
　　　6.7.4 (S,s) 모형　124
　6.8　ABC 재고관리　　　　　　　　　　　　　　　　　　125
　　　■ 연습문제 / 127
　　　■ 탐구문제 / 130

CHAPTER 7 　자재소요계획　　　　　　　　　　　　　　　　　　131

　7.1　자재소요계획의 원리　　　　　　　　　　　　　　　133
　7.2　MRP시스템의 발전　　　　　　　　　　　　　　　　140
　7.3　MRP시스템의 한계　　　　　　　　　　　　　　　　141

7.4 로트크기결정 휴리스틱 기법　142
　　7.4.1 EOQ 근사(approximation)　143
　　7.4.2 Lot-For-Lot Production(LFL)　144
　　7.4.3 Silver-Meal Heuristic(SMH)　144
　　7.4.4 Least Unit Cost(LUC)　146
　　7.4.5 Part Period Balancing(PPB)　147
7.5 로트크기결정 최적해법　148
7.6 서비스 자재소요계획　148
　■ 연습문제 / 150
　■ 탐구문제 / 151

CHAPTER 8　적시생산시스템　153

8.1 칸반시스템　155
8.2 적시생산시스템의 효과　158
8.3 JIT와 MRP의 비교　160
8.4 작업자와 공급자　161
8.5 린 서비스　162
　■ 연습문제 / 164
　■ 탐구문제 / 164

CHAPTER 9　공급사슬관리　165

9.1 채찍효과　167
9.2 구 매　170
9.3 판 매　175
9.4 공급사슬의 성과　176
9.5 공급사슬의 발전　178
9.6 공급사슬의 설계　179
　■ 연습문제 / 181
　■ 탐구문제 / 181

| CHAPTER 10 | 품질관리 | 183 |

	10.1 품질에 관한 정의	184
	10.2 품질관리의 발전	185
	10.3 통계적 품질관리	187
	10.3.1 공정의 관리도　188	
	10.3.2 계량치관리도　189	
	10.3.3 계수치관리도　192	
	10.3.4 샘플링검사　194	
	10.4 서비스 품질관리	195
	■ 연습문제 / 197	
	■ 탐구문제 / 197	

| CHAPTER 11 | 서비스 운영관리 | 199 |

	11.1 서비스과정	200
	11.2 서비스능력	202
	11.3 서비스설계	204
	11.3.1 서비스 청사진　205	
	11.3.2 서비스 분류　206	
	11.4 대기행렬관리	207
	11.4.1 대기행렬모형　208	
	11.4.2 컴퓨터 모의실험　211	
	■ 연습문제 / 212	
	■ 탐구문제 / 214	

[부록] 표준정규분포표 … 215
연습문제 해답(홀수번) … 219
찾아보기 … 231

CHAPTER 01

생산관리 입문

1.1 모 형
1.2 생산시스템

생산관리(production management)란 기업의 생산활동(제품과 서비스 생산)에 대한 모든 것을 계획하고, 조직하고, 통제하는 것을 말하며, 운영관리(operations management) 혹은 생산운영관리(production and operations management)라고 부르기도 한다. 생산관리는 생산시스템의 생산성, 효율성, 경제성을 향상시키는 것을 목적으로 하는데, 구체적인 예로 품질 향상, 원가 절감, 납기 단축, 유연성 향상 등을 들 수 있다.

생산관리는 인류가 필요한 물품을 생산하면서 이미 존재하였다고 볼 수 있지만, 현대적인 의미에서의 생산관리는 산업혁명 시기에 태동했다고 보는 편이 일반적이다. 산업혁명 이전의 주문 생산에서 산업혁명(기계화, 분업화 등)을 거치면서 대량생산으로 인한 적정 생산량 및 재고 관리의 필요성이 대두되었고, 20세기로 들어서면서 테일러(Frederick W. Taylor)가 과학적인 작업 연구를 시작하면서 학문적인 기초를 갖추게 되었다.

이 책에서 다루게 될 의사결정 모형의 이해를 위해서, 먼저 모형의 일반적인 특성에 대해서 알아보고, 생산시스템에 대해서 살펴보기로 하자.

1.1 모 형

모형(model)이란 현실에 존재하는 것을 어떤 목적에 맞게 축소하고 단순화시킨 것을 말한다. 그 예로는 인형(현실: 사람), 비행기 장난감(현실: 항공기)이나 지도(현실: 지형지물), 수업시간에 다루는 모형(현실: 실제 의사결정 상황) 등을 들 수가 있다.

모형에는 정성적 모형과 계량적 모형이 있는데, **정성적 모형**(qualitative model)은 질성적 혹은 정서적 접근방법을 사용하며(주로 사회학, 심리학, 또는 행태론적인 접근방법이 이에 해당), 정성적인 것으로는 특성, 색깔, 냄새, 분위기, 느낌, 경향 등이 있고, **계량적 모형**(quantitative model)은 계량적/수리적 접근방법을 사용하며(주로 수학적인 도구를 사용), 계량적인 것으로는 크기/무게/부피, 비용/이윤 등이 있다.

정성적인 것과 계량적인 것은 서로 다르며 둘 중 어느 것이 다른 것보다 더 중요하다고 할 수는 없지만, 점점 정성적인 것을 계량화하려는 추세에 있다. 예컨대, 기업에서 부하직원의 성실성을 점수로 평가하거나, 이혼소송에서 정신적인 피해를 금액으로 환산하는 경우가 이에 해당한다. 정성적인 것을 계량화하는 과정에서 모든 요소를 다 계량화하지 못할 수도 있고 계량화한 요소마저도 제대로 계량화하지 못할 수도 있기 때문에, 이를 이용하여 의사결정을 할 경우에는 이러한 한계점을 감안해야 한다.

현실을 그대로는 다루기가 불가능하거나 어려운 경우, 이를 다룰 수 있을 만큼 축소하고 단순화시켜서 모형을 만들게 된다. 모형의 특성에는 취급용이성과 실제유사성이 있는데, **취급용이성**(feasibility)은 모형을 얼마나 쉽게 다루거나 해결할 수 있는가의 정도를 말하며, **실제유사성**(fidelity)은 모형이 그 출발점인 현실과 유사한 정도를 말한다. 이 두 특성 사이에는 상충(trade-off)관계가 있어서 [그림 1-1]과 같이 나타낼 수가 있다. 즉, 모형의 현실성이 크면 클수록 실제유사성이 높아지는 반면에 취급용이성은 낮아진다. 두 특성이 어느 정도 되는 모형을 선택할 것인가는 분석하고자 하는 의사결정의 특성에 따라 다르다.

그림 1-1 모형의 특성

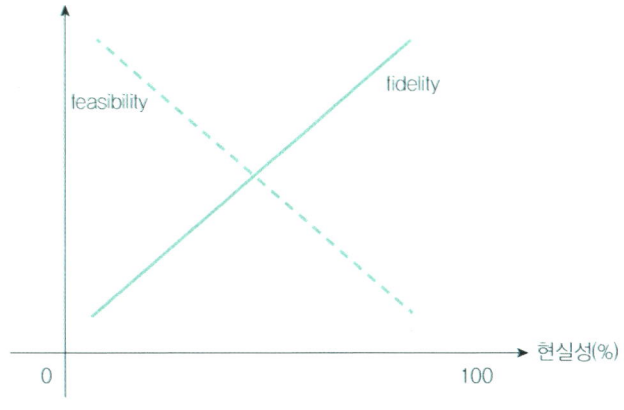

모형은 다음과 같이 여러 가지 용도로 사용될 수 있다.

a. 의사결정도구(tools for decision making): 모형의 분석 결과를 의사결정에 직접 반영할 수도 있는데, 그럴 경우에는 모형의 실제유사성(fidelity)이 충분히 커서 현실(실제의 의사결정 상황)과의 거리가 크지 않아야 한다.

b. 시사점의 원천(sources of insight): 모형의 실제유사성이 충분히 크지 않더라도 분석대상인 현실의 요소들 중 일부를 가지고 있기 때문에 모형의 분석결과로부터 시사점이나 교훈을 얻을 수가 있다.

c. 교육훈련도구(training tools): 실제 시스템을 사용하기 전에 그 시스템의 일부만 추출해서 만든 모형으로 교육훈련을 시킬 수 있다. 예를 들어, 운전면허연습기는 실제 시스템(자동차) 중 핸들과 가속페달, 브레이크 등의 필요한 기능만 뽑아서 만든 장치로서, 실제 자동차를 운전하기 전에 이를 이용하여 운전연습을 할 수가 있으며, 수업시간에 배우는 모형도 그 예에 해당된다.

d. 설명도구(descriptors of philosophical concepts): 모형은 눈에 보이지 않거나 추상적이어서 이해하기 어려운 현상을 설명하는 도구로 사용될 수 있다. 매슬로우(Abraham H. Maslow)의 인간욕구 5단계설이나 우주 생성의 원리를 설명하는 빅뱅이론 등을 예로 들 수 있다.

일상생활에서 자주 접하게 되는 의사결정들은 직관(intuition)적으로 선택하거나 과거에 있었던 전례(historical precedent)를 따라 결정하는 경우가 대부분이지만, 기업의 경영에 관련된 의사결정 상황은 복잡한 경우가 대부분이어서, 머리를 써서 쉽게 해결하기는 어렵고 이를 모형화하여 분석하는 것이 그 대안이 될 수 있다.

의사결정 상황에는 의사결정자가 추구하는 목표(소망)가 있고 이러한 목표를 추구하는 걸 제약하는 현실이 존재하는데, 목표를 계량화한 것이 **목적함수**(obejctive function)이고 현실의 제약조건을 계량화한 것이 **제약식**(constraint)이다. 대부분의 계량적 의사결정 모형은 이 둘을 다 가지고 있으며, 제약식을 만족하는 해(대안)들 중 목적함수 값이 가장 좋은 해(대안)를 **최적해**(optimal solution)라고 부른다. 따라서 앞으로 의사결정 상황을 접하게 되면, 목적함수와 제약식이 무엇인지부터 확인을 하는 것이 분석의 출발점이라고 하겠다.

1.2 생산시스템

생산시스템(production system)은 각종 자원을 효율적으로 투입하여 재화나 서비스를 생산하는 기능을 수행하는 종합적인 체계를 말한다. 생산시스템의 5요소는 투입, 변환과정, 산출, 피드백정보, 환경으로 이루어져 있으며, 이들의 관계는 [그림 1-2]처럼 나타낼 수 있다.

생산시스템의 **투입**(input)은 자재, 노동력, 자본, 에너지, 정보 등이고, **산출**(output)은 이 시스템이 생산한 결과물(재화나 서비스)이며, **변환과정**(transformation process)은 투입(물)을 산출(물)로 변환시키는 과정을 의미한다. **피드백정보**(feedback information)는 산출로부터 얻어지는 정보로서 투입이나 변환과정의 개선 및 조정에 반영되며, **환경**(environment)은 생산시스템을 둘러싸고 있는 대내외적 여건을 의미한다.

그림 1-2 생산시스템[Schroeder et al.(2013)]

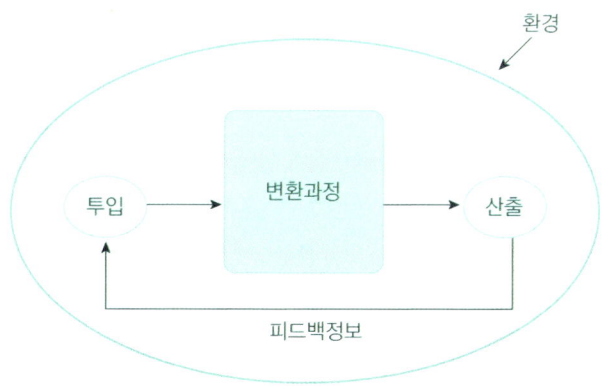

생산성(productivity)이란 산출을 투입으로 나눈 값으로 정의하는데, 동일한 투입으로 더 많은 산출을 얻거나, 동일한 산출을 얻는 데에 더 적은 투입을 넣거나, 종전보다 더 적은 투입으로 더 많은 산출을 얻게 되면 생산성이 향상되었다고 본다. 아울러 **효과성**(effectiveness)은 목표가 달성된 정도를 말하며 목표 대비 산출의 비율을 뜻한다면, **효율성**(efficiency)은 최소한의 투입으로 최대한의 산출을 얻는 것을 말하며, 투입 대비 산출의 비율을 뜻하므로, 생산성과 같은 의미로 사용되기도 한다. 즉, 효과적인 결과를 얻기 위해 효율적으로 자원을 사용해야 한다.

이 책에서는 생산의사결정에 대한 계량적 모형을 주로 다루며, 예측, 설비 및 총괄계획, 일정계획, 프로젝트 일정계획, 재고관리, 자재소요계획, 적시생산시스템, 공급사슬관리, 품질관리, 서비스 운영관리 순으로 살펴볼 예정이다.

연습문제

1-1 우리 주변에서 모형(model)을 하나 찾아서, 그것의 출발점인 현실이 무엇이고, 어떤 목적으로 만들었으며, 어떠한 점을 축소하고 단순화하였는지를 설명하여라.

1-2 우리 주변에서 '소망(바람)'과 '현실(제약)'이라는 두 가지 구조로 바라볼 수 있는 것들을 하나 찾아서, 왜 그렇게 생각하는지를 소망 측면과 현실 측면 각각에 대하여 설명하여라.

1-3 생산관리 시스템의 5가지 요소를 '가정(home)'의 경우에 적용할 때 각각 어떠한 것을 상정할 수 있는지를 논하고, 그 중 가장 중요하다고 생각하는 요소를 골라서 왜 그렇게 생각하는지 그 이유를 서술하여라.

1-4 어느 반도체 장비 제조업체는 최근 2년간 다음과 같은 산출 및 투입 요소들에 대한 재무적 자료를 이용하여 생산성(productivity)을 측정하고, 이로부터 내년도 운영에 관한 의사결정을 하고자 한다. 다음 물음에 답하여라.

요소 \ 기간	작년	올해
산출(단위; 천 원): 매출	200,000	225,000
투입(단위; 천 원): 노동	32,000	44,000
원자재	33,000	45,000
에너지	8,000	8,750
자본	50,000	50,000
기타	2,000	2,250

a) 올해 총생산성(total productivity)은 작년에 비해 몇 % 증가 또는 감소하였는가?
b) 만약 올해 총생산성이 감소하였다면, 어느 요소의 생산성(partial productivity)이 원인이라고 할 수 있는가?

1-5 어느 자동차 정비센터는 대한자동차만 수리하는 대리점이다. 현재 이 대리점에는 2명 직원이 하루 8시간씩 근무하고 있으며, 이들은 전용 설비를 이용하여 자동차를 수리하고 있다. 이 대리점에서 지난달에는 하루에 24대의 자동차를 수리하였으나, 이번 달에는 새로운 설비의 도입으로 하루에 30대의 자동차를 수리하고 있다. 새로운 설비의 도

입이 노동생산성(labor productivity)을 몇 % 증가 또는 감소시켰는가?

탐구문제

1-6 많은 기업이 효과성과 효율성을 상호 교환적인 개념으로 활용하거나 이들을 별개의 개념으로 인식하는 경향이 있다. 효과적이지만 비효율적일 수 있을까? 효율적이지만 비효과적일 수 있을까? 또는 효과적이면서 효율적이거나, 비효과적이면서 비효율적일 수 있을까?

CHAPTER 02

예 측

2.1 예측치의 특성
2.2 예측기법의 종류
2.3 시계열분석기법
2.4 예측치의 평가
2.5 예측기법의 선택

기업이 생산계획을 세운다든지 인원 채용 여부를 결정할 때는 앞으로 수요가 어떻게 변해갈 것인지 가늠해보는 것이 필요하다. 즉, 수요 증가가 예상이 되면 생산목표량을 증가시키고 인원을 더 채용하겠지만, 수요 감소가 예상이 되면 생산목표량을 감소시키고 인원 증가를 자제할 것이다. 이와 같이 **예측**(forecasting)이란 수요량이나 온도 등의 관심사가 다가올 미래에 어떻게 될 것인지를 미리 예상해보는 것을 말한다.

예측은 생산 고유의 기능은 아니지만, 생산계획을 수립하는 것과 같은 생산의사결정 시 반드시 필요한 기능이라서 예측의 특성과 주요 예측기법 등의 원리 등을 간단히 살펴보고자 한다.

수요량이나 생산량과 같이 시간이 흘러가면서 지속적으로 변하는 경제량을 측정하기 위해서는 1주 동안의 수요량이나 한 달간의 생산량과 같이 측정을 위한 시간의 길이를 정해야 한다. 이때 수요량이나 생산량을 일정한 시간마다 측정하여 관리한다면, 이런 시간의 기본 단위를 '**기**(期; period)'라고 부른다. 즉, 생산량을 매일 측정하여 관리한다면, 1기는 1일(24시간)이며 모든 의사결정의 최소 시간 단위는 일이 된다. 그러므로 이 경우 생산량 데이터는 1기, 2기, 3기, … 생산량 등으로 구성이 되는데, 이는 1일차, 2일차, 3일차, … 하루 동안의 생산된 양을 의미하게 된다. **예측기간**(forecasting horizon)은 얼마나 멀리 예측할 것인지를 의미하는데, 오늘이 5일인데 9일의 수요량을 예측하는 것이라면, 4기 앞을 내다보기 때문에 예측기간이 4기가 된다. **예측주기**(forecasting interval)는 얼마나 자주 예측을 할 것인지를 의미하는데, 매일 예측을 할 수도 있고, 3일에 한 번씩 예측을 할 수도 있는데, 만일 5일, 8일, 11일, … 등과 같이 3일마다 예측을 한다면 예측주기는 3기가 된다.

예측기간은 보통 단기, 중기, 장기 등으로 나누는데, 길고 짧은 것은 상대적인 개념이기 때문에 각각의 경우에 대해 시간의 길이를 구체적으로 정할 수가 없다. 생산 분야에서는 기계설비 등의 고정생산요소와 생산인력자원을 변화시키는 것이 가능한 기간을 **장기**(long term), 설비는 변화시킬 수 없으나 생산인력자원은 변화시킬 수 있는 기간을 **중기**(intermediate term),

둘 다 변화시킬 수 없는 기간을 단기(short term)라고 구분하는 게 보통이다. 그렇긴 하지만 일반적으로 생산 분야에서는 단기예측은 6개월 혹은 1년 이내의 일별, 주별 예측을, 중기예측은 2~5년 정도의 주별, 월별 예측을, 장기예측은 5년 이상의 월별, 연별 예측을 의미한다.

예측을 하기 위해서는, 예측을 하는 목적을 분명히 정의하고, 적절한 예측기간을 정한 후에, 이 상황에 잘 맞는 예측방법을 선택하고 나서, 필요한 데이터를 수집/정제/분석을 하여 예측치를 구한다. 예측이 반복되면서 예측오차를 확인하고 관리하면서 예측방법이 적절한 지 여부도 검토해서, 그에 따른 적절한 조치를 취해야 한다.

2.1 예측치의 특성

예측(forecasting)은 미래의 관심사를 미리 알아보는 작업/과정/절차 등을 말하고, **예측치**(forecast)는 예측의 결과로 나온 수치를 말한다. 이러한 예측치는 다음과 같은 특성을 가진다(Nahmias, 2008).

첫째, 예측치는 일반적으로 틀린다. 예컨대 어느 주유소의 다음 달 휘발유 판매량의 예측치가 563,862.3리터로 나왔을 경우, 실제 휘발유 판매량이 이 값과 일치할 가능성은 희박하다. 그럼에도 불구하고 예측을 하는 이유는 다음 달의 휘발유 판매계획을 세울 수 있도록 이 예측치가 다음 달 휘발유 판매량이 어느 정도가 될지 알려주기 때문이다.

둘째, 범위로 된 예측치가 특정값으로 된 예측치보다는 맞을 가능성이 더 크다. 위의 경우 다음 달 휘발유 판매량이 50만 리터 이상 60만 리터 이하로 예측하는 것이 특정값(563,862리터)으로 예측하는 것보다는 맞을 가능성이 더 크다.

셋째, 총괄예측치(aggregate forecast)가 개별예측치(individual forecast)보다는 더 정확하다. 위의 경우 이 주유소의 다음 달 유류(휘발유, 경유, 등유 전체) 판매량의 예측치는 휘발유 판매량의 예측치보다 더 정확하다는 말인데, 이는 개별 제품에 대한 예측오차가 제품 전체로 합치게 되면 서로 상쇄되는 효과가 있기 때문이다.

넷째, 예측기간이 길수록 예측치가 부정확해진다. 위의 경우 다음 달 휘발유 판매량에 대한 예측치가 일 년 뒤의 한 달 동안의 휘발유 판매량의 예측치보다는 더 정확하기 때문이다. 즉, 이런 이유로 예측치의 95% 신뢰구간을 구한다면 전자의 신뢰구간이 후자의 신뢰구간보다 더 좁게 된다.

그리고 예측치를 구할 때, 예측모형에는 포함되지 않았거나 과거 추세와는 다른 정보를 알고 있을 때에는 이를 감안해서 기존의 예측치를 수정할 필요가 있다. 만일 어떤 기업의 상품에 결정적인 문제가 있다고 오늘 보도가 나왔다면, 그 기업 주식의 내일 주가는 기존의 예측치보다 훨씬 더 낮을 것이기 때문이다.

좋은 예측이 되려면, 예측방법이 이해하고 사용하기 쉽고 비용이 적절해야 하며, 예측치가 정확하고 믿을 수 있고 적시에 적절한 형태(단위, 보고서 등)로 제공되어야 한다.

2.2 예측기법의 종류

예측기법(forecasting method)에는 정성적 예측기법(qualitative forecasting method)과 계량적 예측기법(quantitative forecasting method)이 있다. 계량적 기법은 과거 자료가 충분히 존재할 경우에 사용할 수 있는 반면, 정성적 기법은 그러한 자료가 없거나 있더라도 충분하지 않은 경우에 사용할 수 있다.

정성적 기법으로는 판매원추정, 델파이기법, 시장조사법, 중역의견, 패널동의법, 역사적유추법 등이 있으며, 계량적 기법으로는 인과형 모형과 시계열분석기법 등이 있다.

2.2.1 정성적 예측기법

정성적 예측기법(qualitative forecasting method)은 주관적 예측기법 (subjective forecasting method)이라고도 부르며, 인간의 판단(human judgment)에 근거를 두고 있는 기법이다. 과거의 자료가 없거나, 있더라도 충분하지 않거나 수요 변화 등의 이유로 더 이상 적절하다고 보기 어려워진 경우에 유용하게 쓰이며, 주로 중·장기 예측에 많이 이용된다. 뿐만 아니라 계량적 기법을 이용하여 구한 예측치의 정확도를 높이기 위해서 정성적 기법을 추가로 이용할 수도 있다.

(1) 판매원추정

판매원들은 외부의 소비자를 직접 대하고 있기 때문에 소비자의 기호변화에 가장 민감하다고 볼 수 있으므로, **판매원추정**(sales-force estimates)은 판매원들로부터의 미래 수요에 대한 추정치를 모아서 예측치로 사용할 수 있다. 그러나 판매원들이 소비자가 원하는(want) 것과 필요로 하는 (needs) 것의 차이를 잘 구분하지 못할 수도 있고, 만일 판매원들의 성과를 예측치를 기준으로 평가한다면, 나중에 자신의 실적이 높아 보이도록 만들기 위해서 예측치를 실제 생각보다 낮게 말할 수도 있다는 점을 유념해야 한다.

(2) 델파이기법

델파이라는 말은 고대 그리스의 도시 델포이(Delphoe; 영어식 발음이 델파이)의 아폴론 신전에서 미래에 대한 신탁(Delphic oracle)을 받던 것에서 유래했다. **델파이기법**(Delphi method)은 1950년대에 미국 랜드연구소에서 개발한 것으로서, 전문가들에게 질문지를 보내 예측치에 대한 의견을 물어서 한데 모아 정리를 하여 다시 보내주기를 반복하여 충분히 의견이 수렴될 때까지 진행하는데, 일반적으로 이 과정을 세 번 이상 반복하면 만족스러운 결과(전체적인 합의점)에 도달하게 된다고 한다. 이 방법은 불확실성이 큰 경우나 과거자료가 없거나 충분하지 않은 경우의 장기예측에 사용될 수 있다.

이 방법은 전문가들을 한자리에 모이게 하여 회의할 경우, 분위기나 목소리 큰 사람이 영향을 줄 수 있다는 단점을 극복하기 위하여, 전문가들을 한자리에 모이게 하지도 않고 서로가 누구인지 알지도 못하게 하여 독립적인 전문가 의견을 모으려고 하는 것이다. 하지만 이 방법은 질문을 어떻게 하느냐에 매우 민감하고, 함께 모여 토론하지 못하기 때문에 질문이 모호할 경우 해결하기가 곤란하다는 단점이 있다.

(3) 시장조사법

시장조사법(market research/customer survey)은 소비자(잠재적 고객)들의 구매의향을 직접적으로 물어서 이를 바탕으로 예측을 하는 것이다. 의견 조사는 설문지, 인터뷰, 시제품 발송 등을 통하여 이루어지며, 조사가 정확히 이루어지기 위해서는 설문지와 표본조사계획이 잘 설계되어야 한다. 이 방법은 정성적인 기법들 중 시간이 가장 오래 걸리고 비용도 제일 많이 들지만, 예측이 비교적 정확한 편이다.

이들 외에도 중역의견(executive opinion), 패널동의법(panel consensus), 역사적 유추법(historical analogy) 등이 있다.

2.2.2 계량적 예측기법

계량적 예측기법(quantitative forecasting method)은 객관적 예측기법(objective forecasting method)이라고도 부르며, 자료의 분석(an analysis of data)을 통하여 예측하는 방법이다. 즉, 정성적 기법이 예측치를 인간의 판단으로부터 구해내는 것이라면, 계량적 기법은 과거의 수치 데이터를 이용하여 예측치를 계산해 내는 걸 말한다.

(1) 인과형 모형

인과형 모형(causal model)이란 과거자료에서 예측대상(종속변수)을 결정짓는 변수(독립변수)들을 찾아내어 그 인과관계로 수요를 예측하는 걸 말한다. 예컨대, 우리나라의 연간자동차판매대수(종속변수)가 독립변수인 1인당 GDP, 이자율, 환율, 통화량, 원유가격 등에 의하여 결정된다고 하면, 이 변수들의 과거 수치자료를 이용하여 이들 사이의 관계식을 구한 후, 내년의 독립변수들의 예상치를 구하여 관계식에 대입하면 내년의 연간자동차판매대수를 계산할 수 있는데, 이를 예측치로 사용하겠다는 것이다. 인과형 모형은 대개 거시경제변수를 많이 이용하는 편이며, 주로 중장기 예측에 이용된다.

인과형 모형 중 가장 대표적인 것이 **선형회귀**(linear regression)인데, 이는 독립변수(X)와 종속변수(Y)의 관계가 아래와 같은 직선식으로 표현될 수 있다고 가정한다.

$$Y = a + bX \tag{2.1}$$

여기서 a는 Y-절편을 나타내고, b는 직선의 기울기를 나타낸다. 가령 어느 지역에서 수확된 포도의 당도(Y)는 포도 수확 한 달 전의 그 지역의 평균일조량(X)에 따라 결정된다고 할 때(물론 둘 사이에 위와 같은 직선관계가 존재한다고 가정할 수 있어야 함), 과거의 수치 데이터로부터 a와 b를 추정한 후, 최근 한 달 동안의 그 지역의 평균일조량을 이용하여 이번에 수확하는 포도의 당도를 예측할 수가 있다.

a와 b를 구하는 방법으로는 최소자승법(least squares method)을 사용하고 있는데, 이에 대해서는 뒤에 나오는 추세분석법에서 다루도록 한다.

만일 독립변수가 하나가 아니고 여러 개라고 하면, 선형회귀 대신 **중선형회귀**(multiple linear regression)를 이용하면 된다.

$$Y = a + b_1 X_1 + b_2 X_2 + \ldots + b_n X_n \tag{2.2}$$

하지만 선형회귀는 독립변수와 종속변수 사이에 선형관계(linear relation)

가 존재한다는 가정이 필요한데, 두 변수로 이루어진 점들을 그래프로 나타냈을 때, 이 그래프가 직선으로 가정해도 무방하다면 상관이 없지만, 그렇게 가정할 수 없다면 선형회귀는 사용할 수가 없다는 점이 한계라고 하겠다.

(2) 시계열분석기법

시계열(time series)이란 어떤 경제 혹은 물리 현상이 시간의 흐름에 따라 변화할 때, 이를 일정한 시간마다 측정하여 얻어지는 일련의 측정치를 말한다. 예를 들면, 매출액을 매일 영업시간이 끝난 후 계산하여 결과치를 기록해 나가면 매일의 매출액들이 시계열이 된다. 시계열은 추세 혹은 계절성 등의 특성이 있는데, 시계열분석기법(time series method)은 과거 데이터가 가지고 있는 이러한 특성(관찰된 유형)들이 미래에도 지속될 거라는 가정 하에 예측하게 된다. 그러므로 시계열분석기법을 이용할 때는 이러한 가정이 유지되는지 여부를 먼저 확인하여야 하며, 이러한 특성이 오랜 기간 지속될 것으로 기대하기가 어렵다는 점에서 시계열분석기법은 장기 예측에는 적절하지 않다고 하겠다. 인과형 모형은 독립변수가 있어야 종속변수를 예측할 수 있는 반면, 시계열분석기법은 오직 종속변수만으로 이루어진 시계열만 있으면 예측을 할 수 있다.

시계열에는 대개 추세나 계절성과 같은 특성들이 함께 섞여 있는데, 시계열 분석기법은 이들을 하나씩 따로 분리해 내어 처리한 후 다시 종합하는 과정을 거쳐서 예측치를 구한다. 그 중 중요한 특성들을 살펴보면 다음과 같다.

첫째, 추세(trend)는 시계열이 안정적으로 증가 또는 감소하는 현상을 말한다. 증가 또는 감소하는 현상이 선형이나 비선형 모양을 보여줄 수 있으므로, 추세의 존재 여부를 조사할 때에는 증감 현상뿐만 아니라 선형/비선형의 여부도 함께 확인하여야 한다.

둘째, 계절성(seasonality)은 일정한 시간 간격을 두고 시계열의 증감이 규칙적으로 반복되는 현상을 말한다. 예를 들면, 에어컨의 수요에 대한 증감현상은 1년마다 반복이 되고, 자유로 출근길의 교통량 변화 현상은 1주일마다 반복이 되는 계절성을 보여준다.

셋째, 순환성(cyclicity)은 장기간에 걸쳐서 시계열이 상하로 변동하는데, 증감의 규모나 시간의 길이가 불규칙적인 것을 말한다. 대표적인 예로 경기변동(business cycle)을 들 수 있는데, 이것의 불규칙성 때문에 현재 상태가 바닥인지의 여부는 시간이 지나고 나서야 알 수가 있다.

넷째, 무작위성(randomness)은 시계열이 어떠한 특성으로도 설명이 불가한 변동(우연변동)을 가지고 있는 것을 말한다. 그러므로 무작위성은 예측이나 통제가 불가능하며, 모든 시계열 데이터가 위의 특성의 존재 여부와 무관하게 무작위성은 항상 가지고 있다.

추세나 계절성이 규칙적이어서 예측이 가능한 반면, 순환성은 불규칙적이어서 모형화하기가 쉽지 않으므로, 본서에서는 순환성을 제외한 나머지 세 개의 특성만을 고려하기로 한다. 추세와 계절성 둘 다 없고 오직 무작위성만 있는 시계열에 대해서는 이동평균법과 지수평활법을 이용하고, 계절성이 없고 추세와 무작위성만 있는 시계열은 추세분석법을 이용하며, 세 개의 특성이 다 있는 시계열은 시계열분해법을 이용하여 예측을 할 수 있다.

2.3 시계열분석기법

기업 환경에서 가장 관심이 많은 예측대상은 미래의 수요이므로, 수요예측을 중심으로 살펴보도록 하자. t 시점의 수요를 D_t 라고 정의하면, 수요량을 나타내는 시계열은 $\{D_t,\ t = 1, 2, 3, \cdots\}$ 로 나타낼 수 있다. v 를 예측기간이라고 하면, $F_{t,t+v}$ 는 t 시점에서 $t+v$ 시점의 수요를 예측한 예측치가 되는데, $t-1$ 시점에서 구한 t 시점의 수요예측치인 $F_{t-1,t}$ 를 F_t 로 줄여서 나타내기로 한다. 즉, F_t 는 예측기간 v 가 1인 경우를 말한다.

정상시계열(stationary time series)이란 추세나 계절성이 없이 무작위성만 존재하는 시계열을 말하는 것으로서 다음과 같이 표시할 수 있다.

$$D_t = \mu + \varepsilon_t \tag{2.3}$$

여기서 μ는 미지의 상수(unknown constant)이고 ε_t는 무작위성을 가진 오차(random error)로서 평균이 0이고 분산이 σ^2인 분포를 따른다고 가정한다. 예를 들면, 포장마차 주인이 매일 파는 '오돌뼈' 안주 접시가 20개 내외라고 할 경우, 어느 날은 19접시, 어느 날은 22접시, 그리고 어느 날은 21접시 등으로 변하긴 하지만 전체적으로 보면 20접시를 기준으로 오르락 내리락 하는 모습을 보이는 걸 말한다.

정상시계열은 추세나 계절성이 없고 무작위성만 있으므로 이동평균법과 지수평활법을 이용하여 수요를 예측할 수가 있다.

2.3.1 이동평균법

정상시계열이 미지의 상수인 μ를 중심으로 하여 위아래로 무작위로 변하는 것이므로, 이 μ를 추정하여 예측치로 삼는 것이 자연스럽다. ε_t가 평균이 0인 오차이므로 μ의 추정치로는 시계열 데이터의 평균을 이용한다. 즉, **이동평균법**(moving averages)은 최근 N개의 시계열 데이터의 평균을 다음 기의 예측치로 이용한다. 이렇게 시계열 데이터를 합하면 오차의 음양이 상쇄되면서 무작위성을 제거할 수 있다.

여기서 N을 이동평균기간이라고 부르는데, 이 N이 클수록 우연요인이 더 많이 상쇄되어 예측선이 고르게 되어 예측치가 안정적으로 변하게 되고, N이 작을수록 예측치가 시계열의 변화에 민감하게 되기 때문에, 안정적인 시계열에는 N이 큰 게 좋고, 변화가 예상되는 시계열에는 N이 작은 게 유리하다.

최근 N개의 시계열 데이터의 평균을 어떻게 구할 것인가에 따라서, 이동평균법은 단순이동평균법과 가중이동평균법으로 구분할 수 있다.

(1) 단순이동평균법

단순이동평균법(simple moving averages)은 최근 N개의 자료를 똑같은 비중으로 평균을 낸 것을 예측치로 정하며, $MA(N)$으로 표시한다. 즉, N개의 자료를 다 더해서 N으로 나누는 것(단순평균)인데, 이 경우 N개의 자료의 비중은 모두 $1/N$로 똑같다.

예제 2-1 A포장마차의 특선안주 판매량 예측

A포장마차의 9월 1일부터 5일까지의 특선안주 판매량 현황이 <표 2-1>과 같이 주어졌다고 할 때, 9월 6일의 판매량을 예측하여라.

<표 2-1> A포장마차의 일별 특선안주 판매량 현황

날짜	1	2	3	4	5
판매량(접시)	9	5	8	7	6

F_t는 $t-1$시점에서 예측한 t시점의 예측치이므로, 최근 N개의 자료는 $\{D_{t-1}, D_{t-2}, \cdots, D_{t-N}\}$이며 F_t는 다음과 같이 표시할 수 있다.

$$F_t = (D_{t-1} + D_{t-2} + \cdots + D_{t-N})/N = \sum_{i=t-1}^{t-N} D_i / N \qquad (2.4)$$

<예제 2-1>의 경우 N이 3이라고 하면, 9월 6일의 판매량은 $F_6 = (6+7+8)/3 = 21/3 = 7$이 된다.

(2) 가중이동평균법

가중이동평균법(weighted moving averages)은 최근 N개의 자료를 다른 비중(W)으로 평균을 낸 것을 예측치로 정하며, $MA(N, W)$로 표시한다. 즉, N개의 자료에 $\{w_{t-1}, w_{t-2}, \cdots, w_{t-N}\}$의 가중치를 곱하여 더한 것(가중평균)이 다음 기의 예측치가 되는데, 보통은 최근의 자료에 가중치를 더 두는 편이다.

가중이동평균법으로 구한 F_t는 다음과 같이 표시할 수 있다.

$$F_t = w_{t-1}D_{t-1} + w_{t-2}D_{t-2} + \cdots + w_{t-N}D_{t-N} \quad (2.5)$$
$$= \sum_{i=t-1}^{t-N} w_i D_i$$

여기서 가중치를 모두 더하면 1이 되어야 한다. 즉, 다음 식이 성립하도록 가중치를 정해야 한다.

$$\sum_{i=t-1}^{t-N} w_i = 1 \quad (2.6)$$

〈예제 2-1〉의 경우 N이 3이고 $(w_{t-1}, w_{t-2}, w_{t-3}) = (0.5, 0.3, 0.2)$이라고 하면, 9월 6일의 판매량은 $F_6 = 0.5*6 + 0.3*7 + 0.2*8 = 6.7$이 된다.

만일 모든 가중치를 $1/N$로 똑같이 정하면, 가중이동평균법은 단순이동평균법으로 변하게 되므로, 단순이동평균법은 가중이동평균법의 특수한 형태라고 할 수 있다. 즉, 가중이동평균법이 단순이동평균법보다 더 일반적이라는 뜻이다.

2.3.2 지수평활법

지수평활법(exponential smoothing)은 최근의 자료가 오래 된 과거의 자료보다 미래를 더 잘 반영한다는 가정하에 과거의 모든 자료에 대하여 가중치를 오래 된 과거로 갈수록 점점 더 작게 부여하여 구한 가중평균을 예측치로 정하며, ES(α)로 표시한다.

예측치를 구하기 위해서는, 가중이동평균법이 최근 N개의 데이터와 N개의 가중치가 항상 필요한 반면, 지수평활법은 현 시점에 대한 예측치(F_{t-1})와 현 시점의 실측치(D_{t-1}), 그리고 평활상수(α)만 있으면 다음 기의 예측치(F_t)를 구할 수가 있는데, 이들의 관계는 다음과 같다.

$$F_t = \alpha D_{t-1} + (1-\alpha)F_{t-1} \tag{2.7}$$

여기서 α를 **평활상수**(smoothing constant)라고 부르며 0과 1 사이의 값을 가지는데, 이는 최신 데이터에 주는 가중치로서, 수요변화에 민감한 정도를 표시하기 때문에, α가 클수록 수요변화에 민감하며 평활효과는 작아지게 된다.

위의 식에서 t에 2, 3, ⋯, t까지 차례로 대입하여 한 줄씩 추가하면서 정리해 나가면 다음과 같은 식을 얻을 수 있다.

$$\begin{aligned}
F_2 &= \alpha D_1 + (1-\alpha)F_1 \\
F_3 &= \alpha D_2 + (1-\alpha)F_2 = \alpha D_2 + (1-\alpha)[\alpha D_1 + (1-\alpha)F_1] \\
&= \alpha D_2 + \alpha(1-\alpha)D_1 + (1-\alpha)^2 F_1 \\
&\cdots \\
F_t &= \alpha D_{t-1} + \alpha(1-\alpha)D_{t-2} + \alpha(1-\alpha)^2 D_{t-3} + \cdots + \\
&\quad \alpha(1-\alpha)^{t-2} D_1 + (1-\alpha)^{t-1} F_1 \\
&= \sum_{i=1}^{t-1} \alpha(1-\alpha)^{i-1} D_{t-i} + (1-\alpha)^{t-1} F_1
\end{aligned} \tag{2.8}$$

여기서 F_1은 아직 첫 실측치(D_1)가 나오기 전의 1기에 대한 예측이므로, 정성적인 예측치를 사용하거나 과거의 평균치를 사용하는 게 보통이다. 하지만 일단 D_1이 나온 후에는 F_1을 D_1으로 대체하여 사용하기도 한다.

〈예제 2-1〉의 경우 $\alpha = 0.6$, $F_5 = 6.5$라고 하면, 9월 6일의 판매량은 $F_6 = 0.6 * 6 + (1-0.6) * 6.5 = 6.2$가 된다.

평활상수 α는 0과 1 사이의 값이고 $(1-\alpha)$도 0과 1 사이의 값이므로, α나 $(1-\alpha)$를 계속 곱하면 그 값이 점점 작아지게 된다. 이를테면, $\alpha = 0.9$일 경우 가장 최근의 데이터인 D_{t-1}의 가중치는 0.9가 되며, 그 후로는 $0.9*(1-0.9) = 0.09$, $0.9*(1-0.9)^2 = 0.009$, $0.9*(1-0.9)^3 = 0.0009$, ⋯ 등으

로 점점 작아지며, $\alpha=0.1$일 경우도 D_{t-1}의 가중치는 0.1이 되며, 그 후로는 $0.1*(1-0.1)=0.09$, $0.1*(1-0.1)^2=0.081$, $0.1*(1-0.1)^3=0.0729$, … 등으로 점점 작아지는 것을 확인할 수가 있다. 이렇게 가중치가 $\alpha(1-\alpha)^{i-1}$으로 i가 커지면서 이 값이 지수적(exponential)으로 점점 작아지기 때문에 지수평활법이라고 부른다.

지수평활법의 가중치의 합도 1이 되는지 확인해보자.

$$S = \alpha + \alpha(1-\alpha) + \alpha(1-\alpha)^2 + \cdots + \alpha(1-\alpha)^{t-2} + (1-\alpha)^{t-1} \quad (2.9)$$

라고 정의한 후, 등호의 양쪽에 $(1-\alpha)$를 곱하면 다음과 같다.

$$(1-\alpha)S = \alpha(1-\alpha) + \alpha(1-\alpha)^2 + \cdots + \alpha(1-\alpha)^{t-1} + (1-\alpha)^t \quad (2.10)$$

등호의 양변 각각에 대하여 위 식에서 아래 식을 빼면 다음과 같다.

$$\begin{aligned} \alpha S &= \alpha + (1-\alpha)^{t-1} - \alpha(1-\alpha)^{t-1} - (1-\alpha)^t \\ &= \alpha + (1-\alpha)^{t-1}[1-\alpha-(1-\alpha)] \\ &= \alpha \end{aligned} \quad (2.11)$$

그러므로 양변을 α로 나누면 S의 값이 1이 됨을 알 수 있다.

가중이동평균법의 N을 과거 자료 전부의 개수로 정하고 각 자료의 가중치를 위 (2.8)식과 같이 정하면(여기서 F_1은 D_1으로 대체한다고 가정) 지수평활법과 동일한 것이 되어서, 지수평활법은 가중이동평균법의 특수한 형태라고 할 수 있다. 결과적으로 가중이동평균법이 단순이동평균법보다 더 일반적인 것은 물론이고 지수평활법보다도 더 일반적이라고 할 수 있다.

단순이동평균법(MA)과 지수평활법(ES)은 다음과 같은 유사점이 있다. ① 둘 다 정상시계열(stationary time series)에 사용한다. ② 둘 다 모수(parameter)가 하나씩이다(MA: N, ES: α). ③ 둘 다 추세가 있는 데이터에 사용하면 예측치가 실측치에 뒤처져 따라온다. 즉, 실측치가 상승하거나 하강하는 추세가 있을 경우, 실측치가 어떤 특정치에 도달하는 시점은 예측치가 도달하는 시점보다 앞서게 된다. 그리고 두 방법은 다음과 같은 차이점이 있다. ① MA는 과거 N개의 자료만 이용하므로, 이상치(outlier)가 발생하여 이 구간에 있는 동안은 예측치에 영향을 주고, 그 이후에는 그 영향이 없어지는 반면에, ES는 과거 자료 전체의 가중평균이므로 시간이 지나면서 이상치의 가중치는 작아지지만 그 영향을 완전히 없앨 수는 없다. ② 다음 기의 예측을 위하여, MA는 N개의 자료를 저장하고 있어야 하지만, ES는 하나의 자료(F_{t-1})만 저장하고 있으면 된다.

2.3.3 추세분석법

추세분석법(trend analysis)은 계절성은 없으나 추세와 무작위성이 존재하는 경우에 이용할 수 있다. 시계열에 추세가 존재하는지, 존재한다면 증가/감소하는지 선형(직선)/비선형(곡선) 모양인지를 알아보기 위해서는 과거의 데이터를 점을 찍어 그래프로 그려보는 것(plotting)이 필요하다. [그림 2-1]은 다양한 추세의 예를 보여준다.

직선추세는 곡선추세에 비해 다루기가 쉽기 때문에, 데이터의 그래프가 직선이라고 가정을 해도 괜찮은지 여부를 먼저 검토해서, 그렇다고 하면 직선추세로 가정을 하고 그렇지 않다고 하면 그래프가 어떠한 곡선의 형태를 보여주는지를 정하는 것이 좋다. 본서는 곡선추세보다 간단한 직선추세의 경우만을 살펴보도록 한다.

데이터가 (t, Y_t)의 형태로 주어져 있고 직선추세를 가정할 경우, 이 추세를 나타내는 직선을 추세선(trend line)이라고 부르며, 일반적으로 다음과 같이 표시한다.

$$\overline{Y_t} = a + bt \tag{2.12}$$

여기서 t는 시간을 나타내고, Y_t는 t시점의 수요량을 나타내며, a는 Y-절편이고 b는 직선의 기울기를 나타낸다. 추세선의 식에 Y_t 대신 $\overline{Y_t}$

그림 2-1 추세의 다양한 예

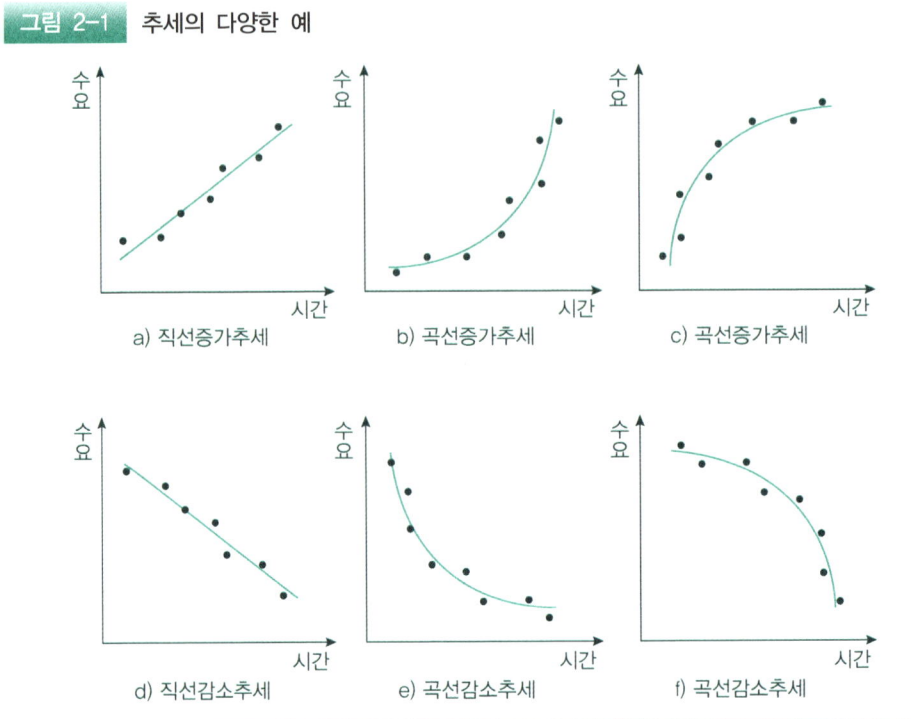

a) 직선증가추세 b) 곡선증가추세 c) 곡선증가추세
d) 직선감소추세 e) 곡선감소추세 f) 곡선감소추세

가 들어간 것은, t시점의 수요량을 나타내는 Y_t는 그 값이 추세선의 위아래로 무작위로 변할 수 있어서 이들의 평균값 $\overline{Y_t}$가 추세선 상에 있다고 가정하기 때문이다.

이 데이터를 가장 잘 나타내는 a와 b를 구한 후 예측이 필요한 시점을 t에 대입하면 그 시점의 $\overline{Y_t}$를 구할 수 있는데, 추세분석법은 이 $\overline{Y_t}$를 t시점의 예측치로 사용하게 된다. 〈예제 2-2〉를 이용하여 a와 b를 구하는 방법을 알아보고 추세분석법을 이용하여 예측해보도록 하자.

먼저 이 데이터를 점을 찍어 그래프로 그려보면 [그림 2-2]와 같이 나타낼 수 있는데, 이는 직선증가추세가 있다고 가정을 해도 무리가 없다고 판단되므로, 직선증가추세가 있다고 가정하자.

직선증가추세를 나타내는 추세선의 식을 구하기 위해서는, 추세선이 이 점들을 가장 잘 나타낼 수 있도록 a와 b를 조정하여야 한다. 즉, 이 점들

예제 2-2 B수퍼마켓의 매출액 예측

B수퍼마켓의 어느 해의 1월에서 9월까지의 월별 매출액 현황이 <표 2-2>와 같이 주어졌다고 할 때, 10월의 매출액을 예측하여라.

<표 2-2> B수퍼마켓의 월별 매출액 현황

월	1	2	3	4	5	6	7	8	9
매출액(백만 원)	20	34	30	33	39	46	52	54	61

과 추세선과의 거리의 합이 최소화되는 a와 b를 구하면 된다. 그런데 여기서 사용하는 거리는 이 점들과 추세선의 최단거리(shortest distance)가 아니라 수직거리(vertical distance)임을 유의하여야 한다. 그것은 t시점의 실제수요 Y_t와 예측치 $\overline{Y_t}$의 차이가 예측오차(forecast error)이고, 이 예측오차의 합을 최소화하는 a와 b를 구하는 것이 중요한데, 이 예측오차($Y_t - \overline{Y_t}$)가 바로 수직거리이기 때문이다. 이 경우 일반적으로 **최소자승법**(least squares method)을 이용하는데, 이는 예측오차의 제곱의 합(sum of the squared errors; S)을 최소로 하는 a와 b를 구하는 것을 말한다. 이 방법은 선형회귀(linear regression)에서의 방법과 동일하다는 점에서 추세선을 회

그림 2-2 추세유형의 판단

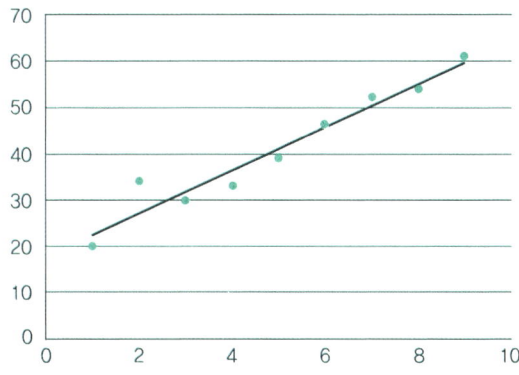

귀선(regression line)이라고 부르기도 한다. a와 b가 변하면 S도 변하게 되므로, S값을 최소로 하는 a와 b를 구하는 것이 관건이다. S는 다음과 같이 나타낼 수 있다.

$$S(a,b) = \sum_{t=1}^{m} (Y_t - \overline{Y_t})^2 = \sum_{t=1}^{m} (Y_t - a - bt)^2 \tag{2.13}$$

여기서 m은 데이터의 숫자를 의미하며, 마지막 식은 (2.12)의 관계를 대입하면 나오게 된다. $S(a,b)$는 a와 b의 2차 함수이고 a와 b에 대한 볼록함수(convex function)이기 때문에, a와 b에 대한 1차 도함수(편미분값)를 0으로 하는 a와 b를 구하면 되므로, 이를 연립방정식으로 풀면 다음과 같은 식이 얻어진다.

$$b = \frac{m \sum_{t=1}^{m} t Y_t - (\sum_{t=1}^{m} Y_t)(\sum_{t=1}^{m} t)}{m \sum_{t=1}^{m} t^2 - (\sum_{t=1}^{m} t)^2}, \quad a = \frac{\sum_{t=1}^{m} Y_t - b \sum_{t=1}^{m} t}{m} \tag{2.14}$$

〈예제 2-2〉에서, $m=9$, $\sum_{t=1}^{m} t = 45$, $\sum_{t=1}^{m} Y_t = 369$, $\sum_{t=1}^{m} t^2 = 285$, $\sum_{t=1}^{m} t Y_t = 2126$이므로, a와 b는 다음과 같이 계산을 할 수 있다.

$$b = \frac{9 \times 2126 - 369 \times 45}{9 \times 285 - 45^2} = 4.683, \tag{2.15}$$

$$a = \frac{369 - 4.683 \times 45}{9} = 17.585$$

여기서 b의 값은 4.68333333인데, 이를 이용하면 a의 값이 17.583이 되지만, 그냥 4.683을 이용하면 17.585가 된다. 결과적으로 추세선의 식은 $\overline{Y_t} = 17.585 + 4.683t$가 되고, t에 10을 대입해서 구한 64.415(백만 원)가 10월의 예측치가 된다.

추세분석법은 인과형 모형의 선형회귀와 유사한데, 가령 수요량을 예측한다고 하면, 둘 다 종속변수가 수요량인 반면, 독립변수는 추세분석법의 경우는 시간이지만, 선형회귀는 수요결정요인이 되는 변수라는 점이 서로 다를 뿐, 최소자승법을 이용하여 관계식(직선)의 Y-절편(a)과 기울기(b)를 구하는 것은 동일하다.

2.3.4 시계열분해법

시계열분해법(time series decomposition)은 추세와 계절성 및 무작위성이 존재하는 시계열 데이터의 예측에 이용할 수 있다. 시계열분해법은 시계열 데이터를 이러한 특성들의 존재 여부를 확인하여 각각의 특성들로 분해하는 작업을 수행한다.

만일 시계열 데이터가 추세와 계절성을 동시에 가지고 있다고 할 때, 이들이 어떻게 서로 연관되어 있는지에 따라서 **계절변동**(seasonal variation)은 가법적 계절변동과 승법적 계절변동으로 구분할 수 있다. **가법적 계절변동**(additive seasonal variation)은 시계열 데이터가 추세와 계절적 변동의 합으로 이루어졌다고 가정한다면, **승법적 계절변동**(multiplicative seasonal variation)은 추세와 계절지수의 곱으로 이루어졌다고 가정한다.

[그림 2-3]과 [그림 2-4]는 각각 가법적 계절변동과 승법적 계절변동을 보여주고 있는데, 가법적 계절변동의 경우는 추세선을 중심으로 변동폭이 일정한 반면에, 승법적 계절변동의 경우는 추세선의 값이 커지면서 변동폭도 이에 비례해서 커지는 것을 볼 수 있다. 시계열 데이터가 가법적 계절변동을 따르는지 승법적 계절변동을 따르는지는 역시 시계열 데이터를 그래프로 그려보면 쉽게 확인할 수 있다. 기준이 10만 원인 시계열의 변동폭보다는 기준이 100만 원인 시계열의 변동폭이 더 클 것이라는 점에서 가법적 계절변동보다는 승법적 계절변동이 더 일반적이라고 여겨지기 때문에, 본서에서는 승법적 계절변동을 가정한 시계열분해법을 살펴보도록 한다.

그림 2-3 가법적 계절변동

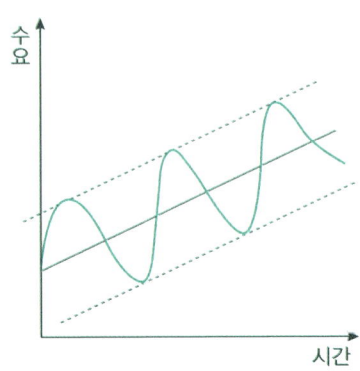

그림 2-4 승법적 계절변동

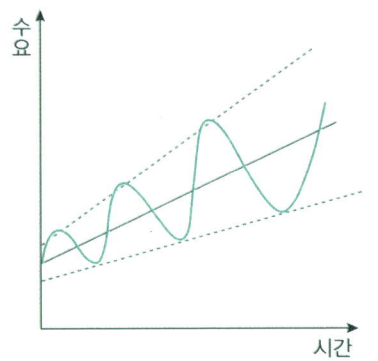

예측대상이 되는 시계열은 추세와 계절성, 그리고 무작위성을 모두 포함하고 있기 때문에, 우선은 계절의 영향을 제거하여 추세와 무작위성만을 포함하는 데이터(인접계절평균치)로 변환을 한 뒤, 추세분석법을 적용하여 추세선을 구하고, 계절의 영향을 제거하는 과정에서 표준계절지수를 구한다. 그다음으로 추세선을 미래로 연장하여 인접계절평균치의 추정값을 구한 후 여기에 표준계절지수를 곱하여 계절의 영향을 복원해 주면 예측치를 구할 수가 있다. [그림 2-5]는 이 과정을 일목요연하게 보여준다.

그림 2-5 시계열분해법의 과정

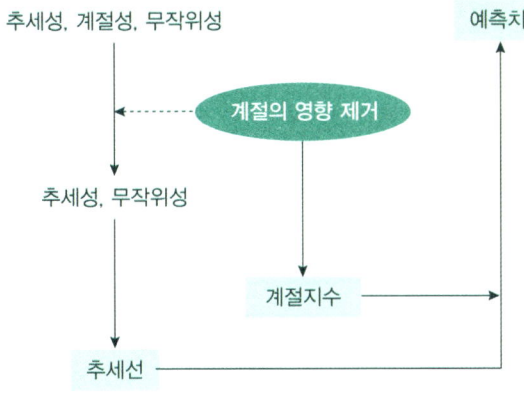

예제 2-3 C할인점의 판매액 예측

<표 2-3>은 C할인점의 1차년도 봄부터 3차년도 가을까지의 사분기별 판매액을 나타내고 있는데, 이 예제에 대하여 시계열분해법을 적용하여 4차년도 봄부터 겨울까지의 사분기별 판매액을 예측하여라.

<표 2-3> C할인점의 판매액 현황

연도	사분기	판매액(억원)
1차년도	1	14
	2	10
	3	14
	4	19
2차년도	1	16
	2	12
	3	18
	4	21
3차년도	1	18
	2	16
	3	20

그림 2-6 데이터의 그래프

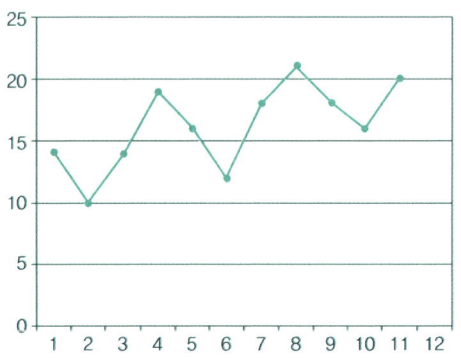

그림 2-7 계절성 여부의 판단

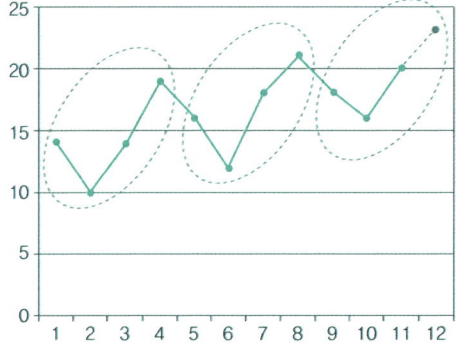

〈예제 2-3〉에 대하여 시계열분해법을 적용하여 판매액을 예측해보자. 우선 이 데이터에 어떠한 특성이 존재하는지부터 살펴보도록 하자. 이 데이터를 점을 찍어 그래프로 그려보면 [그림 2-6]과 같이 나타낼 수 있는데, 이는 1사분기에서 2사분기로 가면서 감소를 했다가 3, 4분기로 가면서 지속적으로 증가하기를 반복하는 것을 알 수 있다. 즉, 데이터가 4분기를 주기로 같은 증감 성향을 반복하고 있으므로, 계절의 개수가 4이다. 이를 그림으로 표시하면 [그림 2-7]과 같다. 여기서 현재의 데이터 숫자는 1기부터 11기까지 11개이지만, 이러한 성향이 반복된다면 12번째 데이터(3차년도의

4사분기 판매액)는 아마도 점선으로 표시된 것과 같은 방향으로 나타나리라 추측할 수 있다.

하지만 추세의 존재 여부는 [그림 2-6]을 통해서는 증가추세가 있는 것은 알 수가 있지만, 이 추세가 직선인지의 여부는 잘 나타나지 않아서 보다 정확한 판단은 계절성을 제거한 자료를 이용하는 것이 바람직하다.

계절의 숫자는 반드시 4만 있는 것은 아니다. 일정한 시간 간격으로 반복되는 자료의 개수가 계절의 숫자이므로, 3계절이나 5계절도 있을 수 있다. 예를 들어 어느 업체가 현금 흐름을 10일마다 한 번씩 매월 세 번씩 측정하고 있는데, 매월 하순에는 월말 정산 때문에 최고로 증가를 했다가, 다음 달 초순에는 중간 수준으로 떨어졌고, 중순에는 최저로 떨어졌다가 다시 하순에는 최고로 증가하기를 반복한다고 하면, 이 경우의 계절은 초, 중, 하순의 세 개가 존재한다고 볼 수 있다.

계절의 영향을 제거하기 위하여 **인접계절평균치**(centered moving average)를 구한다. 가령 2차년도 봄(1사분기)의 인접계절평균치를 구하기 위해서는 이를 '중심'으로 인접한 4계절의 값을 더하여 4로 나눠야 한다. 그러므로 2차년도 봄을 먼저 더하고, 한 계절 앞인 1차년도 겨울과 한 계절 뒤인 2차년도 여름을 더하고 나면 가을이 남는데, 2차년도 봄이 '중심'이 되기 위해서는 1차년도 가을과 2차년도 가을 양쪽의 반씩을 더하는 것이 바람직하다. 즉, 2차년도 봄의 인접계절평균치는 $(14/2 + 19 + 16 + 12 + 18/2)/4 = 15.75$가 된다. 이를 그림으로 나타내면 [그림 2-8]의 4계절과 같다. 이렇게 인접계절평균치를 구하기 위해서는 최소한 앞뒤로 두 계절이 있어야 하므로, 1차년도 가을부터 3차년도 봄까지 인접계절평균치가 존재하며, 앞뒤로 2계절은 인접계절평균치를 구할 수가 없다. 이는 〈표 2-4〉의 인접계절평균치 열에 나타나 있는데, 14.50, 15.00, 15.75, … 18.50이 그것이다. 이 인접계절평균치에는 4계절의 판매액이 모두 포함되어 있기 때문에 계절의 영향이 제거되었다고 볼 수 있다.

인접계절평균치는 계절의 영향이 제거되었으므로, 추세성과 무작위성만이 남게 된다. 어떠한 추세가 있는지를 알아보기 위해 인접계절평균치의

그림 2-8 인접계절평균치 계산

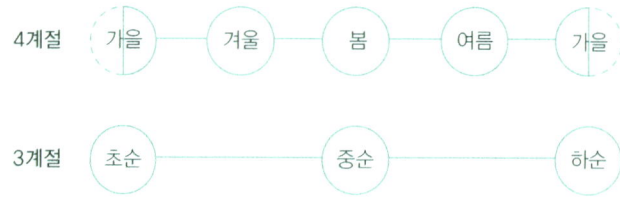

그래프를 그려보면 [그림 2-9]와 같은데, 이는 직선증가추세로 보아도 무리가 없다고 판단하여 추세분석법을 적용하여 추세선을 구한다. 즉, 1차년도 1, 2사분기와 3차년도 2, 3사분기를 제외하면, $(t, Y_t) = \{(3,\ 14.50),\ (4,\ 15.00),\ \cdots\ (9,\ 18.50)\}$이 되고, $m = 7$, $\sum_{t=1}^{m} t = 42$, $\sum_{t=1}^{m} Y_t = 115$, $\sum_{t=1}^{m} t^2 = 280$, $\sum_{t=1}^{m} t Y_t = 708.75$가 되므로, a와 b는 다음과 같이 계산한다.

$$b = \frac{7 \times 708.75 - 115 \times 42}{7 \times 280 - 42^2} = 0.670, \tag{2.16}$$

$$a = \frac{115 - 0.670 \times 42}{7} = 12.408$$

그림 2-9 인접계절평균치의 추세유형 판단

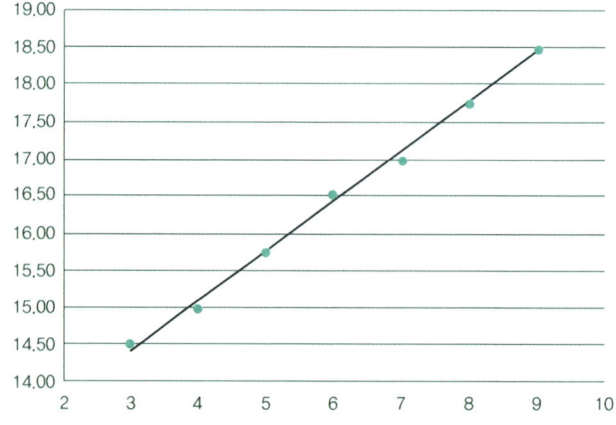

역시 여기서도 b의 값은 0.669642857인데, 이를 이용하면 a의 값이 12.411이 되지만, 그냥 0.670을 이용하면 12.409가 된다. 결과적으로 추세선의 식은 $\overline{Y_t} = 12.409 + 0.670t$ 가 된다.

이제 계절지수를 구하는 과정을 알아보자. 위에서 구한 추세선은 전반적인 증가/감소 경향을 나타내는데, 계절지수(seasonal index/factor)는 각각의 데이터가 해당 계절의 추세선으로부터 얼마나 떨어져 있는지를 나타낸다. 그러므로 각각의 데이터를 인접계절평균치로 나누면 계절지수를 구할 수가 있으며, 이는 〈표 2-4〉의 계절지수 열에 나타나 있는데, 0.966, 1.267, 1.016, …, 0.973이 그것이다. 그런데 이 일곱 개의 계절지수에는 3사분기, 4사분기, 1사분기가 2개씩 있고, 2사분기는 하나가 존재한다. 각 사분기를 대표하는 계절지수를 구하기 위해서는 각 사분기의 계절지수의 평균을 구한다. 예를 들어, 3사분기의 경우는 (0.966+1.059)/2=1.012로 구하고, 4사분기와 1사분기도 이렇게 구하면 1.225와 0.994가 나온다. 2사분기는 계절지수가 0.727 하나이므로 평균을 구해도 같은 값이 된다.

그런데 각 사분기의 계절지수의 합은 4.000이 되어야 하는데 여기서는 3.958이므로, 이 합이 4.0이 되도록 각 계절지수를 보정해줘야 한다. 과연

표 2-4   표준계절지수의 계산

년	분기	t	D_t	인접계절평균치		계절지수	표준계절지수
1차	1	1	14				
	2	2	10				
	3	3	14(14/2+10+14+19+16/2)/4 = 14.50,	14/14.50 = 0.966	1.012	**1.023**(3)
	4	4	19(10/2+14+19+16+12/2)/4 = 15.00,	19/15.00 = 1.267	1.225	**1.238**(4)
2차	1	5	16(14/2+19+16+12+18/2)/4 = 15.75,	16/15.75 = 1.016	0.994	**1.004**(1)
	2	6	12(19/2+16+12+18+21/2)/4 = 16.50,	12/16.50 = 0.727	0.727	**0.735**(2)
	3	7	18(16/2+12+18+21+18/2)/4 = 17.00,	18/17.00 = 1.059	−	−
	4	8	21(12/2+18+21+18+16/2)/4 = 17.75,	21/17.75 = 1.183	3.958	4.000
3차	1	9	18(18/2+21+18+16+20/2)/4 = 18.50,	18/18.50 = 0.973		
	2	10					
	3	11					

4.000과 3.958의 차이인 0.042를 네 개의 계절지수에 어떻게 분배하는 것이 좋을까? 이 차이는 무작위성 때문에 생긴 오차인데, 계절지수의 값이 큰 곳이 작은 곳보다 오차가 더 큰 게 보통이므로, 계절지수의 비율로 분배를 하도록 하자. 이렇게 계절지수의 합이 4.000이 되도록 보정을 한 것을 **표준계절지수**(standardized seasonal index/factor)라고 부른다. 3사분기의 표준계절지수는 다음과 같이 구할 수가 있다.

$$1.012 + 0.042*1.012/(1.012 + 1.225 + 0.994 + 0.727) \quad (2.17)$$
$$= 1.012 + 0.042*1.012/3.958$$
$$= 1.023$$

다른 사분기들도 같은 방식으로 구할 수가 있는데, 4사분기, 1사분기, 2사분기의 표준계절지수는 〈표 2-4〉의 해당 열에 나와 있는 1.238, 1.004, 0.735가 되며, 이들의 합은 4.000이 된다. 만일 이들의 합이 4.000이 아니라 3.999나 4.001이 될 수도 있는데, 이는 소수점 아래 자릿수를 셋째 자리까지 표기하다 보니 생긴 것이므로, 예측치에 왜곡이 발생하지 않도록 표준계절지수 중 하나를 적절하게 보정을 하여 4.000으로 만들어야 한다.

이제 4차년도의 1~4사분기의 판매액을 예측해보자. 우선 추세선을 이용해서 이들 사분기의 인접계절평균치를 계산하고 나서 여기에 각 사분기의 표준계절지수를 곱해서 예측치를 구한다. 이들의 시점을 나타내는 t는 13~16이므로(12~15가 아님), 〈표 2-5〉와 같이 구한다. 즉, 13기의 예측치는 추세선의 t에 13을 넣어 계산한 인접계절평균치에다가 13기의 표준계

표 2-5 예측치의 계산

년	분기	t	F_t
4차	1	13	(12.409+0.670*13)*1.004=**21.2**(억 원)
	2	14	(12.409+0.670*14)*0.735=**15.5**(억 원)
	3	15	(12.409+0.670*15)*1.023=**21.6**(억 원)
	4	16	(12.409+0.670*16)*1.238=**28.6**(억 원)

절지수(3사분기가 아니라 1사분기)인 1.004를 곱해서 계산하면 된다. 13~16기의 예측치는 각각(21.2, 15.5, 21.6, 28.6)(억 원)이 된다.

만일 계절의 숫자가 4가 아니라 3이라면 위의 계산과정이 어떻게 달라질까? 우선 인접계절평균치를 계산할 때, 세 계절만 더하면 되므로 2기의 인접계절평균치는 $(D_1 + D_2 + D_3)/3$을 해야 되며(양쪽 끝의 계절을 반씩 더하지 않음. [그림 2-8]의 3계절 참조), 이들로부터 구하는 계절지수도 3개가 나오게 되고, 표준계절지수의 합도 3.000이 되어야 한다. 결과적으로 인접계절평균치를 구할 때, 계절의 숫자가 짝수일 경우에는 양쪽 끝의 계절을 반씩 더하지만, 계절의 숫자가 홀수일 경우에는 양쪽 끝의 계절을 반씩 더하지 않는다.

2.4 예측치의 평가

예측오차(forecast error)는 수요의 실제 값과 예측치의 차이로 정의를 한다. 즉, 예측오차(e_t)는 $e_t = D_t - F_t$로 나타낼 수 있으며, 오차가 0보다 작거나 큰지 여부에 따라 예측을 실제 값보다 크거나 작게 했는지를 알 수가 있다. 이것을 **편차**(deviation)라고도 부르며, 이는 어느 시점에 대한 예측치를 구한 후 그 시점에 도달하게 되면 그 시점의 실제 값과 그 시점에 대한 예측치의 차이로 계산하게 되므로, 각 예측치마다 편차를 계산할 수 있다. 예측을 여러 번 계속하게 되면 편차들이 여러 개 생기게 되는데, 이러한 편차들이 0보다 크거나 작은 방향으로 계속되는 경향을 **편의**(bias)라고 부른다. 그러므로 예측치가 하나밖에 없다면 편차는 존재할 수 있어도 편의는 존재할 수가 없다.

예측을 p번 해서 예측치가 p개 존재한다고 할 때, 예측오차를 측정하는 방법에는 어떠한 것들이 있는지 살펴보자.

평균오차(mean error: ME)는 예측오차의 평균을 의미하며, 다음과 같이 정의한다.

$$\text{ME} = \frac{1}{p}\sum_{t=1}^{p} e_t \tag{2.18}$$

예측오차는 양과 음이 상쇄될 수 있으므로, 예측이 제대로 이루어지고 있다면 ME는 0에 근접해야 한다. 그러므로 ME는 편의가 존재할 경우 양이나 음 중 어느 한 방향으로 그 절댓값이 커지기 때문에, 편의 측정에 유용하다. 하지만 ME가 작은 값을 가지더라도, 예측오차가 양과 음의 큰 값을 가지면 서로 상쇄가 될 수 있다는 점을 유의해야 한다.

평균자승오차(mean squared error: MSE)는 예측오차의 제곱의 평균을 의미하며, 다음과 같이 정의한다.

$$\text{MSE} = \frac{1}{p}\sum_{t=1}^{p} e_t^2 \tag{2.19}$$

이것은 각 예측오차의 제곱을 더하여 p로 나누는 것이므로, 예측오차가 클수록 제곱 값이 커지므로 그에 대한 가중치도 커지게 된다. 즉, 예측오차가 큰 것에 대해 페널티를 많이 부여한다고 볼 수 있다.

평균절대편차(mean absolute deviation: MAD)는 예측오차의 절댓값의 평균을 의미하며, 다음과 같이 정의한다.

$$\text{MAD} = \frac{1}{p}\sum_{t=1}^{p} |e_t| \tag{2.20}$$

이것은 절댓값을 사용하므로 계산이 쉽고 오차의 절대적인 크기의 평균이라서 예측오차 측정 방법 중에서 가장 많이 사용하고 있다.

평균절대비율오차(mean absolute percentage error: MAPE)는 실제 값 대비 예측오차의 절댓값의 비율의 평균을 의미하며, 다음과 같이 정의한다.

$$\text{MAPE} = \frac{100}{p}\sum_{t=1}^{p} \left|\frac{e_t}{D_t}\right| \tag{2.21}$$

예측오차가 10으로 동일하다고 하더라도 실제 값이 1,000인 경우와 100인 경우는 실제 값 대비 예측오차의 비율이 각각 1%와 10%로 다르기 때문에, 전자가 후자보다 더 정확하다고 볼 수 있는데, 이 경우 ME, MSE, MAD는 그 값이 전자와 후자 모두 동일하지만, MAPE의 경우는 전자가 후자보다 작다는 점에서 이들과 구분이 된다. 그리고 실제 값의 단위가 kg이라면 ME와 MAD의 단위는 당연히 kg이고 MSE의 단위는 kg^2이지만, MAPE의 단위는 실제 값의 단위가 무엇이든 항상 %가 된다.

현재의 의사결정 상황에서 예측방법이 올바르게 작동하고 있는지 여부를 판단하기 위해서는 앞에서 정의한 예측오차들을 이용하기도 하고 추적지표를 이용하기도 한다. 추적지표(tracking signal: TS)는 누적예측오차(running sum of forecast errors: RSFE)를 MAD로 나눈 값을 의미하며, 다음과 같이 정의한다.

$$TS = \frac{RSFE}{MAD} = \frac{\sum_{t=1}^{p} e_t}{MAD} = p * \frac{ME}{MAD} \qquad (2.22)$$

즉, TS는 예측을 계속해 가면서 얻어지는 예측오차들의 합(RSFE)을 MAD로 나눈 값이기 때문에 단위는 없으며, 분자에 ME가 있으므로 TS 또한 ME의 특성을 그대로 가지게 된다. 그래서 예측방법이 올바르게 작동하고 있다면 TS 또한 0에 근접하게 되고, 편의가 존재하면 TS가 0으로부터 멀어지게 된다. 예측을 계속해 가면서 구하게 되는 TS가 일정한 범위(보통은 $-4 \sim +4$ 사이) 내에서 움직이면 문제가 없지만, 그 범위를 벗어나게 되면 예측방법이 더 이상 올바르게 작동한다고 볼 수 없으므로, 예측을 멈추고 그 이유를 분석하여 적절한 조치를 취해야 한다.

〈예제 2-3〉에서 4차년도의 1사분기에서 4사분기의 실제 판매액(D_{13}, D_{14}, D_{15}, D_{16})이 각각 (21, 16, 21, 29)억 원이라고 할 때, ME, MSE, MAD, MAPE와 TS의 값을 구해보자. 예측오차($e_t = D_t - F_t$)를 구하면 (e_{13}, e_{14}, e_{15}, e_{16}) = (-0.2, 0.5, -0.6, 0.4)가 되므로, 다음과 같이 구할

수 있다.

$$ME = (e_{13} + e_{14} + e_{15} + e_{16})/4 = \{-0.2 + 0.5 - 0.6 + 0.4\}/4 = 0.025(억 원)$$

$$MSE = (e_{13}^2 + e_{14}^2 + e_{15}^2 + e_{16}^2)/4 = \{(-0.2)^2 + 0.5^2 + (-0.6)^2 + 0.4^2\}/4$$
$$= 0.2025(억\ 원^2)$$

$$MAD = (|e_{13}| + |e_{14}| + |e_{15}| + |e_{16}|)/4 = \{|-0.2| + |0.5| + |-0.6|$$
$$+ |0.4|\}/4 = 0.425(억\ 원)$$

$$MAPE = (|e_{13}/D_{13}| + |e_{14}/D_{14}| + |e_{15}/D_{15}| + |e_{16}/D_{16}|)*100/4$$
$$= (|-0.2/21| + |0.5/16| + |-0.6/21| + |0.4/29|)*100/4$$
$$= 2.078(\%)$$

$$TS = 4*ME/MAD = 4*(0.025)/0.425 = 0.235$$

ME와 MSE가 작은 값이고 TS 또한 4보다 현저히 작은 값이므로 현재의 예측방법은 올바르게 작동하고 있다고 볼 수 있다.

2.5 예측기법의 선택

예측이 필요한 상황에 적합한 예측기법을 선택할 때는, 먼저 선택 가능한 예측기법들의 내용 및 특성을 잘 알아야 하고, 가용한 자료의 유무 및 특성, 그 상황에 요구되는 정확도, 예측에 소요되는 시간과 비용, 예측의 용도 및 예측기간, 정확한 예측으로 기대할 수 있는 이익, 잘못된 예측으로 인하여 치르게 될 잠재적 비용 등을 고려하여야 한다.

일반적으로 예측의 정확도를 높일수록 예측비용도 올라가므로 정확도와 비용 사이의 교환관계를 고려할 필요가 있다. 정확도를 최고로 높인 예측기법 또는 비용이 가장 저렴한 예측기법이 최선이 될 수 없다. 최선은 예측하는 데 소요될 비용과 예측오차로 인한 잠재적 비용의 합을 최소화하는 정확도와 비용 사이의 조합이라 할 수 있다.

　예측기법을 선택할 때 과거 자료의 유무와 유형 및 예측기간 역시 고려하여야 한다. 과거 자료의 이용 가능성과 안정성 여부, 계량적 자료의 이용 여부 및 정성적 자료의 획득 여부 등이 그것이다. 과거 자료가 존재하지 않을 경우에는, 정성적 자료, 과거의 유사한 현상에 대한 경험, 경영자의 판단적 추정에 의존한다.

　어떠한 상황에서도 가장 잘 작동하는 예측기법은 존재하지 않는다. 각 예측기법의 내용 및 장단점에 관한 명확한 이해가 선행되고, 예측의 대상, 용도, 기간이 정해지면, 예측의 정확도와 비용 사이의 조합과 과거 자료의 유무 및 유형을 고려하여 예측기법을 선택한다. 여러 가지 예측기법들을 적용한 후 이들을 상호비교한 다음 적절한 예측기법 하나를 선택하거나 둘 이상의 예측기법을 함께 사용하는 것으로 결정할 수도 있다.

연습문제

2-1 어느 중견기업에서는 계열사로 프랜차이즈식당을 운영하고 있다. 프랜차이즈식당의 매니저는 그 주의 판매할 음식의 식자재를 미리 주문해야 하기 때문에 정확한 수요예측이 필요하다. 최근 몇 주 동안 식자재의 실제 수요는 다음과 같다.

주	실제 수요(단위: kg)
8월 첫째 주	40
8월 둘째 주	45
8월 셋째 주	42
8월 넷째 주	44
9월 첫째 주	46
9월 둘째 주	50

a) 9월 셋째 주에 필요한 식자재를 단순이동평균법을 이용해서 구하라. 이동평균기간은 5로 가정한다.

b) 이번에는 9월 셋째 주에 필요한 식자재를 가중이동평균법을 이용해서 구하라. 이동평균기간은 3으로 가정하고 가중치는 가까운 순서대로 0.5, 0.3, 0.2로 가정한다.

c) 단순지수평활법을 사용하여 9월 셋째 주의 수요를 예측하여라. 단, 평활상수 $\alpha = 0.5$, 9월 둘째 주의 수요예측치(F_6)는 45kg이라고 가정한다.

2-2 어느 종합병원에서는 매년 병원을 방문하는 특정 희귀병에 걸린 환자수에 대한 정확한 예측을 해서 희귀병을 치료하는 데 필요한 시설과 수술재료에 대한 준비를 하려고 한다. 과거 5년 동안 종합병원에서 치료한 희귀병 환자수는 다음과 같다.

년	1	2	3	4	5
환자수(단위: 명)	25	22	24	23	25

병원에서는 정확한 수요예측을 하기 위해 여러 가지 방법을 시도해 보았다. 또한 여러 가지 수요예측방법을 통해 얻은 예측치에 대해 예측오차를 측정해 보았다. 다음 물음에 답하여라.

a) 이동평균기간을 2년으로 가정하고 단순이동평균법을 사용하여 6년 차의 환자수를 예측하여라.

b) 이동평균기간을 2년으로 가정하고 최근년도부터 가중치를 0.6과 0.4라고 가정하여 가중이동평균법으로 6년 차의 환자수를 예측하여라.

c) 단순지수평활법을 사용하여 6년 차의 환자수를 예측하여라. 단, 평활상수 $\alpha = 0.6$, 5년 차의 환자수 예측치(F_5)는 24명이라고 가정한다.

2-3 어느 무역업체의 1기부터 12기까지의 매출액이 (20, 35, 65, 23, 44, 71, 32, 53, 77, 41, 59, 83)(백만 원)일 때, 13기와 14기의 매출액을 예측하려고 한다(승법적 계절변동 가정; 계절의 이름은 영문 알파벳으로 표기할 것: 예: 계절의 숫자가 4이면 A,B,C,D). (주의: 계산에 필요한 모든 숫자는 반드시 소수점 아래 넷째 자리에서 반올림하여 소수점 아래 셋째 자리까지 표기할 것.)

a) 계절의 숫자가 몇 개인지를 밝히고, 그 이유를 간단히 설명하여라.
b) 계절의 영향을 제거한 인접계절평균치와 추세선의 식을 구하여라.
c) 이 문제의 데이터에는 어떤 추세가 있고 왜 그렇게 판단했는가?
d) 필요한 모든 조치를 취하여 최종적으로 표준계절지수를 구하여라.
e) 13기와 14기의 매출액을 예측하여라.
f) (e)의 실제 매출액이 (40, 65)(백만 원)이라고 할 때, ME, MSE, MAD, MAPE, TS를 구하여라.

2-4 어느 통신기기 제작업체의 1기부터 14기까지의 매출액이 (10, 17, 22, 28, 37, 20, 28, 33, 37, 49, 26, 36, 41, 46)(억 원)일 때, 15기와 16기의 매출액을 예측하려고 한다(승법적 계절변동 가정; 계절의 이름은 영문 알파벳으로 표기할 것: 예: 계절의 숫자가 4이면 A,B,C,D). (주의: 계산에 필요한 모든 숫자는 반드시 소수점 아래 넷째 자리에서 반올림하여 셋째 자리까지 표기할 것.)

a) 계절의 숫자가 몇 개인지를 밝히고, 그 이유를 간단히 설명하여라.
b) 계절의 영향을 제거한 인접계절평균치와 추세선의 식을 구하여라.
c) 이 문제의 데이터에는 어떤 추세가 있고 왜 그렇게 판단했는가?
d) 필요한 모든 조치를 취하여 최종적으로 표준계절지수를 구하여라.
e) 15기와 16기의 매출액을 예측하여라.
f) (e)의 실제 매출액이 (62, 32)(억 원)이라고 할 때, ME, MSE, MAD, MAPE, TS를 구하여라.

2-5 어느 화학공장의 1기부터 11기까지의 CO_2 배출량이 (58, 54, 50, 53, 56, 54, 48, 51, 54, 50, 46)(kg)일 때, 12기와 13기의 배출량을 예측하려고 한다(승법적 계절변동 가정; 계절의 이름은 영문 알파벳으로 표기할 것: 예: 계절의 숫자가 4이면 A,B,C,D). (주의: 계산에 필요한 모든 숫자는 반드시 소수점 아래 넷째 자리에서 반올림하여 셋째 자리까지 표기할 것.)

    a) 계절의 숫자가 몇 개인지를 밝히고, 그 이유를 간단히 설명하여라.
    b) 계절의 영향을 제거한 인접계절평균치와 추세선의 식을 구하여라.
    c) 이 문제의 데이터에는 어떤 추세가 있고 왜 그렇게 판단했는가?
    d) 필요한 모든 조치를 취하여 최종적으로 표준계절지수를 구하여라.
    e) 12기와 13기의 CO_2 배출량을 예측하여라.
    f) (e)의 실제 CO_2 배출량이 (49, 50)(kg)이라고 할 때, ME, MSE, MAD, MAPE, TS를 구하여라.

2-6 어느 중장비 제조업체의 1기부터 12기까지의 매출액이 (23, 19, 15, 18, 21, 17, 13, 16, 19, 15, 10, 15)(억 원)일 때, 13기와 14기의 매출액을 예측하려고 한다(승법적 계절변동 가정; 계절의 이름은 영문 알파벳으로 표기할 것: 예: 계절의 숫자가 4이면 A,B,C,D). (주의: 계산에 필요한 모든 숫자는 반드시 소수점 아래 넷째 자리에서 반올림하여 소수점 아래 셋째 자리까지 표기할 것.)

    a) 계절의 숫자가 몇 개인지를 밝히고, 그 이유를 간단히 설명하여라.
    b) 계절의 영향을 제거한 인접계절평균치와 추세선의 식을 구하여라.
    c) 이 문제의 데이터에는 어떤 추세가 있고 왜 그렇게 판단했는가?
    d) 필요한 모든 조치를 취하여 최종적으로 표준계절지수를 구하여라.
    e) 13기와 14기의 매출액을 예측하여라.
    f) (e)의 실제 매출액이 (15, 13)(억원)이라고 할 때, ME, MSE, MAD, MAPE, TS를 구하여라.

탐구문제

2-7 기상청 홈페이지(www.weather.go.kr)에 방문하여, 당신이 거주하는 지역의 10일 전부터 오늘까지 일별 일기예보를 확인하여라. 실제 일기자료를 이용하여 기상청의 일기예보에 대한 정확도를 TS로 평가하라. 지난 6개월 동안 기상청의 주별 일기예보에 대한 정확도도 평가해 보자.

CHAPTER 03

설비 및 총괄계획

3.1 내부생산과 외부구매
3.2 생산능력의 적정 규모
3.3 설비계획의 절차
3.4 총괄계획과 총괄생산단위
3.5 총괄계획 관련 비용
3.6 총괄계획의 수립과 운영

설비계획(facility planning)은 장기계획으로서, 물리적인 생산 설비를 어느 정도의 규모로, 언제, 어디에 세울 것인지를 결정하는 것을 말하고, **총괄계획**(aggregate planning)은 중기계획으로서, 전체적인 생산 계획과 그에 따른 생산자원(특히 인력자원)의 확보를 고려한 생산/인력계획을 말한다.

생산 설비의 규모에 대한 논의에 앞서 생산능력에 대한 정의부터 살펴보도록 하자. **생산능력**(capacity)은 생산시스템이 일정한 기간(보통은 일 년) 동안 제공할 수 있는 최대생산량을 말하며, 다음과 같은 여러 개념들이 사용되고 있다.

a. **설계생산능력**(designed capacity): 생산시스템을 설계할 때 목표로 정한 생산능력으로서 생산시스템이 가장 이상적인 조건하에서 달성할 수 있는 최대 생산능력을 말한다. 발전소의 연간발전량이 300GW(기가와트)라거나, 정유공장의 연간 정유량이 5억 배럴이라는 것을 예로 들 수 있다.

b. **피크생산능력**(peak capacity): 단기적으로 가능한 최대 생산능력으로서 잔업이나 하청 등의 임시적인 방법을 통해 단기간 동안 유지할 수 있는 생산능력을 말한다. 발전소나 영화관, 병원 등 생산품을 재고로 유지할 수 없는 서비스산업에서는 수요가 많을 때에 대비하여 적절한 피크생산능력을 보유하는 게 중요하다.

c. **안정생산능력**(sustained capacity; 유지생산능력): 장기간 동안 안정적으로 유지할 수 있는 생산능력으로서, 잔업/하청 등이 아닌 정상적인 방법을 이용하고 생산시스템의 유지/보수, 인력자원의 교육/휴가 등을 감안한 생산능력을 말한다.

3.1 내부생산과 외부구매

기업이 제품을 내부에서 생산하는 것과 외부에서 구매하는 것 중에서 어느 쪽이 유리한지를 고려해 보자. 기업이 제품 한 단위를 외부에서 구매하면 c_1을 지불하고, 내부에서 생산한다면 고정비(혹은 생산준비비용) K 와 변동생산비용 c_2가 들어간다고 하면, 제품 x단위를 외부에서 구매하면 $(c_1 x)$의 구매비용이 들어가고 내부에서 생산하면 $(K+c_2 x)$의 생산비용이 들어간다. 일반적으로 단위당 구매비용(c_1)이 단위당 변동생산비용(c_2)보다 큰 게 보통인데, 구매비용은 외부 생산자의 고정비와 정상이윤을 포함하고 있기 때문이다.

이를 그래프로 그려보면, [그림 3-1]과 같다. 이 그림에서 외부 구매비용과 내부 생산비용이 같아지는 x^*를 구하면

$$x^* = K/(c_1 - c_2)$$

가 되는데, 제품의 필요량이 x^*보다 작을 경우는 외부 구매비용($c_1 x$)이 작고, 제품의 필요량이 x^*보다 클 경우에는 내부 생산비용($K+c_2 x$)이 더 작으므로, 기업이 필요로 하는 제품의 양이 x^*보다 클 경우에는 내부에서 생산하고 x^*보다 작을 경우에는 외부에서 구매하는 것이 유리하다. 이는 개별 제품별로 다르고 시간이 흐르면서 달라질 수도 있다.

그림 3-1 외부 구매비용과 내부 생산비용의 비교

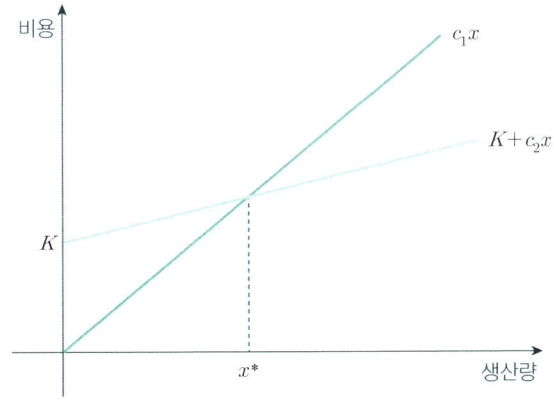

3.2 생산능력의 적정 규모

생산시스템의 생산능력이 어느 정도인 것이 적절한지를 알아보자. 생산능력의 적정 규모를 그 제품의 수요에 비교하여 정하는 것과 단위당 생산비용을 고려하여 정하는 것에 대해 차례로 알아보도록 하자.

여유생산능력(capacity cushion; 완충생산능력)은 생산능력에서 평균수요를 뺀 것으로서, 평균수요보다 생산능력이 얼마나 더 여유가 있는지를 나타내며, 수요가 급격하게 증가하거나 생산능력이 일시적으로 줄어들 경우에 대비할 수 있다.

여유생산능력은 0보다 크거나 같거나 작을 수 있는데, 이는 생산능력이 평균수요보다 부족해서 발생하는 비용(수요는 있는데 생산능력이 모자라서 판매하지 못하는 기회비용)과 과잉이어서 발생하는 비용(생산능력을 필요 이상으로 크게 만들어 발생한 초과 건설비용과 금융비용 등)을 비교해서 결정한다. 즉, 부족비용이 더 크면 여유생산능력을 0보다 크게 유지하고, 과잉비용이 더 크면 0보다 작게 유지하는 게 보통이다. 예컨대, 전력산업의 경우, 생산능력보다 수요가 더 크면 정전 사태가 발생할 수 있는데, 부족비용이 과잉비용보다 매우 크므로 여유생산능력을 0보다 크게 유지해야 한다. 여기서 여유생산능력을 평균수요보다 얼마나 더 크거나 작게 유지하는 게 좋은지는 그 제품의 향후 판매 전망, 경쟁업체, 자체 전략, 제품수명주기 등을 고려하여 정할 수 있다.

제품의 생산량이 늘어나면 생산비용(총비용)도 함께 늘어나지만, 단위당 생산비용(단가; 평균비용)은 늘어날 수도 줄어들 수도 있다. 즉, 생산비용 증가비율이 생산량 증가비율보다 크면 평균비용이 점점 커지고, 작으면 평균비용도 점점 작아진다. 단위당 생산비용(단가; 평균비용)은 생산량이 증가하면서 점점 작아지다가 나중에는 점점 커지는 게 보통인데, 단가가 가장 저렴한 생산 규모를 생각해 보기로 하자.

제품의 생산량이 증가하면 따라서 증가하는 원자재비, 인건비 등에 대한 단위당 생산비용은 증가하는 반면, 변하지 않는 고정비(금융비용, 감가상각비 등)에 대한 단위당 생산비용은 감소하게 된다. 그러므로 생산량이 증가하면서 단위당 생산비용의 증가 여부는 어느 쪽 비용이 더 커지느냐가 관건이 된다.

규모의 경제(economies of scale)는 제품의 생산량이 증가할수록 단위당 생산비용이 줄어드는 현상을 말한다. 즉, 생산량이 증가하면서 단위당 생산비용이 감소하는 쪽이 증가하는 쪽보다 더 크다는 뜻이다. 그 이유로는 생산량이 늘어나면서 고정비가 분산되고, 원자재의 대규모 구입에 따른 할인이나 협상력 강화 등으로 운임이나 자재구매비가 절감되며, 필요한 자금을 보다 낮은 금리로 이용할 수 있고, 대량생산에 따른 전문화, 분업화, 학습효과 등으로 노동생산성이 높아지는 점을 들 수 있다.

규모의 비경제(diseconomies of scale)는 제품의 생산량이 증가할수록 단위당 생산비용이 늘어나는 현상을 말한다. 즉, 생산량이 증가하면서 단위당 생산비용이 증가하는 쪽이 감소하는 쪽보다 더 크다는 뜻이다. 그것은 설비의 규모가 너무 커져 어느 수준을 넘게 되면, 조직관리비용이 커지고 설비, 수송 등의 경제성이 낮아지면서 오히려 단위당 생산비용이 증가하기 때문이다.

생산능력의 적정규모는 비용 측면에서 바라보면, 생산능력의 크기를 증가시키면 단위당 생산비용이 점점 줄어들어 규모의 경제가 나타나다가 단위당 생산비용이 증가하며 규모의 비경제가 나타나게 될 때, 단위당 생산비용을 가장 작게 하는 생산능력의 규모를 최적 규모로 선택할 수 있다.

제품에 대한 미래의 시장 상황과 기업의 여건 등을 고려하여, 여유생산능력을 적절하게 설정하고 개별 생산설비의 최적 규모를 고려하여 설비계획을 세우는 것이 중요하다.

3.3 설비계획의 절차

설비계획은 어떤 순서를 따라 진행되는지 간단히 살펴보기로 하자.

a. **미래수요 예측**: 계획을 고려 중인 미래의 수요(장기수요)를 예측하여 생산능력의 과부족에 대한 판단의 근거로 삼는다.

b. **생산능력의 필요 여부와 추가 규모 결정**: 예측된 미래 수요를 충족하기 위해 필요한 생산능력과 그 시점에 가용할 것으로 추정된 생산능력(설비마모/감소분 감안)을 고려하여 생산능력의 적정 수준을 결정한다. 이때 여유 생산능력의 적정수준은 부족비용 대 과잉비용을 비교하여 결정한다.

c. **생산능력의 변경계획 수립**: 생산능력의 추가 규모를 확보하기 위한, 시기, 수량, 입지 등을 결정한다. 가능성이 높은 대안들을 분석하여 기업이 추구하는 목표(비용 최소화, 이윤 극대화, 시장지배력 최대화 등)에 맞는 가장 바람직한 것을 선택한다.

설비계획은 소요 예산의 규모도 매우 크고 기업의 미래에 결정적인 영향을 미치므로 필요한 데이터를 철저하게 분석하여 신중하게 결정하고, 대개는 최고의사결정 기구(최고경영층이나 이사회)가 이에 대한 최종 결정을 하게 된다.

3.4 총괄계획과 총괄생산단위

총괄계획은 기업 전체의 대표적인 중기계획으로서, 생산능력(설비)이 고정적이라고 가정하고 중기수요나 목표 요구량을 차질 없이 생산하기 위해서 생산자원을 어떻게 확보하고 언제 얼마만큼을 생산할 것인지에 대한 계획을 말한다. 원자재, 부품 등의 물질적인 생산자원은 요구량이 급격히 변하더라도 추가로 구입하거나 남는 걸 재고로 쌓아놓을 수 있지만, 인력자원은 필요에 따라 고용 및 해고가 쉽지 않고 추가로 고용할 경우도 모집, 선발, 교육훈련 등에 시간이 필요하므로, 총괄계획의 중요한 부분을 차지하게 된다.

총괄계획은 대개는 일 년 정도의 월별 계획을 세우는 게 보통인데, 예측된 혹은 알려진 월별 수요를 충족하도록 하되, 비용 최소화를 목표로 생산, 고용, 잔업, 하청, 재고 수준을 결정하게 된다.

총괄계획은 개별 제품별로 수립하지 않고 기업 전체로 하기 때문에 여러 제품을 총괄할 수 있는 공통의 산출 단위가 필요하다. 가령 제철소의 경우 생산하는 제품이 강판, 철근, H빔, 철사, 못 등 다양한데, 이를 총괄하는 단위로 무게를 재는 톤(t)을 사용하여 연간 생산량을 톤으로 표시하며(예: 연간 600만 톤 생산), 자동차 공장의 경우 다양한 차종을 생산하지만, 총괄단위로는 차종을 구분하지 않고 차량 숫자를 사용하여 연간 생산량을 대로 표시한다(예: 연간 300만 대 생산). 만일 생산 제품 전체를 총괄하는 생산단위를 정할 수가 없을 경우에는 복수의 산출 단위를 사용하기도 한다.

3.5 총괄계획 관련 비용

총괄계획은 대개 생산목표가 수요 예측에 의한 것이든 최고 경영층이 전략적으로 정한 것이든 이미 설정되어 있어서 생산목표량은 고정적이라고 보고, 그 목표량을 최소비용으로 생산하기 위해 수립하는 계획을 의미한다. 그러므로 제품의 시장가격이 변하지 않고 생산목표량을 모두 판매한다고 가정하면 수입은 고정적이 되고, 이윤최대화나 비용최소화가 동일한 것이 될 수 있다.

총괄계획에 관련된 비용의 종류는 다음과 같다.
  a. **인력의 채용/해고**: 생산인력을 채용하거나 해고하는 데 드는 비용으로

서, **채용비용**(hiring cost)은 생산인력을 모집, 선발, 교육훈련을 하는 비용이고, **해고비용**(firing cost)은 기존의 생산인력을 해고하는 데 드는 비용으로 퇴직수당 등을 들 수 있는데, 잔류인원의 사기 저하나 기업이미지 실추 등도 포함된다. 여기서 퇴직금은 근로자가 퇴직에 대비해서 사전에 적립해 놓은 돈으로서 해고로 인해 추가로 발생한 게 아니므로 해고비용에 포함되지 않는다.

　　b. **생산능력의 과다**: 생산능력(생산설비)이 수요에 비해 적거나 많아서 생기는 비용으로서, **잔업비용**(overtime cost)은 부족한 생산능력을 채우기 위해 정규시간 이외에 야근을 하거나 주말 근무 등을 하는 데 드는 비용이고, **유휴시간비용**(undertime cost)은 생산능력이 남아서 생산을 하지 않는데도 지급하는 비용을 말한다. 잔업비용은 정상적인 근무비용보다 더 크고 잔업으로 인해 추가로 들어가는 야식비나 교통비 등도 포함하며, 정규인력의 잔업 대신 일시적으로 파트타임이나 임시직을 고용하여 부족분을 채우기도 한다. 유휴시간비용은 생산 여부와 무관한 임금, 임대료 등이 있으나, 이를 한번 지불하면 회수할 수 없는 **매몰비용**(sunk cost)으로 간주하여 무시하기도 한다.

　　c. **생산량의 과다**(재고의 유무): 이미 생산해 놓은 생산량이 필요량보다 많거나 적어서 생기는 비용으로서, **재고유지비용**(inventory holding cost)은 재고가 발생하여 재고를 유지하는 데 드는 비용이고, **재고부족비용**(inventory shortage cost)은 재고가 필요량보다 모자라서 생기는 비용으로 **품절비용**(stockout cost) 혹은 **추후납품비용**(backlog cost)으로 부르기도 한다.

　　d. **생산의 내외부 구분**: 제품 생산을 기업 내부 또는 외부에서 하여 발생하는 비용으로서, 기업 내부에서 생산하면 통상적인 생산비가 들어가지만, 외부 하청업체에게 외주를 주어서 생산할 경우에는 **하청비용**(subcontracting cost)이 들어간다.

3.6 총괄계획의 수립과 운영

총괄계획은 생산목표량을 충족하기 위하여 위와 같은 비용으로 이루어진 비용함수를 최소로하는 수리모형으로 정식화하여 컴퓨터 소프트웨어로 최적해를 구할 수가 있다.

수요가 변함에 따라 생산수준을 변동하는 비용과 변동을 회피하는 비용을 고려하여 총괄계획을 수립하게 되는데, **생산평활**(production smoothing)이란 생산수준 변동비용이 변동회피비용보다 커서 생산수준의 변동에 따른 비용을 최소화하기 위하여 생산수준을 고르게 가져가 생산수준의 급격한 변동을 피하는 것을 말한다.

이를 위해서 비수기에 생산하여 재고로 쌓아두었다가 성수기에 판매하거나, 고용수준의 변화, 잔업, 하청 등을 통하여 생산(공급)을 조절하기도 하고, 비수기에 판촉(가격할인, 예약 등)을 하고 성수기에 **추후납품**(backlog, backorder)을 하는 등으로 수요를 조절하기도 한다.

수요변화에 대처하는 전략은 두 가지를 들 수 있는데, **추종전략**(chase strategy)은 수요의 변화를 따라가면서(추종하면서) 고용수준의 변화(채용, 해고)를 이용하여 생산량(공급)을 변화시키는 걸 말하고, **평준화전략**(level strategy)은 생산평활을 이용하여 생산수준을 크게 변동시키지 않는 것을 말한다. 하나의 전략만을 추구할 수도 있고, 상황에 맞게 두 전략을 적절하게 혼용해서 사용할 수도 있다.

총괄계획의 장점으로는 개별 제품이 아니라 기업 차원의 총괄변수로 수요도 예측하고 계획도 수립하므로 관리비용이 절감되고, 총괄수요예측은 개별수요예측보다 정확도가 높아지며, 기업 전체의 상황을 경영진에게 한 눈에 보여줄 수 있고 시사점이나 몰랐던 대안 등을 줄 수도 있다는 점을 들 수 있다. 단점으로는 모든 제품을 아우르는 총괄단위를 만들기가 쉽지 않고, 총괄단위로 한 예측을 개별제품별 실제 단위로 환원하기가 어려우며, 기업환경 변화(특히 고용수준의 변화)가 계획대로 쉽게 이루어지지 않을 수 있다는 점을 들 수 있다.

연습문제

3-1 특수플라스틱을 생산하는 어느 화학공장의 연간 생산능력은 50톤(t)이고, 특수플라스틱의 연간수요의 확률분포가 다음과 같다고 할 때, 다음 물음에 답하여라.

특수플라스틱 수요 (단위: t)	확률
10	0.05
20	0.15
30	0.30
40	0.30
50	0.15
60	0.05

a) 연평균수요는 얼마인가?
b) 여유(완충)생산능력은 얼마인가?
c) 이 공장의 평균가동률은 얼마인가?

3-2 크레인을 생산하는 중장비업체의 연간 생산능력은 40대이고, 크레인의 연간수요가 n대일 확률은 $f(n) = n/200$ ($n = 20, 30, \cdots, 60$)이라고 할 때, 다음 물음에 답하여라.
a) 연평균수요는 얼마인가?
b) 여유(완충)생산능력은 얼마인가?
c) 이 공장의 평균가동률은 얼마인가?

3-3 어느 식료품 납품업체가 신제품을 내부에서 생산하면 고정비가 100만 원에 단위(kg)당 변동생산비용이 2만 원 드는 반면에, 이를 외부에서 구매하면 단위당 구매비가 4만 원이라고 할 때, 내부생산과 외부구매의 비용이 같아지는 양은 몇 kg인가?

3-4 어느 건설자재 공급업체가 제품을 내부에서 생산하면 고정비가 200만 원에 단위(톤)당 변동생산비용이 3만 원 드는 반면에, 이를 외부에서 구매하면 단위당 구매비가 6만 원이라고 할 때, 필요한 양이 30톤이라고 하면 내부생산과 외부구매 중 어떤 것을 선택하는 것이 좋은가?

3-5 휴대전화 케이스를 납품하는 어느 회사가 향후 5주 동안의 납품계약을 다음과 같이 체결하였다. 정규생산능력은 25(박스/주), 최대 잔업생산능력은 5(박스/주), 박스당 재고유지비용은 1(만 원/주), 정규생산비용은 3(만 원/박스), 잔업생산비용은 5(만 원/박스)라고 할 때, 무재고정책(매주 납품량만큼만 생산)을 택할 경우의 주별 생산량과 총비용을 계산하여라. (초기와 말기 재고는 없는 것으로 간주하고, 고정비는 없어서 생산비는 생산량에 비례한다고 가정)

주	1주	2주	3주	4주	5주
납품계약(박스)	22	25	28	20	27

3-6 3-5번 문제에서 무잔업정책(잔업하지 않고 재고로 충족)을 택할 경우의 주별 생산량과 총비용을 계산하여라.

3-7 어느 대학교 내 이발소는 학생회관에 4개의 이발용 의자를 갖추고 월요일에서 토요일까지 운영되고 있다. 방학 시작 전 주와 졸업식 전 주에 이발소의 수요가 피크를 이룬다. 이발소는 군인 스타일의 커트를 하는 데는 평균 5분이 소요되나, 다른 헤어스타일은 평균 20분이 소요된다. 올해 방학 시작 전 매일 오전 9시부터 오후 6시까지 6일 동안 운영한 결과, 이발소는 500명에게 군인 스타일의 커트를, 400명에게는 다른 헤어스타일의 이발을 해주었다. 그리고 졸업식 전 6일 동안 교내 이발소는 700명에게 군인 스타일의 커트를, 300명에게는 다른 헤어스타일의 이발을 해주었다. 방학 시작 전 주와 졸업식 전 주 중 어느 기간의 가동률(utilization)이 더 높았는가?

3-8 김한국 세무사와 이대한 세무사는 조세환급 전문 사무실을 함께 운영하고 있고, 이 사무실에는 한 대의 컴퓨터가 있다. 만약 이 사무실을 찾는 고객이 정리된 조세 관련 장부를 가지고 있다면, 이 사무실은 이 한 대의 컴퓨터를 이용하여 평균적으로 1시간에 1건의 조세환급 서류를 작성할 수 있다고 할 때, 다음 물음에 답하여라.
 a) 8월의 첫 2주 동안에만 두 세무사가 하루 12시간씩 교대로 조세환급 서류를 처리하였다면(따라서 컴퓨터는 하루 24시간 사용되었다), 한 주당 조세환급 서류작성 수로 측정한 피크생산능력(peak capacity)은 얼마인가?
 b) 이 사무실은 통상 오전 9시부터 오후 7시까지, 한 주당 5일 운영되고 있고, 9월의 첫 1주 동안 40건의 조세환급 서류를 처리하였다면, 조세환급 서류작성 수로 측정하였을 때 9월의 첫 1주 동안의 효율(efficiency)은 얼마인가?

탐구문제

3-9 당신이 거주하는 곳에서 가까운 병원 하나를 선정하자. 이 병원이 생산능력에 관한 사항들로 무엇을 고려할 수 있는지 예를 들어보자. 제조업체와 무엇이 다른가?

CHAPTER 04

일정계획

4.1 생산공정의 종류
4.2 일정계획의 용어
4.3 작업순서의 평가기준
4.4 작업의 처리순서 결정
4.5 서비스 일정계획

일정계획(operations scheduling)은 아주 구체적이고도 단기적인 의사결정으로서, 무엇이 언제 어디서 어떤 설비로 누구에 의해 얼마만큼 생산되는가를 결정하는 것을 말한다. 총괄계획이 중기계획으로서 생산설비(생산능력)가 고정되어 있다고 가정하고, 그 기간에 필요한 자원을 결정하는 것이라면, 일정계획은 단기 계획으로서 생산설비와 생산자원이 고정되어 있다고 가정하고, 총괄계획에서 확보한 자원의 효율적인 이용을 결정하는 것이라고 할 수 있다.

제조업은 물론 서비스산업에서도 고객의 요구사항을 상품에 빨리 반영하여 제공하기 위해서는 효율적인 일정계획이 점점 더 중요해지고 있다.

일정계획에서 나오는 의사결정문제들은 최적해를 구하기가 매우 어려운 것들이 많아서 최적해법보다는 근사해법에 더 관심이 많이 가고 있으며, 실제 상황에서도 근사해법이 사용되는 경우도 적지 않다.

이 장에서는 먼저 생산공정의 종류를 살펴보고, 일정계획에서의 용어를 정의한 후, 순서일정계획을 다루도록 한다.

4.1 생산공정의 종류

우선 생산공정의 종류(유형)는 생산활동의 순서에 따라, 즉, 제품이 어떻게 흘러가느냐에 따라 다음과 같이 나눌 수 있다.

a. 라인공정(line process): 라인공정은 제품의 흐름이 직선(line)의 형태를 띠는 것으로서, 각각의 제품에 적용하는 작업이 동일하므로 자동차 조립처럼 표준화된 작업이 반복되거나, 정유공장처럼 제품이 연속적으로 흐르는 경우를 말한다. 라인공정은 다시 연속생산공정과 반복생산공정으로 나눌 수 있는데, **연속생산공정**(continuous process)은 생산 준비에 시간과 비용이 많이 들어서 한 번 생산을 시작하면 지속적으로 생산을 하는 경우로서 철강, 정유, 설탕 등을 생산하는 공정을 예로 들 수 있는 반면, **반복생**

산공정(repetitive process)은 동일한 작업을 반복적으로 적용하여 개별제품을 생산하는 경우로서 자동차, 냉장고, 세탁기, 컴퓨터 등을 생산하는 공정을 예로 들 수 있다.

 b. **단속공정**(intermittent process): 단속공정은 제품에 따라 서로 다른 작업을 수행하는 경우로서, 제품마다 서로 다른 작업 일정계획이 필요하며, 목공소처럼 책상이나 의자, 책꽂이를 만드는 작업이 서로 다르다든지 자동차정비공장처럼 수리하러 들어오는 자동차들의 작업이 서로 다른 경우를 말한다. 단속공정은 다시 배치공정과 잡샵공정으로 나눌 수 있는데, **배치공정**(batch process)은 여러 개의 제품이 하나의 묶음처럼 단체로 움직이면서 모든 제품의 작업이 끝난 후에야 다음 작업장으로 옮겨가는 경우로서 하나의 주문에 여러 개의 제품이 포함되어 있을 때 가능한 반면, **잡샵공정**(job shop process)은 각 제품을 독립적으로 생산하는 경우로서 목공소나 자동차정비공장 등을 예로 들 수 있다.

 c. **프로젝트공정**(project process): 프로젝트공정은 생산이 비반복적이며 1회적인 특징을 갖는데, 각종 건설공사 수행, 우주선 개발, 특정연구 수행, 영화 제작 등을 예로 들 수 있다. 프로젝트에서는 제품의 흐름은 없고 프로젝트 자체가 중심이 되어서 필요한 장비나 작업자 등이 프로젝트의 위치로 이동해 오는 게 보통이다.

 아울러 생산공정의 종류(유형)는 고객의 주문을 어떻게 충족하느냐에 따라 다음과 같이 나눌 수 있다.

 a. **재고생산공정**(make-to-stock process): 재고생산공정은 고객수요의 불확실성에 대비해서 미리 생산을 해서 재고로 쌓아놓았다가 고객수요가 발생할 때 내보내는 경우로서, 수요를 미리 예측하고 그에 대비하여 생산 및 재고관리를 잘 하는 것이 중요하다.

 b. **주문생산공정**(make-to-order process): 주문생산공정은 고객의 개별적 주문을 충족하기 위해 생산을 하여 고객에게 인도하는 경우로서 고객이 원하는 품질의 제품을 원하는 시간까지 늦지 않도록 납품을 하는 것이 중요하다.

4.2 일정계획의 용어

먼저 일정계획에서 나오는 용어(terminology; 혹은 개념)들을 살펴보도록 하자.[1]

a. job & machine: job(작업)은 어떤 제품을 만드는 데에 필요한 일련의 작업단위(operation)들의 집합을 말하고, machine(주체)은 job을 수행하는 주체를 의미한다. 예를 들어, 목공소에 책상을 짜달라는 주문이 들어왔다면, job은 책상을 짜기 위해 필요한 작업단위들(대패질, 못질, 톱질, 니스칠 등) 전체를 말하고, machine은 이 job을 수행하는 목공소 주인을 말한다. 대패나 톱은 주체가 job을 수행하는 데에 필요한 도구이며, 책상은 job을 수행한 결과물(제품)이 된다.

b. flow shop & job shop: flow shop(플로우샵)은 제품들 모두가 동일한 작업단위를 반복하여 생산되는 경우로서, assembly line처럼 각 제품에 대해 여러 개의 machine이 같은 순서로 사용되므로 라인공정에 적합한 반면, job shop(잡샵)은 제품들이 각각 서로 다른 작업단위로 생산되는 경우로서, 목공소처럼 책상, 의자, 책꽂이를 짜는 과정이 서로 다르므로 단속공정에 적합하다.

c. parallel processing & sequential processing: parallel processing(동시처리)은 두 가지 이상의 job들을 동시에 실행하는 반면, sequential processing(순차처리)은 job을 한 번에 하나씩만 실행한다.

d. scheduling time: arrival time(도착시간; a_i)은 job i가 shop에 도착한 시간, due date(납기일; d_i)는 job i가 처리를 끝내달라는 희망시간, completion time(종료시간; C_i)은 job i의 처리를 끝낸 시간, processing time(처리시간; p_i)은 job i를 처리하는 데에 소요되는 시간을 말하며, waiting time(대기시간; W_i)은 job i가 shop에 도착해서 처리를 시작하기

---

[1] 영어로 된 용어인데 아직 번역어가 통일된 것이 없거나 아예 번역 자체를 하지 않고 그냥 쓰는 것들도 있어서 적절한 번역어가 없다고 생각되는 경우는 번역어를 생략하였음.

전까지 기다린 시간을 말한다.

e. precedence relation: precedence relation(선행관계)은 어떤 작업단위를 수행하기 위해서는 다른 작업단위가 반드시 우선해야 하는 경우로서, 예를 들어, 두 개의 부품에 구멍을 뚫어 보울트 조임을 할 때, 구멍 뚫기가 보울트 조임보다 반드시 먼저 수행해야 하는 경우 둘 사이의 관계를 말한다.

f. preemption: preemptive(중단 가능)는 어떠한 job을 처리하고 있는 도중에 그 job이 아직 덜 끝났어도 그 job을 잠깐 멈추고 다른 job을 먼저 수행할 수 있는 반면, non-preemptive(중단 불가)는 일단 job의 처리가 시작되고 나면 그 job이 끝날 때까지는 절대로 다른 job을 끼워 넣을 수 없는 경우를 말한다.

g. scheduling & sequencing: scheduling(일정계획)은 job들의 시작 및 종료시간을 결정하는 아주 구체적인 시간계획인 반면, sequencing(순서계획)은 단지 job들의 작업순서(혹은 처리순서)만을 결정하는 경우를 말한다. 일정계획 문제들은 최적해를 구하기가 대단히 어려운 문제들이 대부분이므로, 본서에서는 순서계획에 대해서만 고려하기로 한다.

4.3 작업순서의 평가기준

일정계획이나 순서계획을 고려하는 것은 단속공정의 경우에 해당하는데, job을 처리하는 순서가 어떻게 하는 것이 좋은지를 평가하는 기준은 다음과 같은 것들이 있다.

a. **흐름시간**(flow time; F_i): job i가 시스템(혹은 shop)에 도착해서 기다리다 작업(처리) 후 시스템을 나갈 때까지 걸린 시간을 말한다. 이는 종료시간(C_i)에서 도착시간(a_i)을 뺀 것인 동시에 대기시간(W_i)과 처리시간(p_i)의 합이기도 하다. **평균흐름시간**(mean flow time; $\overline{F}$)은 job들의 흐름

시간의 평균으로서, 각 job의 처리시간이 고정되었다고 가정하면 이 값이 작을수록 대기시간이 줄어들기 때문에 좋은 작업순서라고 할 수 있다. 이를 식으로 나타내면 다음과 같다.

$$F_i = C_i - a_i = W_i + p_i \tag{4.1}$$

$$\overline{F} = \sum_{i=1}^{n} F_i / n \tag{4.2}$$

b. 총완료시간(makespan, M): 각 job의 흐름시간 중 가장 긴 것을 말한다. 이는 배치(batch)공정에서 이용하기에 적절한 기준으로서, 배치공정에서는 모든 job이 끝나야만 시스템을 나갈 수 있으므로 제일 마지막에 처리한 job의 흐름시간이 짧을수록 좋은 작업순서라고 할 수 있다. 이를 식으로 나타내면 다음과 같다.

$$M = F_{\max} = \max_{i} F_i \tag{4.3}$$

c. 지연시간(tardiness; T_i): job i의 납기일이 종료시간보다 늦어졌을 때의 납기일을 초과한 시간을 말한다. 물론 납기일이 종료시간보다 빠를 경우는 지연시간이 0이다. **평균지연시간**(average tardiness; $\overline{T}$)은 job들의 지연시간의 평균을 말하며, **지연작업수**(the number of tardy jobs; $\#_{tj}$)는 지연된 job의 숫자를 말하는 것으로서, 이 값들이 작을수록 고객과의 약속을 어긴 정도가 줄어들기 때문에 좋은 작업순서라고 할 수가 있다. 이것은 사전에 계약을 체결할 당시 지연 시 벌금을 무는 방법에 따라 적용하는 것이 다른데, 지연시간 10분당 2천 원의 벌금을 무는 것처럼 지연시간에 비례해서 벌금을 물 경우에는 평균지연시간이 적절한 평가기준인 반면, 지연된 job의 숫자에 3천 원을 곱해서 벌금을 무는 것처럼 지연시간의 크기와는 무관하게 지연된 job의 숫자에 비례해서 벌금을 물 경우에는 지연작업수가 적절한 평가기준이 된다. 이를 식으로 나타내면 다음과 같다.

$$T_i = \max\{0, (C_i - d_i)\} \tag{4.4}$$

$$\overline{T} = \sum_{i=1}^{n} T_i / n \qquad (4.5)$$

d. 시스템 내 평균작업수(average number of jobs in system; $\overline{N}$): 작업장 내에 머무는 job의 단위시간당 평균수를 말하며, 일반적으로 이 값이 작을수록 작업의 효율이 올라가고 작업장이 쾌적하다는 점에서 좋은 작업순서라고 볼 수 있다. 하지만 식당주인이 식당에 손님이 북적거리고 기다리는 사람이 많을수록 인기가 높다고 생각한다면 이 값이 큰 작업순서를 선호할 수도 있다.

은행계좌의 평균잔고(평잔)를 구할 때는 매일 저녁의 잔액들을 모두 합한 것을 그달의 날짜수로 나눠주면 되는데, 같은 금액이 여러 날 연속이 되면 그 금액에 연속된 날짜수를 곱해서 구해도 되므로, 금액에다가 그 금액이 지속된 날짜수를 곱해서 모두 더한 후에 그달의 날짜수로 나눠줘도 같은 값이 나온다. 시스템 내 평균작업수도 같은 방식으로 구할 수 있다. 만일 처리를 시작할 때 모든 job이 시스템에 이미 도착해 있다면, 이 값은 아래와 같이 계산할 수 있다.

$$\begin{aligned}
\overline{N} &= \frac{n*p_{(1)} + (n-1)*p_{(2)} + \cdots + 1*p_{(n)}}{p_{(1)} + p_{(2)} + \cdots + p_{(n)}} \\
&= \frac{[p_{(1)}] + [p_{(1)} + p_{(2)}] + [p_{(1)} + p_{(2)} + p_{(3)}] + \cdots + [p_{(1)} + p_{(2)} + \cdots + p_{(n)}]}{p_{(1)} + p_{(2)} + \cdots + p_{(n)}} \\
&= \frac{F_{(1)} + F_{(2)} + \cdots + F_{(n)}}{p_{(1)} + p_{(2)} + \cdots + p_{(n)}} \qquad (4.6) \\
&= \frac{\sum_{i=1}^{n} F_i}{\sum_{i=1}^{n} p_i} \\
&= \frac{\sum_{i=1}^{n} F_i}{M}
\end{aligned}$$

위 식에서 p_i는 i번 job의 처리시간이고 $p_{(i)}$는 i번째로 처리한 job의 처리시간을 의미한다. 이는 통계학에서 순서통계량을 나타낼 때 아래첨자를 ( )에 넣어 표시하는 것과 같다.

이 식의 계산과정에 대한 이해를 돕기 위해 [그림 4-1]을 보면, 첫 번째 처리한 job의 처리시간($p_{(1)}$) 동안은 시스템 내에 작업수가 n개이고, 첫 번째 처리한 job이 시스템을 나가고 나서 두 번째 처리한 job의 처리시간($p_{(2)}$) 동안은 시스템 내에 작업수가 $(n-1)$개이며, $(n-1)$번째 처리한 job이 시스템을 나가고 나서 마지막 n번째 처리한 job의 처리시간($p_{(n)}$) 동안은 시스템 내에 작업수가 1개이므로 분자가 위와 같이 계산이 되며, 첫 번째 job의 처리를 시작해서 맨 마지막 job의 처리를 끝낼 때까지 걸린 시간은 모든 job의 처리시간의 합과 같으므로 분모가 위와 같이 계산이 된다.

그런데 이는 [그림 4-1]의 나무 막대를 세로 기준으로 계산한 경우고, 이를 가로 기준으로 바라보면, 첫 번째 처리한 job의 흐름시간($F_{(1)}$)은 자신의 처리시간($p_{(1)}$)과 같고, 두 번째 처리한 job의 흐름시간($F_{(2)}$)은 대기시간($W_{(2)}$)과 자신의 처리시간($p_{(2)}$)의 합과 같은데, 이 job의 대기시간은 첫 번째 처리한 job의 처리시간($p_{(1)}$)과 같으므로 $F_{(2)}$는 $p_{(1)}$과 $p_{(2)}$의 합과 같다. 이런 식으로 진행을 하면 n번째 처리한 job의 흐름시간($F_{(n)}$)은 모든 job들의 처리시간의 합과 같아져서, 결과적으로 분자는 모든 job들의

그림 4-1 시스템 내 평균작업수의 계산

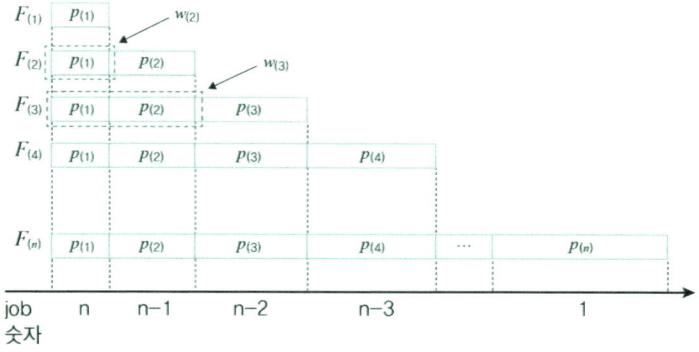

흐름시간의 합과 같게 된다. 그리고 모든 job들의 처리시간의 합은 총완료시간(M)과 같으므로 위와 같은 식이 성립한다.

하지만 처리를 시작할 때 모든 job이 시스템에 도착해 있지 않고 처리를 시작한 후에 도착하는 job이 있다면, 은행계좌의 평잔을 구하듯이, 분자에는 job의 숫자에 그 숫자가 지속된 시간을 곱해서 모두 더한 값을 놓고 분모에는 처리를 시작해서 마지막 job이 끝날 때까지 걸린 시간의 길이를 놓고 계산해야 한다.

e. 기타: 이 외에도 작업장이나 machine의 유휴시간(idle time)이 작을수록, 또는 이용률(utilization)이 높을수록 좋은 작업순서로 평가할 수도 있다.

4.4 작업의 처리순서 결정

4.4.1 한 개의 작업장

여기서는 한 개의 작업장에서 처리를 하는 경우의 휴리스틱 순서규칙(heuristic sequencing rule)에 대해서 살펴보도록 하자.

예제 4-1 작업의 순서 결정(한 개의 작업장)

A전자의 고객지원센터에 다음과 같이 처리해야 할 수리작업(job)이 접수되어 있다. 이 작업들을 어떤 순서로 처리하는 것이 좋을까?

<표 4-1> 작업의 처리시간(p_i)과 납기시간(d_i)(단위: 일)

job#	p_i	d_i
1	10	25
2	5	30
3	20	20
4	1	15
5	4	10

각각의 순서규칙에 대해 mean flow time ($\overline{F}$), average tardiness ($\overline{T}$), 시스템 내 평균작업수($\overline{N}$), number of tardy jobs ($\#_{tj}$)를 계산하여라.

a. FCFS(first-come first-served; 선착순): 이 규칙은 job들이 도착한 순서대로 처리를 하는 걸 말한다. 이것은 고객에 대한 공정성 면에서 가장 우수하기 때문에, 고객 서비스 현장에서 가장 많이 사용되고 있는 규칙이다. 이 규칙을 〈예제 4-1〉에 적용한 결과는 다음과 같다.

job#	p_i	d_i	a_i	C_i	F_i	T_i
1	10	25	0	10	10	0
2	5	30	0	15	15	0
3	20	20	0	35	35	15
4	1	15	0	36	36	21
5	4	10	0	40	40	30
					136	66

$\overline{F} = 136/5 = 27.2(일)$
$\overline{T} = 66/5 = 13.2(일)$
$\overline{N} = 136/40 = 3.4(개)$
$\#_{tj} = 3(개)$

b. SPT(shortest processing time; 최단처리시간): 이 규칙은 job들의 처리시간이 짧은 순서대로 처리를 하는 것을 말한다. 이 규칙은 mean flow time과 시스템 내 평균작업수를 최소로 하는 최적규칙(optimal rule)이다. 식 (4.6)에서 알 수 있듯이, job들의 흐름시간의 합은 맨 처음 처리하는 job의 처리시간($p_{(1)}$)을 n번 더하고, 그다음 처리하는 job의 처리시간($p_{(2)}$)을 $(n-1)$번 더하는 식으로 진행해서 맨 마지막으로 처리하는 job의 처리시간($p_{(n)}$)을 한 번 더하는 것과 같은데, 이 규칙을 이용하면 가장 처리시간이 짧은 것을 n번 더하고, 그다음으로 처리시간이 짧은 것은 $(n-1)$번 더하는 식으로 진행해서 가장 처리시간이 긴 것을 한 번 더하게 되므로 job들의 흐름시간의 합이 최소가 된다. 그러므로 이를 분자로 가지는 mean flow time과 시스템 내 평균작업수를 최소로 하게 된다. 이 규칙을 〈예제 4-1〉에 적용한 결과는 다음과 같다.

job#	p_i	d_i	a_i	C_i	F_i	T_i
4	1	15	0	1	1	0
5	4	10	0	5	5	0
2	5	30	0	10	10	0
1	10	25	0	20	20	0
3	20	20	0	40	40	20
					76	20

$\overline{F} = 76/5 = 15.2(일)$
$\overline{T} = 20/5 = 4(일)$
$\overline{N} = 76/40 = 1.9(개)$
$\#_{tj} = 1(개)$

c. EDD(earliest due date; 최소납기일): 이 규칙은 job들의 납기일이 빠른 순서대로 처리를 하는 것을 말한다. 이 규칙이 납기일이 빠른 job부터 처리한다고 해서 average tardiness ($\overline{T}$)를 최소로 하는 최적규칙은 아니다. 당장 이 예제에서 보아도, $\overline{T}$가 SPT의 경우는 4일이지만, EDD의 경우는 5일이기 때문에, 오히려 SPT가 EDD보다 더 짧은 걸 확인할 수 있다. 이 규칙을 〈예제 4-1〉에 적용한 결과는 다음과 같다.

job#	p_i	d_i	a_i	C_i	F_i	T_i
5	4	10	0	4	4	0
4	1	15	0	5	5	0
3	20	20	0	25	25	5
1	10	25	0	35	35	10
2	5	30	0	40	40	10
					109	25

$\overline{F} = 109/5 = 21.8(일)$
$\overline{T} = 25/5 = 5(일)$
$\overline{N} = 109/40 = 2.725(개)$
$\#_{tj} = 3(개)$

d. CR(critical ratio; 긴급률): 이 규칙은 현재 시간(t)부터 납기일(d_i)까지 남아있는 시간이 짧을수록, 처리시간(p_i)이 길수록, 그 job은 여유가 없다는 사실에 착안해서, 긴급률(CR)을 다음과 같이 정의한다.

$$\text{CR} = (d_i - t)/p_i \tag{4.7}$$

즉, 이 값은 job이 화급한 정도를 나타내는데, 이 값이 작을수록 그 job은 여유가 없다는 점에서 화급한 정도가 더 심하다고 하겠다.

CR < 0인 경우는 현재 시간이 납기일보다 더 지나가버렸으므로 이미 지연이 되어버린 job이고, 0 ≤ CR < 1인 경우는 아직은 납기일이 지나지 않았지만 지금 이 job의 처리를 시작한다고 하더라도 남아있는 시간이 처리시간보다 짧으므로 결과적으로는 지연이 될 job이며, 1 ≤ CR인 경우는 지금 이 job의 처리를 시작한다면 지연 없이 처리를 끝낼 수 있는 job이다.

현재 시간(t)이 0이라고 놓고 모든 job들의 긴급률을 계산해서 긴급률이 작은 순서대로 처리를 할 수도 있으나, 긴급률이 가장 작은 job을 하나 선택해서 처리한 후 현재 시간을 이 job의 처리시간만큼 더하여 업데이트($t \leftarrow t + p_i$)한 후에 남아있는 job들에 대해 다시 긴급률을 계산하여 긴급률이 가장 작은 job을 선택하는 절차를 계속해 나갈 수도 있다. 현재 시간이 변함에 따라 긴급률도 따라서 변하므로, 본서에서는 후자를 따르기로 한다. 만일 CR이 음인 job들이 여러 개가 생기면 이 job들을 SPT규칙에 따라 먼저 처리를 하고 나서 남아있는 job들에 대해 다시 위의 절차를 반복해서 적용한다. 이 규칙을 〈예제 4-1〉에 적용한 결과는 다음과 같다.

	job#	p_i	d_i	CR	
$t = 0$	1	10	25	25/10 (2.5)	
	2	5	30	30/5 (6)	
	3	20	20	20/20 (1)	*
	4	1	15	15/1 (15)	
	5	4	10	10/4 (2.5)	
$t = 20$	1	10	25	5/10 (0.5)	
	2	5	30	10/5 (2)	
	4	1	15	−5/1 (−5)	*1
	5	4	10	−10/4 (−2.5)	*2
$t = 25$	1	10	25	0/10 (0)	*
	2	5	30	5/5 (1)	

job#	p_i	d_i	a_i	C_i	F_i	T_i
3	20	20	0	20	20	0
4	1	15	0	21	21	6
5	4	10	0	25	25	15
1	10	25	0	35	35	10
2	5	30	0	40	40	10
					141	41

$\overline{F} = 141/5 = 28.2(일)$
$\overline{T} = 41/5 = 8.2(일)$
$\overline{N} = 141/40 = 3.525(개)$
$\#_{tj} = 4(개)$

e. 이 외에도 최소여유시간(slack time remaining; STR), 잔여작업 당 최소여유시간(STR per operation), 후착순(last-come, first-served), 임의(random) 규칙 등도 있으나 여기서는 다루지 않기로 한다.

4.4.2 두 개의 작업장

이번에는 모든 job들이 두 개의 작업장 1과 2를 순차적으로 거치면서 작업을 해야 하는 경우를 고려해보도록 하자. 이 경우는 **존슨 규칙**(Johnson's rule)을 적용하여, 모든 job들이 작업장 1과 2에서 처리가 끝나는 시간(즉, 작업장 2에서의 마지막 job의 처리가 끝나는 시간)이 가장 짧도록 작업순서를 결정하는 게 보통이다.

이 규칙은 다음의 순서를 따른다.

a. 앞 순위 그룹(G1)과 뒤 순위 그룹(G2)을 공집합으로 초기화하고, 모든 job을 미처리그룹(G0)에 배치한다. 즉, G1 = G2 = ϕ, G0 = {A, B, C, D}

b. 미처리그룹의 job들 중에서 작업장과 관계없이 처리시간이 가장 짧은 job을 선택한 후, 이 처리시간이 작업장 1에서 발생하면 현재 앞 순위 그룹(G1)의 맨 뒤에 배치하고 작업장 2에서 발생하면 현재 뒤 순위 그룹(G2)의 맨 앞에 배치한다.

c. 단계 b에서 선택하여 배치를 끝낸 job을 미처리그룹(G0)에서 제외한다.

예제 4-2 작업의 순서 결정(두 개의 작업장)

어느 날 B세탁소에 다음과 같이 세탁물(job)이 접수되어 있다. 이 세탁물들은 세탁(작업장 1)을 먼저 한 후 다림질(작업장 2)을 해야 한다고 할 때, 어떤 순서로 처리하는 것이 좋을까?

<표 4-2> 두 작업장에서의 처리시간(단위: 분)

job#	처리시간(분)	
	세탁	다림질
A	5	8
B	20	10
C	14	16
D	12	6

  d. 미처리그룹(G0)의 job들이 다 없어질 때까지 단계 b와 c를 반복한다.

  e. job들의 처리순서는 앞 순위 그룹의 순서와 뒤 순위 그룹의 순서를 합친 게 된다.

〈예제 4-2〉에 존슨 규칙을 적용하면 다음과 같다.

  1. G0의 job들의 처리시간 중 가장 짧은 처리시간은 job A의 작업장 1(세탁)에서의 처리시간인 5분이므로, job A를 G1의 맨 뒤에 배치하고, G0에서 제외한다. 즉, G1={A}, G2=ϕ, G0={B, C, D}

  2. G0의 job들의 처리시간 중 가장 짧은 처리시간은 job D의 작업장 2(다림질)에서의 처리시간인 6분이므로, job D를 G2의 맨 앞에 배치하고, G0에서 제외한다. 즉, G1={A}, G2={D}, G0={B, C}

  3. G0의 job들의 처리시간 중 가장 짧은 처리시간은 job B의 작업장 2(다림질)에서의 처리시간인 10분이므로, job B를 G2의 맨 앞에 배치하고, G0에서 제외한다. 즉, G1={A}, G2={B, D}, G0={C}

4. G0의 job들의 처리시간 중 가장 짧은 처리시간은 job C의 작업장 1 (세탁)에서의 처리시간인 14분이므로, job C를 G1의 맨 뒤에 배치하고, G0에서 제외한다. 즉, G1={A, C}, G2={B, D}, G0=ϕ

5. G0에 남아있는 job이 없으므로, G1과 G2의 순서를 합쳐서 job들을 A, C, B, D의 순서대로 처리하면 된다.

이를 그림으로 나타내면 [그림 4-2]와 같다. 즉, 작업장 1(세탁)에서는 쉬는 시간이 없지만, 작업장 2(다림질)에서는 A, C, B를 처리한 후 각각 6, 4, 2분씩 쉬게 된다.

그림 4-2 존슨 규칙의 적용 결과(작업일정)

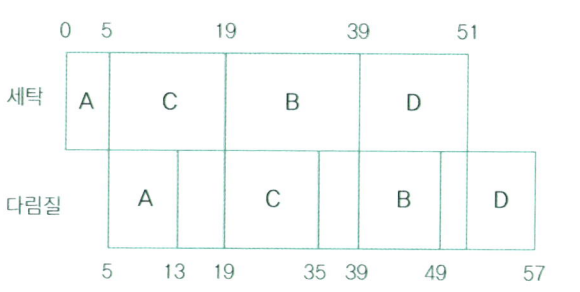

4.4.3 여러 개의 작업장

여러 개의 작업장을 거치면서 작업을 해야 하는 경우는 수리계획법(mathematical programming) 문제로 정식화하여, 이 문제를 풀 수 있는 컴퓨터 프로그램을 이용하여 해를 구할 수 있다.

4.5 서비스 일정계획

서비스기업은 고객수요와 인력에 대한 주별, 일별, 시간별 일정계획을 수립한다. 특히, 고객의 도착시간에 대한 예측이 어려울수록 또는 고객별 서비스 시간이 다를수록, 서비스기업은 서비스 인력의 수로 평가되는 일정계획을 수립하여 고객수요를 평준화하고 서비스를 적시에 제공한다.

서비스기업은 약정, 예약, 주문적체를 이용하여 고객수요에 대한 일정계획을 수립할 수 있다. 약정(appointment)은 고객에게 서비스 시간을 배정하는 것으로, 서비스 전달의 적시성과 서비스 인력의 가동률을 높이는 데 장점이 있다. 의사가 하루 중 정해진 시간에 입원환자들을 대상으로 회진하는 것이 그것이다. 예약(reservation)은 약정과 비슷하지만, 고객이 서비스 인력 또는 설비를 실제로 이용하거나 점유하는 것으로, 서비스 인력 또는 설비의 가동률을 높이도록 리드 타임이 주어진다는 장점이 있다. 이 경우 예약만 하고 도착하지 않는 고객을 줄이기 위하여 서비스 기업은 고객에게 일정한 예약금을 요구할 수 있다. 주문적체(backlog)는 고객이 서비스가 언제 시작될지 정확히 모르도록 하는 것을 허용하는 것으로, 가전제품 수리센터, 식당, 은행 등에서 서비스 인력의 가동률을 높이는 데 활용한다. 예를 들어, 고객이 서비스 요구를 주문접수자에게 전달하면, 주문접수자는 기존 주문의 대기행렬에 이 주문을 새롭게 추가한 후, 다양한 순서규칙을 적용하여 어떤 주문을 먼저 처리할지 결정한다. 보통은 먼저 들어온 주문을 먼저 서비스하지만, 만약 기존 주문에 대해 재처리를 하는 주문일 경우 더 빠른 순서를 부여할 수 있다.

서비스기업은 서비스 인력에 대하여 일일 작업시간 일정계획과 시간별 작업 일정계획을 수립한다. '일일 작업시간 일정계획'은 고객에 대한 각 서비스의 일별 수요를 예측한 후, 각 서비스별로 요구되는 시간을 작업시간으로 변환시킨 다음, 이를 서비스 인력의 수로 환산하고, 이 숫자를 서비스 인력의 계약조건을 고려하여 조정하는데, 여기서 일별 필요한 서비스 인력의 수는 요구되는 작업시간을 일일 작업시간으로 나누어 산출한다. 또한 식당, 식료품점, 놀이공원처럼 시간대에 따라 필요한 서비스 인력의 수가 달라지는 업종의 경우, 서비스기업은 'first hour' 순서규칙을 적용하여 시간대별 서비스 인력의 수를 조정함으로써 '시간별 작업 일정계획'을 수립할 수 있다. 이 방법은 각 서비스 인력의 작업시간을 같게 하는 제약조건 하에서, 첫 시간 동안 그 시간대에 필요한 서비스 인력과 같은 수의 인원을 할당한 후, 순차적으로 다음 시간대에도 요구되는 서비스 인력을 맞추기 위해 정확한 숫자의 인원을 추가하거나 빼는 것으로, 제조 현장에서 로트 크기에 변화를 주는 것과 흡사하다.

연습문제

4-1 어느 작업장에서 아래와 같은 4개의 작업을 처리해야 한다고 할 때, FCFS(선착순), SPT(최단처리시간), EDD(최소납기일), CR(긴급률)로 처리할 경우의 각각에 대해 $\overline{F}$, $\overline{T}$, $\overline{N}$, $\#_t$를 구하여라.

job#	소요시간(일)	due date(일)
1	3	6
2	6	10
3	4	15
4	7	12

4-2 4-1번 문제에서, 작업장의 기계 고장으로 하루를 쉬고 그다음 날 처리를 시작한다고 할 때, FCFS(선착순), SPT(최단처리시간), EDD(최소납기일), CR(긴급률)로 처리할 경우의 각각에 대해 $\overline{F}$, $\overline{T}$, $\overline{N}$, $\#_t$를 구하여라.

4-3 매일 아침 9시부터 영업을 시작하는 '대한전자서비스'에 어느 날 아침 다음과 같이 핸드폰 수리 job들이 각각 도착했는데, 어젯밤 상가에 다녀오느라 늦잠을 자게 된 수리공은 10시 반이나 되어서야 일을 시작할 수 있게 되었다. 핸드폰 수리는 접수 후 세 시간 이내에 해 줘야 하며, 만일 그렇지 못할 경우에는 지연 여부나 고객의 항의 유무 여부에 관계없이 10분당 천 원의 벌금을 월급에서 공제한다는 서비스규정이 있는데, 수리공은 본인이 물지도 모를 벌금을 최소로 하기 위하여 어떤 순서로 이 job들을 처리하는 것이 좋은지를 결정하기로 하였다.

job#	도착시간	소요시간(분)	due date
1	7:40	10	13:00
2	8:00	30	12:00
3	8:20	70	11:30
4	9:30	40	13:30

a) 작업순서의 평가기준 중 어느 기준을 적용하는 것이 좋은지를 명시하고, 그 이유를 간략히 설명하여라.

b) 처리순서 결정에 FCFS(선착순) 규칙을 적용한다면, 이 수리공이 얼마나 벌금을 물어야 하는가?

c) b)의 경우, '시스템 내의 평균작업수'는 얼마인가?

4-4 '대한카센터'를 새로 차린 주인 김 씨는 서비스 향상을 목표로 삼아, 정비작업은 접수(9시부터 시작) 후 정비시간을 포함한 서비스시간이 두 시간을 넘지 않을 것이며, 만일 서비스시간이 두 시간을 넘을 경우에는 due date에 대한 지연 여부나 고객의 항의 유무 여부와 관계없이 두 시간을 초과한 서비스시간에 대해 10분당 2천 원씩 할인을 해주겠다고 공고를 했다. 어느 날 아침 다음과 같이 사고 차량들이 도착했는데, 김 씨는 늦잠을 자는 바람에 업무 시작 후 30분이 지나서야 도착했다. 김 씨는 대기시간의 초과로 인한 할인을 최소로 하기 위하여 어떤 순서로 이 job들을 처리할 것인지를 결정하기로 하였다.

job#	도착시간	소요시간(분)	due date	예상수리비
1	8:30	40	10:00	6만 원
2	8:50	60	11:00	8만 원
3	9:00	30	10:30	5만 원
4	10:30	50	12:00	7만 원

a) 작업순서의 평가기준 중 어느 기준을 적용하는 것이 좋은지를 명시하고, 그 이유를 간략히 설명하여라.
b) 순서 결정에 FCFS(선착순) 규칙을 적용할 때, 김 씨의 할인금액은 얼마나 되는가?
c) b)의 경우, 당일 09시부터 13시까지의 '시스템 내의 (분당) 평균차량수'는 얼마인가?

탐구문제

4-5 이번 학기 중간고사(또는 기말고사)를 대비하여 일정계획을 세울 때 어떤 순서규칙을 사용할 것인지 결정해 보자. 만약 시험 교과목이 다섯 개일 경우, 일정계획의 수로 몇 가지가 가능한가?

CHAPTER 05

프로젝트 일정계획

5.1 프로젝트 일정계획의 방법
5.2 확정적 PERT/CPM
5.3 확률적 PERT/CPM
5.4 PERT/CPM의 시간과 비용 조절

프로젝트(project)란 어떤 유일한 제품(재화나 서비스 모두 포함)을 단일 단위로 생산하는 데에 관련된 일련의 작업들을 말한다. 예를 들면, 고속도로 건설공사, 신제품 개발, 영화 제작, 우주선 발사, 학기말 그룹프로젝트 등을 예로 들 수 있다. 그러므로 프로젝트에서는 공정이 반복적이지 않고 일회적이며, 작업에 필요한 장비나 작업자 등이 제품이 있는 곳으로 와서 작업을 하므로 제품의 흐름도 일어나지 않는다.

프로젝트를 관리하는 목적은 최소한의 비용과 시간을 투입하여 최대한의 성과를 얻고자 하는 것이다. 이를 위해서는 프로젝트 수행에 직접적으로 관련된 비용과 시간뿐만 아니라 이에 필요한 인력과 조직, 자금은 물론 인센티브시스템과 같은 측면도 함께 고려해야 하지만, 여기서는 프로젝트 관리의 직접적인 측면인 비용과 시간을 위주로 살펴보기로 한다.

5.1 프로젝트 일정계획의 방법

프로젝트를 수행할 때의 주요 관심사는 이 프로젝트를 완료하기 위하여 최소한 얼마의 시간이 필요하고, 이 완료시간을 지키기 위해서 절대로 늦어져서는 안 되는 작업(주활동)들은 어떤 것이 있으며, 만일 이 완료시간을 좀 더 단축해야 한다면 어느 작업을 얼마나 단축시켜야 하고 그때의 추가비용은 얼마나 더 필요한지 등을 들 수가 있다.

이를 분석하기 위해서 프로젝트를 수행하는 데에 필요한 여러 개의 작업 혹은 활동(activity)들로 프로젝트를 나누고, 이를 네트워크로 나타내어 분석을 하는 것이 편리한데, 가장 많이 쓰이는 것은 간트도표와 PERT/CPM이다. 여기서 **활동**(activity)이란 프로젝트를 구성하고 있는 작업단위로서 자원과 시간을 필요로 한다.

다음의 예제를 살펴보면, 프로젝트에 필요한 활동과 각 활동의 소요시간 및 직전선행활동에 대한 정보가 주어져 있다. 직전선행활동(immediate predecessor)이란 이 활동을 수행하기 위해서 반드시 먼저 수행을 해야 하는 활동을 말하며, 이러한 관계를 선행관계(precedence relationship)라고 부른다.

예제 5-1 조형물 시공 프로젝트

A건설회사는 고객으로부터 조형물 시공 부탁을 받고, 이 프로젝트를 분석하여 다음과 같은 활동과 직전선행활동 및 소요시간으로 이루어져 있음을 확인하였다.

〈표 5-1〉 조형물 시공 프로젝트의 활동과 소요시간

활동	A	B	C	D	E	F	G
직전선행활동	–	–	A	A	B	C	C,D,E
소요시간(일)	2	2	3	4	5	1	2

이 프로젝트를 완료하는 데에 최소한 며칠이 필요하며, 지연이 되어서는 안 되는 중요한 활동(주활동)은 어떠한 활동들이 있는가?

5.1.1 간트도표

간트도표(Gantt chart)란 간트(Henry L. Gantt)가 20세기 초에 개발한 방법으로서, 〈예제 5-1〉에 대한 간트도표는 [그림 5-1]과 같다. 이 프로젝트를 끝내는 데에는 최소한 9일이 필요함을 알 수가 있다. 간트도표는 프로젝트의 활동들의 시간일정(각 활동의 시작시간과 종료시간, 소요시간 등)을 일목요연하게 보여줄 수 있다는 장점이 있는 반면에, 프로젝트의 활동들 간의 선행관계를 나타내기 곤란하고 주활동에 대한 정보를 얻기가 힘들다는 한계가 있다. 즉, 간트도표만 보고서는 C활동을 시작하려면 A활동을 먼저 끝내야만 하는지 여부가 나타나 있지 않기 때문이다. 이러한 한계점 때문에 간트도표는 복잡한 프로젝트를 관리하는 데에는 어려움이 있어서, 실무에서는 기록이나 보고용으로 많이 쓰인다.

간트도표의 예로서 월별 사업수행계획표, 연구의 월별진행계획표, 동아

리의 월별 활동계획표 등을 들 수가 있는데, 가로축에는 시간의 흐름을, 세로축에는 활동이나 항목들을 배열해서 활동별로 시간의 흐름에 따른 진행계획을 일목요연하게 보여 줄 수가 있다.

그림 5-1 조형물 시공 프로젝트의 간트도표

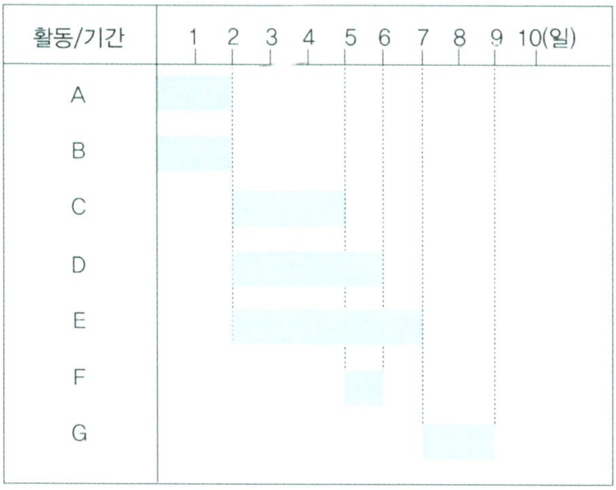

활동/기간	1	2	3	4	5	6	7	8	9	10(일)
A										
B										
C										
D										
E										
F										
G										

5.1.2 PERT/CPM

프로젝트 일정계획의 과학적인 방법으로 **PERT**(program evaluation and review technique)와 **CPM**(critical path method)이 있는데, 둘 다 1950년대 말에 독립적으로 개발된 것으로서, 개발 당시에는 PERT는 활동의 소요시간이 확률적이라는 가정하에 시간만을 고려한 반면, CPM은 활동의 소요시간이 확정적이라고 가정하고 시간과 비용을 동시에 고려하였으나, 현재는 두 방법을 구분하지 않고 **PERT/CPM**이라고 부른다.

PERT/CPM은 네트워크 이론을 적용하여 분석하는데, 네트워크(network)란 노드(node)라고 부르는 지점이나 시점 등을 아크(arc)라고 부르는 연결가지로 연결을 한 것을 일컫는 것으로서, 상수도, 전기, 전화, 고속도로 등을 예로 들 수가 있으며, 활동을 연결가지(arc) 위에 표시하는 **AOA네트워**

크(activity-on-arc network)와 활동을 노드(node) 위에 표시하는 **AON네트워크**(activity-on-node network)가 있다.

AOA네트워크에서는 활동을 연결가지 위에 표시하여 화살표(→)로 나타내고, 활동이 시작되거나 끝나는 시점을 **단계**(event)라고 부르며 이 단계를 노드로 표시하여 원(○)으로 나타내는 반면, AON네트워크는 활동을 노드 안에 표시하여 원으로 나타내고 선행관계를 화살표로 나타낸다[그림 5-2] 참조).

AOA네트워크에서는 선행관계를 나타내기 위해서 **가상활동**(dummy activity)이 필요할 수도 있는데, 이것은 실제로는 없는 활동을 있는 것처럼 네트워크에 점선으로 표시하며 당연히 활동소요시간은 0이 된다. 그리고 활동이 자원과 시간을 필요로 한다면, 단계는 자원이나 시간을 필요로 하지 않는다.

AON네트워크는 가상활동이 필요하지 않기 때문에 작성하기가 용이하지만, AOA네트워크는 가상활동이 필요할 수도 있기 때문에 작성하기가 AON네트워크만큼은 쉽지가 않다. 하지만 AOA네트워크는 활동과 단계 모두에 대한 정보를 얻을 수 있는 반면, AON네트워크는 활동만 있고 단계가 없기 때문에 단계에 대한 정보를 얻을 수 없다는 단점이 있다. 아울러 네트워크 이론을 적용하기도 AOA가 더 적절하므로 여기서는 AOA네트워크만을 이용하기로 한다.

그림 5-2 AOA와 AON 네트워크

5.2 확정적 PERT/CPM

먼저 각 활동의 소요시간이 확정적이라고 가정할 경우를 살펴보도록 하자. 〈예제 5-1〉을 AOA네트워크로 나타내면 [그림 5-3]과 같다.

그림 5-3 조형물 시공 프로젝트의 AOA네트워크

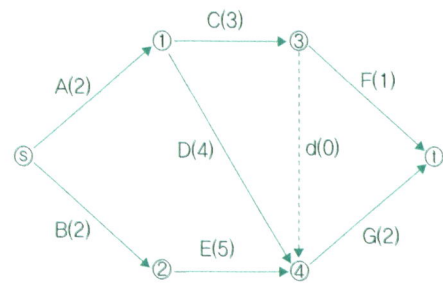

여기서 가상활동 d가 왜 필요한지를 알아보자. 활동 F의 직전선행활동이 C이고 활동 G의 직전선행활동이 C, D, E이므로, 가상활동 d가 없다면 G의 직전선행활동은 D와 E만 해당이 되고 C는 G로 연결이 되지 않아서 G의 직전선행활동이 되지 않기 때문이다.

어떤 프로젝트를 완료하는 데에 필요한 최소시간을 **최소완료시간**(minimum completion time)이라고 부르는데, 이 프로젝트의 최소완료시간을 계산해보자. 우선 이 프로젝트의 활동 전체의 소요시간을 더하면 19일이라고 해서, 이 프로젝트 수행에 19일이 필요한 건 아니다. 왜냐하면, 어떤 활동들은 동시에 두 개를 수행할 수도 있기 때문에, 19보다는 줄어들 가능성이 높아서다.

[그림 5-3]에서 시작 단계인 ⓢ에서 종료 단계인 ⓣ까지 가는 경로에는 어떤 것들이 있고 소요시간은 얼마인지를 나열해 보면 다음과 같다.

- A-C-F: 2+3+1   = 6(일)

- A – C – d – G: 2 + 3 + 0 + 2 = 7(일)
- A – D – G: 2 + 4 + 2   = 8(일)
- B – E – G: 2 + 5 + 2   = 9(일)

이 프로젝트의 최단완료시간은 6일이 아니라 9일이다. 그것은 이 프로젝트를 완료하기 위해서는 모든 활동들을 하나도 빠짐없이 다 완료해야 하기 때문이다. 이와 같이 경로들을 모두 열거하여 최단완료시간을 구하는 방법을 **열거법**(enumeration method)이라고 부른다.

이 경로들 중 최장의 소요시간을 갖는 경로인 B – E – G를 **주경로**(critical path) 혹은 **중대경로**라고 부르고, 이 주경로 상의 활동 B, E, G를 **주활동**(critical activity)이라고 부른다. 주활동 중 어떠한 활동이라도 지연된다면 곧 프로젝트도 지연될 수밖에 없기 때문에, 주활동들은 다른 활동들에 비해 자원과 시간을 투입하는 최우선 순위를 가진다. 즉, 어느 날 활동 C, D, E를 동시에 수행할 수 있을 때 공통적으로 필요한 인력이나 장비가 있다면 이를 최우선적으로 주활동 E에 배정한 후 남는 것이 있으면 활동 C나 D에 배정하게 된다.

단계에 대한 정보로는 다음과 같은 것이 있다.

- T_E(earliest time): 단계가 일어날 수 있는 가장 이른 시간
- T_L(latest time): 단계가 일어날 수 있는 가장 늦은 시간(전체일정에 영향 없도록)
- S(event slack time): 단계가 가질 수 있는 여유시간(전체일정에 영향 없도록)($S = T_L - T_E$)

여기서 T_L을 구할 때에는 전체일정에 영향이 없도록(즉, 최단완료시간에는 변화가 없도록) 하면서 최대한 늦출 수 있는 시간을 구한다는 뜻이며, S 또한 같은 조건을 적용하여 구한다. 각 단계에 대한 (T_E, T_L)을 그림 위에 표시하면 [그림 5-4]와 같다.

단계를 구분하기 위해 부여한 ⓢ, ①, ②, ③, ④, ⓣ의 숫자는 선후관계

그림 5-4 　조형물 시공 프로젝트의 (T_E, T_L)

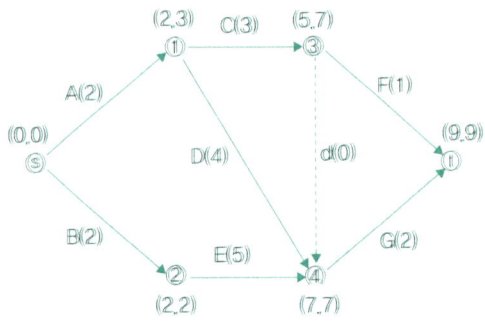

가 없다. 여기에 숫자 대신 '영희'나 '철수'와 같은 단어를 써넣어도 상관이 없기 때문에, 화살표가 반드시 작은 숫자의 단계에서 큰 숫자의 단계로 향할 필요도 없다.

　먼저 각 단계의 T_E를 구해보자. 우선 시작단계인 ⓢ의 T_E는 0이므로 단계 ①은 활동 A가 끝나야만 도착하므로 단계 ①의 T_E는 2일이 된다. 같은 방식으로 단계 ②와 ③의 T_E를 계산하면 각각 2일과 5일이 된다. 그러나 단계 ④는 약간 복잡한데, 단계 ④는 활동 C, D, E가 모두 끝나야만 도착하는 단계이므로, 단계 ①, ②, ③으로부터 단계 ④로 도착하는 시간이 각각 6, 7, 5일인데 이들 중 가장 큰 값인 7일이 단계 ④의 T_E가 된다. 같은 방식으로 단계 ⓣ의 T_E는 단계 ③과 ④로부터 단계 ⓣ로 도착하는 시간이 각각 6, 9일인데 이들 중 가장 큰 값인 9일이 단계 ⓣ의 T_E가 된다. 이와 같이 구한 최종 단계 ⓣ의 T_E가 이 프로젝트의 최단완료시간이 된다.

　그다음으로 각 단계의 T_L을 구해보자. T_L은 전체일정에 영향이 없어야 하므로, 이 프로젝트가 끝나는 시간인 9일에는 영향이 없어야 한다. 즉, 최종 단계 ⓣ의 T_L은 9일이 된다. 역으로 단계 ④의 T_L은, 활동 G를 9일까지는 끝내줘야 하므로 단계 ④는 늦어도 7일에는 출발해야 하기 때문에, 9－2=7일이 된다. 하지만 단계 ③은 활동 F와 G가 시작하기 전의 단계이므로, 단계 ③에서 떠난 화살표가 도착하는 단계 ④와 ⓣ의 T_L로부터 중간에 낀 활동 d와 F의 소요시간을 뺀 시간이 각각 7일과 8일인데, 둘 중 작은 값인 7일이 단계 ③의 T_L이 된다. 즉, 단계 ③은 아무리 늦어도 7일에는 출발해야만 전체일정에 영향을 주지 않는다는 뜻이다. 같은 방식으로 단계 ①의 T_L도 4일과 3일 중 작은 값인 3일이 되며, 단계 ②와 ⓢ의 T_L도 각각 2일과 0일이 됨을 알 수 있다.

이와 같이 T_E를 구할 때는 첫 단계인 ⓢ에서 출발해서 최종 단계인 ⓣ를 향해 '전진'해가면서 구하고, T_L을 구할 때는 역으로 최종단계인 ⓣ에서 출발해서 첫 단계인 ⓢ를 향해 '후진'해가면서 구하기 때문에 이런 방법을 전진후진계산법(forward and backward pass method)이라고 부른다.

여기서 주경로 상의 단계인 ⓢ, ②, ④, ⓣ는 여유시간이 모두 0이지만, 단계 ①과 ③의 단계는 여유시간이 각각 1일과 2일이어서 모두 0보다 크다.

이와 같이 구한 단계에 대한 정보를 이용하여 다음과 같은 활동에 대한 정보를 구할 수 있다.

- ES_i(earliest start time): 활동 i의 가장 이른 시작시간
- EF_i(earliest finish time): 활동 i의 가장 이른 종료시간
- LS_i(latest start time): 활동 i의 가장 늦은 시작시간(전체일정에 영향 없도록)
- LF_i(latest finish time): 활동 i의 가장 늦은 종료시간(전체일정에 영향 없도록)
- TS_i(total slack time, 총여유시간): 활동 i의 시작을 늦출 수 있는 최대시간(전체일정에 영향 없도록)
- FS_i(free slack time, 자유여유시간): 활동 i의 시작을 늦출 수 있는 최대시간(바로 다음 활동들의 ES_i를 지연시키지 않으면서)
- p_i(processing time, 소요시간): 활동 i의 소요시간

여기서 각 활동의 ES_i는 그 활동이 시작하는 단계의 T_E와 같고, $EF_i = ES_i + p_i$가 되며, LF_i는 그 활동이 끝나는 단계의 T_L과 같고 $LS_i = LF_i - p_i$의 관계가 성립한다. 아울러 $TS_i = LS_i - ES_i = LF_i - EF_i$이고, $FS_i =$ 활

동 i가 끝나는 단계의 $T_E - EF_i$의 관계를 이용하여 구할 수가 있다. 즉, ES_i는 전진계산법으로 각 활동이 시작하는 단계의 T_E를 적어주고, EF_i는 ES_i에다가 소요시간(p_i)를 더해주면 되고, LF_i는 후진계산법으로 각 활동이 끝나는 단계의 T_L을 적어주고, LS_i는 LF_i에서 소요시간을 빼주면 된다. 이를 표로 정리하면 〈표 5-2〉와 같다.

표 5-2 조형물 시공 프로젝트의 활동 정보

활동	소요시간	직전 선행활동	ES_i	EF_i	LS_i	LF_i	TS_i	FS_i	주활동
A	2	–	0	2	1	3	1	0	
B	2	–	0	2	0	2	0	0	*
C	3	A	2	5	4	7	2	0	
D	4	A	2	6	3	7	1	1	
E	5	B	2	7	2	7	0	0	*
F	1	C	5	6	8	9	3	3	
G	2	C,D,E	7	9	7	9	0	0	*

여기서 주활동인 B, E, G의 TS_i와 FS_i는 모두 0인 반면, 주활동이 아닌 활동들은 TS_i가 0보다 크고, FS_i는 0인 것도 있고 0보다 큰 것도 있음을 알 수가 있다.

총여유시간은 전체일정에 영향이 없기만 하면 되는 여유시간인 반면, 자유여유시간은 전체일정에 영향이 없으면서 동시에 후속 활동들의 시작에도 영향을 주지 않는 여유시간을 뜻하므로, 총여유시간이 0인 활동은 자유여유시간도 0이다. 아울러 주경로 상의 활동들은 총여유시간과 자유여유시간이 모두 0이다.

어느 활동의 총여유시간을 먼저 사용하면 나중에 후속 활동들의 총여유시간이 감소하게 되며, 어느 활동이 총여유시간만큼 늦어지면 최단완료시간에는 영향이 없으나 후속 활동의 시작시간은 늦어질 수 있지만, 자유여유시간은 프로젝트의 최단완료시간은 물론 후속 활동들의 시작시간에도 영향을 주지 않으므로 어느 활동이 자유여유시간만큼 늦어지더라도 전체일정은 물론 후속 활동들의 총여유시간이나 자유여유시간에도 전혀 영향이 없다.

5.3 확률적 PERT/CPM

이번에는 각 활동의 소요시간이 확률분포에 따른다고 가정할 경우를 살펴보도록 하자. 각 활동의 소요시간이 정확하게 어떤 분포를 따르는지를 알기는 쉽지 않아서, 보통은 정규분포와 유사한 베타분포(beta distribution)를 따른다고 가정하고, 이를 추정하기 위하여 다음의 세 가지 값을 먼저 구한다.

- 낙관적 추정시간(optimistic time; a_i): 모든 상황이 최상일 때 활동 i의 소요시간(최솟값)으로서, $\Pr[X \leq a_i] = 0.01$으로 가정한다.
- 가장 현실적인 추정시간(most likely time; m_i): 모든 상황이 정상일 때 활동 i의 소요시간(최빈값; mode)으로서, 대푯값을 나타낸다.
- 비관적 추정시간(pessimistic time; b_i): 모든 상황이 최악일 때 활동 i의 소요시간(최댓값)으로서, $\Pr[X \geq b_i] = 0.01$으로 가정한다.

이 경우 활동 i의 소요시간의 평균(mean) μ_i는 $(a_i + 4m_i + b_i)/6$으로, 표준편차 σ_i는 $(b_i - a_i)/6$으로 계산한다.

각 활동의 소요시간의 평균이 확정적인 값이라고 가정하고 확정적 PERT/CPM에서와 같은 방법으로 주경로를 구하면, 이를 **예상주경로**(expected critical path)라고 부른다. 보통은 예상주경로가 가장 오래 걸릴 가능성이 높지만, 다른 경로가 예상주경로보다 더 오래 걸릴 가능성도 없지는 않다.

여기서 각 활동의 소요시간의 분포를 정규분포로 근사시켜서 프로젝트의 소요시간의 분포를 구할 수 있다.[1] 주활동들이 서로 독립이라고 가정을

---

1) 엄밀히 말하면, 프로젝트가 아니라 예상주경로의 소요시간이지만, 편의상 이렇게 가정함.

하면, 주활동들의 평균과 분산을 각각 더하여 프로젝트의 평균과 분산을 구할 수 있고, 프로젝트를 특정기일 내에 끝낼 확률을 계산할 수 있다.

예를 들어, 예상주경로의 소요시간(X_{cp})이 평균이 25일, 표준편차가 4일인 정규분포를 따른다고 가정할 때, 프로젝트를 30일 이내에 끝낼 확률을 구하면,

$$\Pr[X_{cp} \leq 30] = \Pr[(X_{cp} - \mu)/\sigma \leq (30 - \mu)/\sigma] \qquad (5.1)$$
$$= \Pr[Z \leq (30 - 25)/4]$$
$$= \Pr[Z \leq 1.25]$$
$$= 0.8944$$

이다. 여기서 프로젝트를 끝낼 확률이 0.975 이상이 되게 하도록 공사계약기간(공기; x)이 최소한 며칠은 되어야 하는지를 구하면,

$$\Pr[X_{cp} \leq x] = \Pr[(X_{cp} - \mu)/\sigma \leq (x - \mu)/\sigma] = \Pr[Z \leq z] \geq 0.975 \qquad (5.2)$$
$$z = (x - \mu)/\sigma \geq 1.96,$$
$$x \geq \mu + 1.96\sigma = 25 + 1.96*4 = 25 + 7.84 = 32.84(일)$$

이다. 그러므로 계약할 때 공기는 최소한 32.84일이 필요하다. 만일 공기를 정수로만 정할 수 있다고 하면, 33일로 정해야 한다. 만일 32일로 정하면, 공기 내에 프로젝트를 끝낼 확률이 0.975보다 작아져서 안 된다.

5.4 PERT/CPM의 시간과 비용 조절

프로젝트의 소요시간은 비용을 더 투입하면 줄일 수 있는 게 보통이다. 비용의 증가를 감수하면서 더 많은 인원이나 장비를 이용함으로써 소요시간을 줄이는 것을 속성처리(crashing)라고 부른다. 소요시간을 줄이기 위해서는 잔업(야근), 추가고용, 추가적 설비 투입 등이 필요한데, 이를 위한 비

용을 직접비(direct cost)라고 부르며, 이 직접비가 증가하기 때문에 비용이 증가한다. 하지만 소요시간이 줄어들면 이에 따라 이자, 설비사용료, 보험료, 지연벌과금 등의 간접비(indirect cost)가 줄어들 수 있다. 그러므로 두 비용 중 어느 것이 더 큰지가 문제인데, 직접비의 증가분이 간접비의 감소분보다 많은 게 보통이다.

각 활동을 정상적으로 처리하거나 속성으로 처리하는 데에 필요한 시간과 비용은 다음과 같다.

- 정상소요시간(normal activity time; T_N): 정상적인 상황에서 활동을 처리할 때 필요한 소요시간
- 속성소요시간(crash activity time; T_C): 자원을 추가로 투입하여 활동을 처리할 수 있는 최단소요시간
- 정상처리비용(normal activity cost; C_N): 활동을 정상소요시간에 처리하는 데에 필요한 비용
- 속성처리비용(crash activity cost; C_C): 활동을 속성소요시간에 처리하는 데에 필요한 비용

각 활동을 정상적으로 혹은 속성으로 처리하는 데에 드는 시간과 비용의 관계는 [그림 5-5]와 같다. 여기서 점 N은 정상처리의 소요시간(T_N)과 비용(C_N)을 나타내고, 점 C는 속성처리의 소요시간(T_C)과 비용(C_C)을 나타낸다. 직선 b는 소요시간을 줄여갈 때 단위시간 당 증가율이 일정한 반면, 곡선 a는 처음에 하루를 줄일 때는 비용이 많이 늘어나지만 그다음부터 하루씩 더 줄일 때마다 비용증가분이 점점 작아짐을 나타내고, 곡선 c는 반대로 처음에 하루를 줄일 때는 비용이 조금 늘어나지만 그다음부터 하루씩 더 줄일 때마다 비용증가분이 점점 더 커짐을 나타낸다.

만일 하루씩 소요시간을 줄일 때마다 늘어나는 비용증가분이 일정하다고 가정하면 직선 b의 경우가 해당되는데, 이 직선의 기울기를 단위시간당

그림 5-5 정상/속성 처리 비용과 시간의 관계

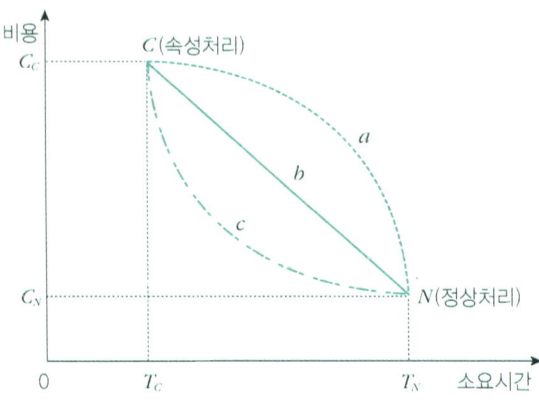

속성처리비용(unit crash cost)이라고 부르고 다음과 같이 계산한다.

- 단위시간당 속성처리비용: $C = \dfrac{C_C - C_N}{T_N - T_C}$

모든 활동에 대하여 이렇게 계산을 해서 각 활동의 단위시간당 속성처리비용을 구할 수 있다. 처리시간을 하루 줄이는 데에 필요한 추가비용이 큰 활동도 있고 작은 활동도 있을 것이다.

이 정보를 가지고 선형계획법으로 정식화를 하면, 프로젝트를 최소비용으로 완성하기 위해서 각 활동별로 필요한 시간과 비용이 얼마이고 그때의 최소비용이 얼마인지 구할 수가 있고, 또한 현재의 공기보다 일정시간(예: 일주일)을 더 단축하려고 할 때 어느 활동을 얼마나 더 단축해야 하고 그때 추가비용이 얼마나 더 필요한지를 계산할 수가 있다.

연습문제

5-1 '대한환경연구소'가 '한국대학교'와 체결한 '친환경캠퍼스조성프로젝트'는 다음과 같은 활동들로 구성되어 있다고 한다. 이 활동들의 작업소요시간(단위: 주) 및 직전선행활동 등이 아래와 같을 때, 다음 물음에 답하여라.

활동	A	B	C	D	E	F	G	H	I
직전선행활동	–	A	A	B	B,C	C	D,E,F	E,F	C,G,H
소요시간(주)	1	2	3	1	3	2	2	1	1

a) 위의 활동들을 프로젝트네트워크(AOA network)로 나타내어라.
b) 주경로(critical path)를 명시하고, 그것의 소요시간(x)을 구하여라.
c) 활동 B의 자유여유시간(free slack time)은 얼마인가?
d) b)의 (예상)주경로의 소요시간이 정규분포 $N(x,16)$을 따른다고 할 때, 이 (예상)주경로의 공사를 공기(工期; 공사기간) 내에 끝내지 못할 확률이 70% 이하가 되는 공기(y; 정수로만 선택 가능)의 범위를 구하여라.

5-2 '대한건설'이 '경영대 건설위원회'와 계약을 체결한 '임시건물로의 이전작업'은 다음과 같은 활동들로 구성되어 있다고 한다. 이 활동들의 작업소요시간(단위: 일) 및 직전선행활동 등이 아래와 같을 때, 다음 물음에 답하여라.

활동	A	B	C	D	E	F	G	H	I	J
직전선행활동	–	A	A	B	B	D	C	F	D,F,G	E,H,I
소요시간(일)	1	2	1	1	1	1	2	1	2	1

a) 위의 활동들을 프로젝트네트워크(AOA network)로 나타내어라.
b) 주경로(critical path)를 명시하고, 그것의 소요시간(x)을 구하여라.
c) 활동 C의 자유여유시간(free slack time)은 얼마인가?
d) b)의 (예상)주경로의 소요시간이 정규분포 $N(x,25)$을 따른다고 할 때, 이 (예상)주경로의 공사가 공기(工期; 공사기간) 내에 끝낼 확률이 40% 이하가 될 수 있도록 하는 공기(y: 정수로만 선택 가능)의 범위는?

5-3 어느 프로젝트는 다음과 같은 활동들로 구성되어 있다고 한다. 이 활동들의 작업소요시간(단위: 일)의 평균(μ)과 표준편차(σ) 및 직전선행활동 등이 아래와 같이 주어져 있다

고 할 때, 다음 물음에 답하라.

활동		A	B	C	D	E	F	G	H	I
직전선행활동		–	–	–	A,B	B	C	D,E,F	F	G,H
소요시간 (일)	μ	4	1	5	3	4	6	3	1	6
	σ	2	1	2	1	3	2	2	2	2

a) 위의 활동들을 프로젝트네트워크(AOA network)로 나타내어라.
b) 각 활동들의 평균(μ)을 확정적이라고 가정하면, 주경로(critical path)는?
c) 활동 H의 자유여유시간(free slack time)은 얼마인가?
d) 각 활동들이 서로 독립적이고 소요시간이 정규분포를 한다고 가정하고, b)의 주경로의 소요시간이 23일보다 더 걸리면 벌금을 물어야 한다고 할 때, 벌금을 물지 않을 확률을 구하여라.

5-4 어느 프로젝트는 다음과 같은 활동들로 구성되어 있다고 한다. 이 활동들의 작업소요시간(단위: 일)의 평균(μ)과 표준편차(σ) 및 직전선행활동 등이 아래와 같이 주어져 있다고 할 때, 다음 물음에 답하라.

활동		A	B	C	D	E	F	G	H	I
직전선행활동		–	A	A	A	B,C,D	C,D	D	E	E,F,G
소요시간 (일)	μ	2	1	2	6	6	2	1	2	6
	σ	3	1	2	3	3	2	2	2	3

a) 위의 활동들을 프로젝트네트워크(AOA network)로 나타내어라.
b) 예상주경로(expected critical path)와 그것의 평균소요시간을 구하여라.
c) 활동 F의 자유여유시간(free slack time)은 얼마인가?
d) 각 활동들이 서로 독립적이고 소요시간이 정규분포를 한다고 가정하고 b)의 주경로의 소요시간을 공사 전체의 소요시간이라고 가정할 때, 공사가 공기 이내에 끝낼 확률이 3/4이상이 되도록 하려면 공기(y: 정수로만 선택 가능)는 최소한 몇일이 있어야 하는가?

5-5 전국에 걸쳐 약 200개의 편의점을 운영하는 '대한유통'이 이들 편의점에 대한 연간 재고보고서를 '한국로직'에 위탁하여 발간하려고 한다. '한국로직'은 이를 위한 활동들 및 각 활동의 직전선행활동을 다음과 같이 구성하고 있다. 또한 '한국로직'이 아래와 같은 각

활동의 정상소요시간 및 속성소요시간과 각 활동에 필요한 정상처리비용 및 속성처리비용을 '대한유통'에 제시하였다고 할 때, 다음 물음에 답하여라.

활동		A	B	C	D	E	F
직전선행활동		–	A	B	A	D	C,E
소요시간 (주)	정상	7	2	4	5	4	5
	속성	6	1	3	2	1	2
처리비용 (만 원)	정상	700	500	900	300	200	400
	속성	800	700	1,020	900	560	790

a) 위의 활동들을 프로젝트네트워크(AOA Network)로 나타내어라.
b) '한국로직'이 재고보고서를 정상소요시간으로 발간하는 경우, 주경로(critical path)를 명시하고, 그것의 최소완료시간(minimum completion time)과 총비용을 구하여라.
c) '한국로직'이 '대한유통'으로부터 재고보고서의 발간을 b)보다 2주일 더 단축하라는 요구를 받았다면, '한국로직'의 재고보고서 발간에 얼마의 추가비용이 필요한가?
d) '한국로직'이 재고보고서를 속성소요시간으로만 발간하려 할 때, 주경로(critical path)를 명시하고, 그것의 최소완료시간(minimum completion time)과 총비용을 구하여라.

5-6 어느 제과점이 자동화된 제빵 설비를 신축하려고 한다. 이를 위한 활동들과 직전선행활동의 구성, 그리고 각 활동의 정상소요시간 및 속성소요시간과 각 활동에 필요한 정상처리비용 및 속성처리비용이 아래와 같이 정리되었다고 할 때, 다음 물음에 답하여라.

활동		A	B	C	D	E	F	G
직전선행활동		–	–	–	A	A	C	B,D
소요시간 (일)	정상	4	8	2	3	5	5	6
	속성	2	2	1	2	3	1	2
처리비용 (만 원)	정상	100	80	40	80	80	60	120
	속성	150	140	60	120	140	100	180

a) 위의 활동들을 프로젝트네트워크(AOA Network)로 나타내어라.
b) 제과점이 제빵 설비를 정상소요시간으로 신축하는 경우, 주경로(critical path)를 명시하고, 그것의 최소완료시간(minimum completion time)과 총비용을 구하여라.

c) 제과점이 제빵 설비의 신축을 위한 공기(工期)를 b)보다 2일 더 단축하려고 할 때, 얼마의 추가비용이 필요한가?

d) 제과점이 제빵 설비를 속성소요시간으로만 신축하려 할 때, 주경로(critical path)를 명시하고, 그것의 최소완료시간(minimum completion time)과 총비용을 구하여라.

탐구문제

5-7 당신이 경험한 학기말 프로젝트들 중 하나를 예로 들어보자. 활동 분류체계에 따라 활동, 직전선행활동, 소요시간 등을 AOA네트워크로 정리해 보자. 어떤 활동이 주경로에 있기를 원하였는가, 어떤 조건이면 주경로에서 벗어나기를 원하였는가?

CHAPTER 06

재고관리

6.1 재고의 유형
6.2 재고 보유 동기
6.3 재고 관련 비용
6.4 재고시스템의 고려사항
6.5 재고모형의 종류
6.6 확정적 재고모형
6.7 확률적 재고모형
6.8 ABC 재고관리

재고관리는 생산관리의 주제 중 가장 먼저 등장한 것으로서, 주문 위주의 소규모 생산으로부터 분업화 및 기계화를 통하여 보다 저렴한 비용으로 대량생산이 가능하게 되고, 매번 주문이 올 때마다 조금씩 자주 만드는 것보다는 한꺼번에 많은 양을 생산해 쌓아두고서 주문이 있을 때마다 즉시 판매하는 것이 더 경제적으로 유리하게 되면서, 한 번에 얼마나 많은 양을 생산하는 것이 좋은지, 즉, 얼마나 남겨두는 것이 좋은지를 고민하게 되었다. 재고(inventory)는 '생산시스템이 생산소요나 고객의 수요를 충족하기 위해 가지고 있는 물품(material)'을 의미하고(Schroeder et al., 2012), 재고관리(inventory management)란 재고를 효율적이고도 경제적으로 계획 및 통제하는 관리기법을 일컫는다.

6.1 재고의 유형

재고의 유형(types of inventories)은 생산과정의 단계별로 구분하면, 물품을 생산하는 데에 필요한 원료/자원인 **원자재**(raw materials), 아직 생산이 끝나지 않았고 완제품의 일부로 쓸 수 있도록 원자재를 가공한 **부품**(components/subassemblies), 처리 중 혹은 처리 대기 중인 원료나 부품, 중간조립품을 의미하는 **재공품**(work in process; WIP), 그리고 모든 생산과정이 완료되어 나온 결과물(최종생산물)인 **완제품**(finished goods)으로 구분할 수 있다. 목공소에서 책상을 짜는 걸 예로 든다면, 목재소에서 사오는 각목이나 평판이 원자재, 그것을 가공해서 만든 상판이나 다리 조립품이 부품, 생산과정이 모두 끝난 결과물인 책상이 완제품이고, 목공소 안에 있는 각목이나 평판, 대패질을 하고 난 상판이나 조립이 끝난 다리 조립품은 물론 니스칠을 기다리는 책상과 최종상품인 책상까지도 재공품에 속한다. **수송중 재고**(pipeline inventory)는 지리적인 격차로 인해 어쩔 수 없이 발생하는 것으로서 이동 중인 재고를 말하는데, 원유수송 파이프라인 속의 원유나 수도관 속을 흐르는 물은 물론이고 수송 중인 트럭이나 배에 실려 있는 물품도 이에 해당한다.

재고의 독립성(independency) 여부에 따라서, 수요를 독립수요와 종속수요로 구분하기도 한다. **독립수요**(independent demand)는 생산자와 독립적인 고객의 수요를 말하며, 그 예로서 완제품이나 예비부품 등을 들 수 있고, **종속수요**(dependent demand)는 완제품에 종속된 수요로서 원자재, 부품, 구성품 등이 이에 해당한다. 예를 들어, 독립수요는 소비자들이 소매점에서 구매하게 되는 최종상품에 대한 수요를 말하고, 종속수요는 자동차의 타이어에 대한 수요와 같이 자동차 완제품의 수요에 종속되어 있어서 자동차가 한 대당 4개의 타이어가 필요하다면 자동차 10대를 생산하기 위해서는 타이어 40개가 있어야 하는 경우가 이에 해당한다. 독립수요는 지속적으로 발생하며 예측이 필요하지만, 종속수요는 산발적이거나 일괄적으로 발생하며 생산계획이 결정하게 된다.

6.2 재고 보유 동기

재고를 보유하는 동기나 이유(목적)는 재고가 처해 있는 상황에 따라 다양하지만, 그중 주요한 것들은 다음과 같다(Steven Nahmias, 2008).

a. **불확실성**(uncertainties): 수요나 공급, 조달기간(lead time) 등이 불확실할 경우, 이에 대비하기 위해서 재고를 가지고 있는 것이 유리하다. 예를 들면, 고객들이 미래에 상품을 얼마나 사 갈 것인지가 불확실할 경우 재고 부족으로 인해 매출의 손실이 발생하지 않도록 충분한 수량을 재고로 가지고 있거나, 원자재의 공급이 불확실할 경우 원자재 부족으로 공장이 멈추지 않도록 미리 여분의 원자재를 가지고 있게 된다.

b. **규모의 경제**(economies of scale): 규모의 경제란 생산 규모(생산량)가 증가함에 따라 단가(평균비용)가 점점 감소하는 것을 의미하는데, 고정

비(fixed cost)나 수량할인이 있는 경우를 예로 들 수 있다. 이 경우 한꺼번에 생산을 많이 해서 재고로 쌓아놓고 수요가 있을 때마다 판매하는 것이 매번 조금씩 생산해서 판매하는 것보다 더 경제적일 수가 있으므로, 재고를 보유하는 것이 유리하게 된다.

c. **매점매석**(speculation): 어떤 상품의 가격이 곧 오를 거라고 예측될 경우, 가격이 오르기 전인 지금 상품을 사서 재고로 쌓아놓았다가 나중에 가격이 오른 후에 시장에 내다 팔면 이익을 얻을 수 있다고 할 때, 재고를 보유하려는 동기로 작용할 수 있다.

d. **수송**(transportation): 어느 지역에서 다른 지역으로 상품을 수송하기 위해서는 운송수단(예: 트럭, 파이프라인 등)을 이용해야 하는데, 운송수단 속에 있는 재고는 운송을 위해서 어쩔 수 없이 존재하게 된다. 대표적인 예로서 수송 중인 재고를 들 수 있다.

e. **평활**(smoothing): 에어컨이나 선풍기 등과 같이 계절에 따라서 성수기와 비수기가 있는 경우, 성수기에 생산인력을 많이 고용했다가 비수기에 해고하는 것이 바람직하지 않기 때문에 적절한 인력으로 생산수준을 일정하게 가져가는 것을 평활이라고 부른다. 이럴 경우 비수기에 생산한 것은 재고로 쌓아두었다가 성수기에 판매하기 위해서 재고로 쌓아놓게 된다.

f. **물류**(logistics): 매일 일정량이 필요한데 최소구매량이 이보다 클 경우, 어쩔 수 없이 최소구매량을 사서 재고로 쌓아놓고 매일 일정량씩 사용을 해야 할 경우도 있다. 예를 들어, 집을 짓는 데에 매일 필요한 모래의 양보다 한 번에 판매하는 최소량(예: 한 트럭분)이 훨씬 더 많다면, 모래를 한 트럭 사서 쌓아놓고서 매일 필요한 양만큼씩 계속 사용하게 되는 경우도 재고를 쌓아두는 이유가 된다.

g. **재고관리비용**(control cost): 재고를 관리하는 데에 드는 비용이 그렇게 해서 얻는 이득보다 클 때 아예 재고를 관리하지 않고 충분한 양의 재고를 쌓아두기도 한다. 예를 들어, 강모래를 건축자재로 판매하는 경우 매일 재고가 얼마나 되는지를 측정하고 적절한 재고수준으로 관리를 하는 것보다는 그냥 충분히 많은 모래를 쌓아두고 판매를 하다가 재고가 많이 줄

어들었다고 생각이 되면 또 모래를 파서 충분한 재고를 쌓아두는 식으로 관리하는 게 더 유리할 경우도 재고를 쌓아두게 된다.

6.3 재고 관련 비용

일반적으로 재고관리에서는 생산목표량이 정해진 것으로 가정한다. 이 생산목표량은 고객의 주문량일 수도 있고 시장 상황의 예측에 의한 것일 수도 있다. 이럴 경우, 이 생산목표량을 어떻게 생산하는 것이 가장 비용이 적게 드는지가 관심사가 된다.

재고를 관리하고 유지하는 데에는 다음과 같은 비용이 든다.

a. 재고유지비용(holding cost; h): 재고를 유지하는 데에 필요한 비용이다. 상품을 생산하는 데에 자본이 들어갔기 때문에 재고가 없었더라면 들어가지 않았을 자본의 기회비용을 비롯해서, 창고비용, 취급비용, 보험료, 세금, 도난이나 파손, 유효기간 경과 등에 따른 비용 등이 이에 해당한다. 일반적으로 재고유지비용은 재고 한 단위당 일정액(h)이 발생한다고 보기 때문에 재고수준에 비례하며, 기말(期末)에 발생하는 것으로 가정하는 것이 보통이다. 즉, 매일 재고비용을 물어야 할 경우, 하루의 영업이 끝나고 남은 재고에 대한 비용은 다음 날 아침이 아니라 당일 저녁에 발생하는 것으로 가정한다.

b. 주문비용(order cost): 생산(혹은 주문)을 하는 데에 드는 비용은 고정비와 변동비로 구분할 수가 있다. **고정비**(fixed/setup cost; S)는 생산을 시작하면 일정액이 들지만 생산을 하지 않으면 들지 않는 비용이고, **변동비** (variable cost; c)는 한 단위를 생산할 때마다 추가로 드는 비용이다. 예를 들면, 뻥튀기를 만드는 사람이 뻥튀기 기계를 꺼내서 깨끗이 닦고 가스 불을 지펴서 불판을 달구는 데까지 드는 비용이 고정비인데, 이는 앞으로 뻥튀기를 한 개 튀기든 열 개 튀기든 상관없이 일정하게 들어간 비용으로서,

뻥튀기를 만들지 않았더라면 전혀 들어가지 않았을 비용이다. 그 이후에 뻥튀기 하나를 튀길 때마다 들어가는 쌀과 가스 값은 변동비로서 이는 만드는 뻥튀기의 개수에 비례하게 된다. 그러면 x단위를 주문할 때 드는 주문비용은 $S+cx$가 된다. 일부에서는 고정비만을 한정해서 주문비라고 부르는 경우도 있는데, 이럴 때는 변동비를 **품목비**(item cost)로 부르기도 한다. 품목비는 재고품목 자체의 구매(생산)에 드는 비용을 의미하며, 구매(생산)량에 무관하게 일정한 경우도 있고, 수량할인이나 규모의 경제 등이 있을 때에는 구매(생산)량이 커지면서 품목비가 작아지는 경우도 있다.

c. **부족비용**(penalty/shortage/stock-out cost; p): 재고가 부족할 경우에도 비용이 발생한다. 재고부족의 경우 벌과금을 내야 한다고 계약을 했을 경우라면 벌과금이 들고, 구매(생산)를 독촉하는 비용이 들 수도 있다. 재고부족으로 인한 이익 상실이나 신용 상실도 부족비용에 속한다.

6.4 재고시스템의 고려사항

분석하려는 의사결정 상황에 어떠한 재고시스템이 적절한지 결정하기 위해서는 다음과 같은 사항을 고려해야 한다(Steven Nahmias, 2008).

a. **수요**(demand): 수요는 확정적(deterministic)이거나 확률적(stochastic)인 것으로 구분하는데, 확정적인 것은 미래 수요가 이미 결정되어 있어서 지금 알 수 있는 것을 의미하고, 확률적인 것은 미래 수요의 확률분포만을 알 뿐 어떤 값이 될지는 모르는 것을 의미한다. 확정적인 경우는 일정한(constant) 것과 변동적(variable)인 것으로 다시 구분하는데, 일정한 것은 수요량이 변하지 않는 상수를 의미하며, 변동적인 것은 시간의 흐름에 따라 수요량이 변하는 것을 의미한다.

b. **재고조사시기**(review time): 재고조사시기는 현재의 재고수준을 알 수 있는 시기를 의미하는 것으로서, 연속적 조사와 주기적 조사가 있는데, 연

속적 조사(continuous review)는 물품의 입고와 반출이 실시간으로 관리되고 있어서 재고수준을 언제라도 알 수 있는 걸 말하고(예: 입고/반출 시 바코드를 스캔하여 재고를 컴퓨터로 관리), **주기적 조사**(periodic/discrete review)는 일정 시간 간격으로 재고조사를 하여 그때마다 재고수준을 확인할 수 있는 걸 말한다(예: 매월 말 재고조사). 이러한 시간 간격을 주기라고 부르는데, **주기**(cycle; T)란 일정한 시간 간격으로 주문이나 생산이 반복될 때, 주문한 뒤 다음 주문을 할 때까지, 혹은 물건이 도착한 후 다음 물건이 도착할 때까지, 혹은 생산이 시작되었다가 멈춘 후 다음 생산이 시작될 때까지의 시간의 길이를 말한다.

c. **초과수요**(excess demand): 초과수요는 수요가 현재의 재고수준을 초과해서 재고부족(shortage)이 발생하는 걸 말하며, 이는 나중에 부족분을 충족시키는 **추후납품**(backorder)으로 해결하거나 아예 구매를 포기하고 다른 곳으로 가버리는 **판매상실**(lost sales)로 처리하기도 한다.

d. **조달기간**(lead time; L): 조달기간이란 주문을 넣어서 물품이 도착할 때까지, 혹은 생산준비를 시작해서 생산품이 나오기 시작할 때까지 걸린 시간을 의미한다. 조달기간은 일정하게 고정되어 있는 경우도 있고 변하는 경우도 있을 수 있지만, 아예 처음부터 없다고 가정하거나, 있을 경우는 일정하다고 가정하는 게 보통이다.

e. **변질성**(changing inventory): 재고로 있는 동안 물품이 변질될 수도 있는데, 예를 들어 유효기간이 있는 우유는 그 기간이 지나면 부패(perishability)의 가능성이 있으므로 그 기간까지만 재고로서의 가치를 지닌다.

6.5 재고모형의 종류

재고모형은 수요의 불확실성 여부에 따라서 둘로 나눌 수 있는데, **확정적 재고모형**(deterministic inventory model)은 수요가 이미 확정이 되어서 알고 있는 경우에 적용할 수 있고, **확률적 재고모형**(stochastic inventory model)은 수요가 확률분포를 따르는 경우에 적용할 수 있다. 그리고 재고조사시기의 유형에 따라서 역시 둘로 나눌 수 있는데, **고정주문량모형**(fixed-order-quantity model)은 연속적 재고조사의 경우에 적합하고 **고정주문주기모형**(fixed-order-period or fixed-order-interval model)은 주기적 재고조사의 경우에 적합하다(Schroeder et al., 2012). 그러므로 수요의 불확실성 여부와 재고조사시기의 유형의 조합에 따라, 확정적 고정주문량모형, 확정적 고정주문주기모형, 확률적 고정주문량모형, 확률적 고정주문주기모형이 있을 수 있다. 여기서는 고정주문량모형과 고정주문주기모형이 무엇인지만 간단히 살펴보고 구체적인 모형은 뒤에서 다시 다루기로 한다.

6.5.1 고정주문량모형

고정주문량모형의 경우는 재고수준을 항상 알 수 있기 때문에 언제라도 주문을 할 수 있으며, 재고수준이 미리 정해놓은 **재주문점**(reorder point; R)에 도달하게 되면 고정주문량 Q를 주문하게 된다. 그러면 조달기간 L이 지난 후에 주문량 Q가 도착하고, 시간이 흐르면서 재고수준이 내려가다가 R에 도달하게 되면 다시 이전과 동일한 주문량 Q를 주문하는 것을 반복하게 된다. 이를 그림으로 나타내면 [그림 6-1]과 같으며, 그림에서 확인할 수 있듯이 매번 주문하는 양은 Q로 일정하지만 주문 사이의 시간 간격은 수요가 불확실하게 변하기 때문에 일정하지 않다. 만일 수요가 일정하게 고정되어 있다고 하면, 주문 사이의 시간 간격도 일정하게 된다. 고정주문량모형은 고정주문량 Q와 재주문점 R에 대한 최적해를 결정하는 것이며, 고정주문량(fixed-order-Quantity)의 Q를 따서 **Q시스템**이라고 부르기도 한다.

6.5.2 고정주문주기모형

고정주문주기모형의 경우는 일정한 시간 간격으로 재고조사(주기적 조사)하는 걸 가정하고 있는데, 이 시점에서만 재고수준을 알 수가 있으며, 그렇기 때문에 이 시점에서만 주문을 할 수가 있다. 시점 t의 재고수준을 $I(t)$라고 하면, **목표재고수준**(target inventory level; M)을 미리 정해놓은 후 재고조사 시점 t_1에서 둘의 차이인 $M-I(t_1)$만큼을 주문하게 된다. 그러면 조달기간 L이 지난 후에 주문량 $M-I(t_1)$이 도착하고, 시간이 흘러 다시 재고조사 시점 t_2가 되면 또 재고조사를 해서 $M-I(t_2)$만큼을 주문하기를 반복하게 된다. 여기서 $I(t_1)$과 $I(t_2)$는 서로 같지 않은 게 보통이어서 주문량은 매번 변하게 된다. 이를 그림으로 나타내면 [그림 6-2]와 같으며, 그림에서 확인할 수 있듯이 재고조사 사이의 시간 간격은 T로 일정하지만, 재고조사 시점의 재고수준이 변하기 때문에 매번 주문하는 양은 일정하지 않다. 즉, Q_1, Q_2, Q_3는 서로 다르다. 만일 수요가 일정하게 고정되어 있다고 하면, 매번 주문량도 일정하게 된다. 고정주문주기모형은 고정주문주기 T와 목표재고수준 M에 대한 최적해를 결정하는 것이며, 고정주문주기(fixed-order-Peroid)의 P를 따서 P시스템이라고 부르기도 한다.

6.5.3 두 모형의 차이점

Q시스템은 매번 주문하는 양은 일정한 반면 주문시기의 간격이 매번 달라지는 반면, P시스템은 주문주기가 일정한 반면 주문량이 매번 변하게 된다. Q시스템이 P시스템보다는 재고관리를 좀 더 엄격하게 할 수 있기 때문에 중요한 품목의 재고관리에 사용되는 반면, P시스템은 그보다는 덜 중요한 품목에 적용하는 게 보통이다. 그리고 **안전재고**(safety stock)란 불확실성에 대비하기 위해 보유하는 재고를 말하는데, Q시스템의 경우는 재고수준을 항상 알 수가 있고 수요변화에 즉각 대응할 수 있다는 점에서 안

그림 6-1　고정주문량모형(Schroeder et al., 2012)

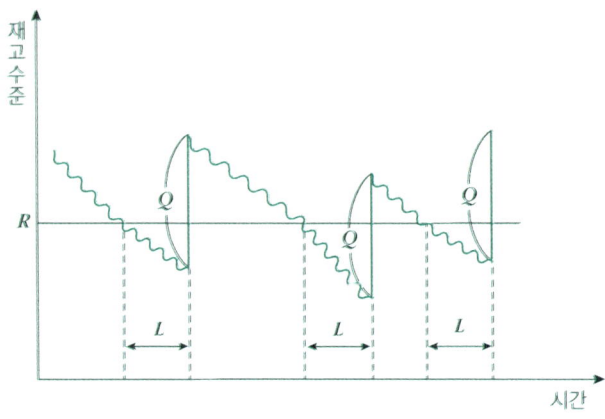

그림 6-2　고정주문주기모형(Schroeder et al., 2012)

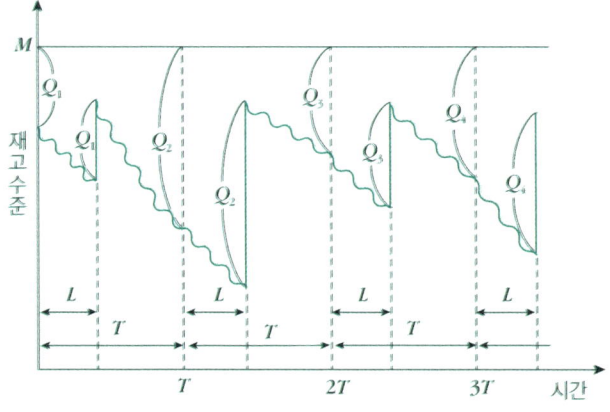

전재고가 P시스템의 경우보다 더 적다고 하겠다. 즉, Q시스템은 주문할 때 조달기간 L동안의 수요부족에 대비하기만 하면 되지만, P시스템은 주문할 때 주문주기 T와 조달기간 L을 합한 기간 동안의 수요부족에 대비해야 하므로 안전재고를 더 많이 필요로 하게 된다.

6.6 확정적 재고모형

확정적 재고모형(inventory model with known demand)은 수요가 확정적이고 이미 알고 있다고 가정한다.

6.6.1 경제적 주문량모형

경제적 주문량모형(economic order quantity model; EOQ model)은 확정적 재고모형 중 가장 단순한 재고모형이며 다음과 같은 가정(assumption)을 가지고 있다.

   a. **기정균일수요**(constant known demand): 수요는 알려져 있고 일정하며 균일하게 발생한다(수요가 균일하게 발생한다는 것은, 가령 연간 수요가 365단위라면 1년 내내 매일 1단위씩 수요가 발생함을 뜻한다). 단위시간 당 수요량을 **수요율**(demand rate; D)이라고 부르는데, 수요율이 이미 알고 있는 상수(constant)라는 의미다.

   b. **조달기간 일정**(constant lead time): 조달기간은 알려져 있고 주문량에 무관하게 일정하다. 우선은 조달기간이 0이라고 가정을 하고서 분석을 한 후 나중에 조달기간이 0보다 큰 경우를 고려하도록 하자.

   c. **재고부족 불허**(no backorder/shortage): 모든 주문은 재고부족 없이 충족된다. 재고부족을 허용하지 않는다는 점에서 재고부족비용을 무한대(∞)로 가정하는 것과 같은 의미다. 왜냐하면, 비용최소화의 경우, 재고부족이 발생하는 순간 비용이 무한대가 되기 때문이다. 그리고 기정균일수요와 조달기간 일정의 가정이 있어서 불확실성이 존재하지 않기 때문에 재고부족이 발생하지 않도록 재고를 관리할 수가 있다.

   d. **비용 일정**(constant costs): 주문비용은 고정비(setup cost; S)와 (단위당) 변동비(variable cost; c)로 구분되는데,[1] 이 두 비용과 (단위당) 재고유

---

[1] 변동비를 품목비(item cost)라고 부르기도 하는데, 이럴 경우 고정비만을 주문비로 구분하기도 한다.

지비용(inventory holding cost; h)은 주문량과 무관하게 일정하다.

  e. **일시전량배달**(all-at-once replenishment): 주문량은 조달기간이 지나면 일시에 전량이 배달된다. 즉, 주문한 양이 많든 적든 주문량 전체가 한 번에 배달이 된다. 예를 들면, 한 박스를 주문하든 열 박스를 주문하든 주문량 전체를 트럭 한 대에 싣고 와서 배달해 준다는 의미다. 만일 한 단위를 생산하는 데에 시간이 걸린다면 일시전량배달은 가능하지 않으므로, 이 가정은 **외부생산**(outside production)이나 **무한생산율**(infinite production rate)의 가정으로 부르기도 한다.

  여기서 **조달기간**(lead time; L)이란 주문을 넣고 물건이 도착할 때까지 걸린 시간의 길이를 말한다. 예를 들어, 오전 10시에 전화로 주문을 넣었더니 오후 3시에 물건이 도착했다면 조달기간은 5시간이 된다.

  EOQ 모형을 적용할 수 있는 예로는 자체적으로 생산하지 않는 대리점이나 창고매장 등을 들 수 있다.

  기업은 **이윤최대화**(profit maximization)를 추구하는 게 보통인데, 이윤은 수입(매출액)에서 비용을 뺀 것이므로, 만일 가격이 일정하다고 가정하면, 매출액은 가격에 수요량을 곱한 것이니까 수입이 일정하다고 볼 수 있기 때문에, 이윤최대화는 곧 **비용최소화**(cost minimization)로 볼 수가 있다.

  EOQ 모형은 수요가 일정하다고 가정하므로, 재고부족이 발생하지 않도록 관리할 수 있기 때문에, 재고 관련 비용 중 재고부족비용은 발생하지 않아서 주문비용과 재고유지비용만을 고려하면 된다.

  주문한 뒤 다음 주문할 때까지의 시간의 길이를 **주기**(cycle; T)라고 부르고, 한 번에 주문하는 양이 Q일 때의 단위시간 당 평균비용[2]을 $G(Q)$라고 하면, $G(Q)$는 평균주문비용과 평균재고유지비용의 합이 된다.

---

[2] 여기서 시간의 단위가 '년(year)'이라면 '단위시간 당 평균비용'은 연간평균비용인 동시에 1년 동안의 총비용이기도 하다.

예제 6-1   A약국의 진통제 주문량 계산

A약국은 멀리 떨어져 있는 B제약회사로부터 진통제를 주문해서 판매를 하고 있는데, 근처 C요양원에 진통제를 하루에 2박스씩 납품하기로 계약을 체결하였다($D=2$박스/일). B제약회사는 진통제 한 박스에 5만 원씩 받고 공급을 해주고($c=5$만 원/박스), 주문량 전체를 한꺼번에 트럭으로 실어다주며, 트럭이 한 번 오면 주문량에 무관하게 50만 원을 추가로 지불해야 한다($S=50$만 원)고 한다. 진통제를 하루 묵히는 데에 2만 원이 든다($h=2$만 원/일)고 가정할 때, A약국은 이 납품계약을 위해 B제약회사로부터 한 번에 몇 박스를 주문하는 게 좋은지(Q^*)를 결정하여라. (단위시간을 '일(day)'이라고 가정)

여기서 만일 한 번에 10박스씩 주문해야 한다면($Q^*=10$박스), 5일($T=5$일)마다 10박스씩 주문하게 된다. 첫날 10박스가 도착해서 2박스를 납품하고 나면 그날 밤에 8박스가 남아서 16만 원($=8h$)의 재고유지비용을 물게 되고, 다음날 2박스를 또 납품하고 나면 그날 밤에 6박스가 남아서 12만 원($=6h$)의 재고유지비용을 물게 되며, 이런 식으로 다음날엔 8만 원($=4h$), 또 다음날엔 4만 원($=2h$)의 재고유지비용을 물게 되며, 마지막 날엔 재고가 0이 되는 순간 또 주문하게 되고 주문하는 즉시 10박스가 다시 도착해서 20만 원($=10h$)의 재고유지비용을 물게 된다. 이 경우의 재고유지비용의 합은$(8h+6h+4h+2h+10h)=30h$(즉, 60만 원)가 되고, 이는 5일 동안 발생한 비용이므로 (단위시간 당) 평균재고유지비용은 $6h(=30h/5$일$)$(즉, 12만 원/일)가 된다. 만일 단위시간의 길이를 하루가 아니라 12시간으로 단축하면 h도 1만 원으로 줄어들고 재고유지비용은 첫날 오전에 $9h$, 오후에 $8h$, 다음 날 오전에 $7h$, 오후에 $6h$가 발생하게 된다. 이런 식으로 단위시간의 길이를 점점 짧게 쪼개어 시간이 연속적으로 흐른다고 가정하면, 시간의 흐름에 따른 재고수준의 변화는 [그림 6-3]과 같게 된다. 하루에 2박스씩 납품하면 재고수준도 하루에 2박스씩 줄어들기 때문에, 삼각형의 빗변의 기울기는 -2(박스/일)가 되고, 일반적으로 $D=Q/T$의 관계가 성립함을 알 수 있다. 이 경우 시간 T동안에 발생한 총재고유지비용

그림 6-3   EOQ 모형의 재고수준 변화

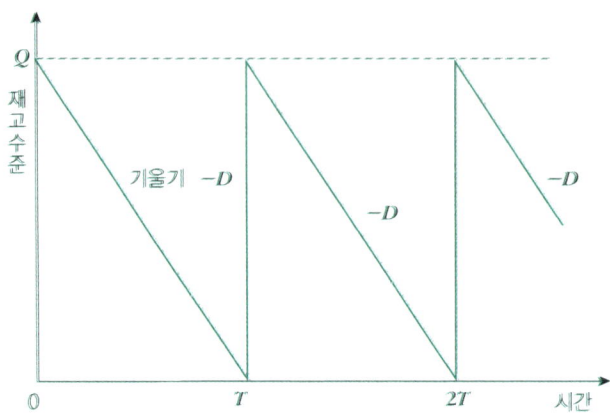

은 직각삼각형의 면적에 h를 곱한 것과 같으므로 $hQT/2$가 되고, (단위시간 당) 평균재고유지비용은 이를 시간의 길이 T로 나눠준 것이므로 $hQ/2$가 된다.

한 번에 Q만큼 주문할 때 드는 주문비용은 $S+cQ$이고 주문은 매 주기 T마다 한 번씩 이루어지므로, (단위시간 당) 평균주문비용은 $(S+cQ)/T$가 되며, $D=Q/T$로부터 구한 $T=Q/D$를 대입하면 $(S+cQ)/T=(S+cQ)/(Q/D)=DS/Q+cD$가 됨을 알 수 있다. 이를 정리하면 다음과 같다.

$$G(Q) = (S+cQ)/T + hQ/2 \qquad (6.1)$$
$$= (S+cQ)/(Q/D) + hQ/2 \quad (\because T=Q/D)$$
$$= DS/Q + cD + hQ/2$$

이 함수 $G(Q)$를 최소로 하는 Q를 구해보자. 우선 $G(Q)$의 모양을 살펴보면, [그림 6-4]에서 알 수 있듯이, 아래로 볼록한 볼록함수(convex function)이다. 이 사실은 $G(Q)$를 Q로 두 번 미분하여 2차 도함수(second derivative) $G''(Q)$를 구해보아도 알 수 있는데, $G(Q)$를 Q로 한 번 미분한 1차도함수(first derivative) $G'(Q)$를 한 번 더 Q로 미분하면 $2SD/Q^3$가 되는데, Q가 양수인 범위에서는 이 값이 항상 0보다 크기 때문에

$G(Q)$가 볼록함수임을 알 수가 있다. 그러므로 $G(Q)$의 최솟값은 접선의 기울기가 0인 점(즉, $G'(Q)=0$인 점)에서 발생한다. (여기서 구입비(purchasing cost) cD는 연간주문량(수요율 D)과 변동비(c)가 일정하기 때문에 매번 주문하는 양 Q의 크기에 대한 결정과 무관하므로 상수항으로 처리하여 잠시 제외하도록 하자.)

$$Q^* = \sqrt{\frac{2SD}{h}} \tag{6.2}$$

이 Q^*를 경제적 주문량(economic order quantity; EOQ)이라고 부르고, 이는 (단위시간 당) 평균비용을 최소로 하는 주문량이 되며, 이때 평균비용의 최솟값 $G(Q^*) = \sqrt{2SDh} + cD$가 된다. $T = Q/D$로부터

$$T^* = Q^*/D = \sqrt{\frac{2S}{hD}} \tag{6.3}$$

임을 알 수 있다.

〈예제 6-1〉의 경우, $D=2$박스/일, $S=50$만 원, $h=2$만 원/일, $c=5$만 원/박스가 되어 Q^*와 $G(Q^*)$는 아래와 같이 계산된다.

$$Q^* = \sqrt{\frac{2SD}{h}} = \sqrt{\frac{2(50)(2)}{2}} = \sqrt{100} = 10(박스) \tag{6.4}$$

$$\begin{aligned} G(Q^*) &= \sqrt{2SDh} + cD \\ &= \sqrt{2(50)(2)(2)} + 5(2) = \sqrt{400} + 10 = 20 + 10 = 30(만\ 원) \end{aligned} \tag{6.5}$$

여기서 주문량 Q^*가 커질수록 평균비용 중 고정주문비 부분(DS/Q)은 작아지고, 재고유지비 부분($hQ/2$)은 커지는데, [그림 6-4]에서 알 수 있듯이 $G(Q)$의 최솟값은 두 비용 부분이 같아지는 점에서 발생하므로, $DS/Q = hQ/2$로 놓고 Q를 구하여도 식 (6.2)와 같은 결과를 얻을 수가 있다.

그림 6-4 EOQ 모형의 평균비용 G(Q)

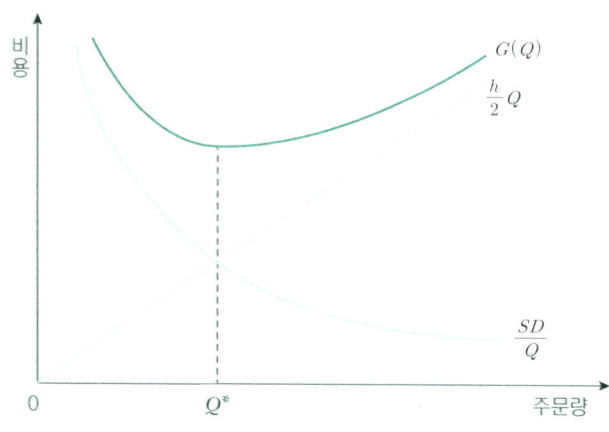

    EOQ 모형은 시간의 흐름이 연속적이고 주문량이 연속적인 값을 가질 수 있다고 가정하기 때문에, Q^*는 정수가 아닌 실수 값을 가질 수 있다. 그러나 만일 정수 단위로만 주문할 수 있다면, 즉, Q^*가 정수이어야 한다면, 어떻게 해야 할까? 비용최소화가 목적이므로 Q^*의 앞뒤에 있는 정수들의 비용인 $G(Q)$를 비교해서 작은 쪽을 택해야 한다. 예를 들어 Q^*가 36.3이라고 하면, 앞뒤의 정수인 36과 37의 총비용인 $G(36)$과 $G(37)$을 비교해서 작은 쪽이 최적주문량이 된다.

    여기서 모수의 변화가 최적주문량에 미치는 영향에 대해 살펴보도록 하자. 먼저 식 (6.2)로부터, 분모에 있는 (단위시간 당) 재고유지비(h)가 작아질수록, 분자에 있는 고정주문비(S)나 수요율(D)이 커질수록, 최적주문량(Q^*)이 커지는 것을 알 수가 있다. 예를 들어, 하룻밤 묵히는 데에 들어가는 (단위 당) 창고비가 3천 원에서 2천 원으로 내리거나, 배달트럭이 한 번 올 때 주문량에 무관하게 부담하는 트럭비용이 10만 원에서 20만 원으로 오르거나, 매일 납품하기로 계약한 수량이 2개에서 4개로 증가할 경우, 주문량을 지금보다 더 늘려야 한다는 뜻이다. 이와 같이 EOQ 모형이 상당히 강한(즉, 비현실적인) 가정들을 가지고 있음에도 불구하고, 직관적인 분석

결과와 동일한 시사점(insight)을 제공한다는 점에서, EOQ 모형의 유용성을 확인할 수 있다.

만일 조달기간 L이 0보다 크다고 한다면, 재고가 얼마일 때 주문을 넣어야 하는지를 알아보도록 하자. 주문을 발주해야할 시점의 재고수준을 재주문점(reorder point; R)으로 정의하면, 재주문점 R은 수요가 균일하므로 L의 함수가 된다. 그런데 L이 주기 T보다 작으면 R은 DL이 되지만, T보다 크면 L에서 T의 배수를 잘라내고 남은 자투리에 D를 곱해서 R을 구해야 한다. 이를 하나의 식으로 나타내면 다음과 같다.

$$R = D(L - [L/T]*T) \tag{6.6}$$

여기서 $[x]$는 가우스 기호(Gauss' notation)라고 부르며, x를 넘지 않는 최대의 정수를 나타낸다. 예를 들어, $[1.2]=1$, $[3]=3$, $[-1.5]=-2$가 된다. 가령 $T=5$(일), $D=2$(개/일)라고 할 때, L이 3일이면, $R=D(L-([L/T]*T)=2*(3-[3/5]*5)=2*(3-[0.6]*5)=2*(3-0*5)=2*3=6$(개)이 되지만, L이 7일이면, $R=D(L-[L/T]*T)=2*(7-[7/5]*5)=2*(7-[1.4]*5)=2*(7-1*5)=2*2=4$(개)가 된다.

EOQ 모형은 비용곡선 $G(Q)$가 최솟값 부근에서 평평하기 때문에 모수(parameter)들이 다소간 변하여도 최소비용이 크게 변하지 않는다는 장점이 있는 반면에, 기본가정의 비현실성이 높다는 한계점도 가지고 있다. 그러나 일부 가정을 완화해서 좀 더 일반적인 모형으로 확대할 수도 있는데, 기정균일수요가 아니라 확률적 수요라면 확률적 재고모형을, 재고부족이 불허가 아니라 허용이라면 재고부족허용모형을, 변동주문비(혹은 품목비)가 일정(불변)이 아니라 변동이라면 수량할인모형을, 일시전량배달(무한생산율)이 아니라 내부생산(유한생산율)이라면 경제적 생산량모형을 이용할 수 있다.

6.6.2 경제적 생산량모형

경제적 생산량모형(economic production quantity model; EPQ model)은 EOQ 모형의 기정균일수요, 재고부족불허, 비용 및 조달기간 일정의 가정은 그대로 유지하면서, 일시전량배달(무한생산율) 가정을 완화하여 내부생산(inside production) 혹은 유한생산율(finite production rate)로 변경한 모형이다. 여기서 생산율(단위시간 당 생산량)을 P라고 하면 P는 유한하지만 수요율 D보다는 크다고 가정한다($D < P < \infty$). 단, EOQ에서는 고정주문비 S나 변동주문비 c가 주문비용이었다면 EPQ에서는 이들을 생산비용으로 바꿔 부르는 것이 적절하다.

EPQ 모형을 적용할 수 있는 예로는 자체적으로 생산을 하는(즉, 생산을 하는 데에 시간이 필요한) 공장이나 제조업체 등을 들 수 있다.

EPQ 모형에서 시간의 흐름에 따른 재고수준의 변화는 [그림 6-5]와 같게 된다. 한 번의 생산준비로 생산하는 양이 Q이고 생산율이 P이면, 이를 생산하는 데에 t_p만큼의 시간이 걸린다($t_p = Q/P$). 생산을 하고 있는 동안은 단위시간 당 P만큼 생산하여 D만큼 납품을 하게 되므로 재고가 단위시간 당 $(P-D)$만큼씩 증가하게 된다. 생산이 끝나는 시점 t_p의 재고수준을 q라고 하자($t_p = q/(P-D)$). 생산이 끝나고 나면 단위시간 당 D만큼 납품만 하게 되므로 재고가 단위시간 당 D만큼씩 감소하게 된다.

EPQ의 단위시간 당 평균비용 $G(Q)$를 구해보자. 우선(단위시간 당) 평균생산비용은 EOQ에서와 같이 $(S+cQ)/T = (S+cQ)/(Q/D) = DS/Q + cD$가 되며, (단위시간 당) 평균재고유지비용은 삼각형의 면적($qT/2$)에 h를 곱한 후 시간의 길이 T로 나눠줘야 하니까 $hq/2$가 된다. 여기서 $q = (P-D)t_p = (P-D)Q/P = (1-D/P)Q$가 되므로, 이를 정리하면 다음과 같다.

$$G(Q) = (S+cQ)/T + hq/2 \tag{6.7}$$
$$= (S+cQ)/(Q/D) + hq/2 \quad (\because T = Q/D)$$
$$= DS/Q + cD + h(1-D/P)Q/2 \quad (\because q = (1-D/P)Q)$$
$$= DS/Q + cD + h'Q/2 \quad (\because h' = h(1-D/P))$$

EPQ의 $G(Q)$는 EOQ의 $G(Q)$에서 상수 h가 h'으로 변했을 뿐 나머지는 모두 똑같으므로, EOQ와 동일한 방법으로 최적생산량을 구할 수 있다.

$$Q^* = \sqrt{\frac{2SD}{h'}} \tag{6.8}$$

이 Q^*를 경제적 생산량(economic production quantity; EPQ)이라고 부르고, 이는 (단위시간 당) 평균비용을 최소로 하는 생산량이 되며, 이때 평균비용의 최솟값 $G(Q^*) = \sqrt{2SDh'} + cD$가 된다.

그림 6-5 EPQ 모형의 재고수준 변화

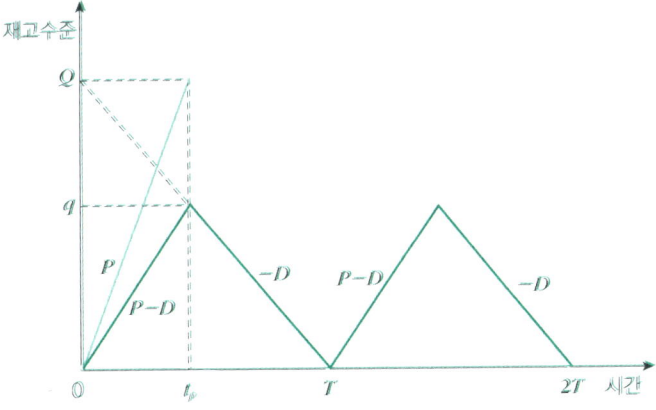

〈예제 6-1〉의 경우, $P=5$박스/일이라는 가정을 추가하면, $h'=h(1-D/P)=2*(1-2/5)=1.2$(만 원/일)이 되며, Q^*와 $G(Q^*)$는 아래와 같이 계산이 된다.

$$Q^* = \sqrt{\frac{2SD}{h'}} = \sqrt{\frac{2(50)(2)}{1.2}} = \sqrt{500/3} = 12.9(\text{박스}) \tag{6.9}$$

$$G(Q^*) = \sqrt{2SDh'} + cD$$
$$= \sqrt{2(50)(2)(1.2)} + 5(2) = \sqrt{240} + 10 = 15.49 + 10 = 25.49(\text{만원})$$

여기서 생산율 P가 증가하면 Q^*는 증가할까, 아니면 감소할까? 예를 들어, 생산라인을 하나 더 증설해서 하루에 생산할 수 있는 양이 5개에서 10개로 증가하면, 한 번에 생산하는 양 Q^*는 어느 방향으로 변화할까? 우선 식 (6.7)과 (6.8)로부터, P가 증가하면 D/P는 감소하고 $(1-D/P)$는 증가하며, h' 또한 증가하게 되어 결과적으로 Q^*는 감소하게 됨을 알 수 있다. 이것은, 단위시간 당 생산량인 생산능력 P를 수요변화에 대처하는 능력이라고 볼 때, 이 대처능력이 커지면 한 번에 생산해 놓는 양(재고)을 줄여도 괜찮다는 의미로 해석할 수 있다. EOQ의 가정 중 하나를 완화한 모형이 EPQ이므로, EPQ가 아직도 현실성이 떨어질 가능성이 높은 모형인데도 불구하고, 위의 시사점과 같이 더 이상 직관적이지 않은 결과를 얻을 수 있다는 점에서 EPQ 모형의 유용성이 좀 더 커졌다고 하겠다.

EOQ와 EPQ의 Q^*를 각각 $Q_O{}^*$와 $Q_P{}^*$라고 정의하면, 둘 사이에는 $Q_O{}^* \leq Q_P{}^*$라는 관계가 성립한다. 이는 $P > D$, $0 < D/P < 1$, $0 < 1 - D/P < 1$, $h' < h$라는 관계로부터 유추가 가능한데, P가 점점 커질수록 $Q_P{}^*$가 점점 작아지고(t_p가 점점 작아짐), 만일 P가 무한대(∞)가 되면 h'이 h와 같아지면서(t_p가 0이 됨) $Q_O{}^* = Q_P{}^*$가 성립하게 된다.

조달기간 L이 0보다 클 경우의 재주문점 R을 고려해 보자. 생산준비 시점이 생산기간($0 \sim t_p$)인지 생산중지기간($t_p \sim T$)인지에 따라 계산 방식이 달라진다. 예를 들어, $Q = 10$(개), $D = 2$(개/일), $P = 5$(개/일)라고 하면, $T = 5$(일), $t_p = 2$(일)이 된다. 이 경우 생산기간(하루에 3개씩 재고 증가)은 0~2일, 생산중지기간(하루에 2개씩 재고 감소)은 2~5일이 된다. 만일 L이 2일이라고 할 때, 5일부터 생산물이 나오게 하려면 2일 전인 3일에 생산준비를 시작해야 하므로, 3일은 생산중지기간에 속하고 이 기간 중에는 하루에 2개씩 재고가 줄어들고 있으므로 이틀 동안의 재고량이 R이 되므로 R = 2(개/일)*2(일)=4개가 된다. 하지만 L이 4일이라고 할 때는, 5일부터 생산물이 나오게 하려면 4일 전인 1일에 생산준비를 시작해야 하므로, 1일은 생산기간에 속하고 이 기간 중에는 하루에 3개씩 재고가 증가하고 있으므로 하루 동안의 재고량이 R이 되므로 R=3(개/일)*1(일)=3개가 된다.

6.6.3 수량할인모형

　수량할인모형(quantity discount model)은 EOQ의 가정 중 비용이 일정하다는 가정을 완화한 것으로서 변동주문비 c가 구매량이 증가함에 따라 감소하는 경우에 적용할 수 있다. 수량할인의 종류는 여러 가지가 있지만, 다음의 세 가지 경우만 다루기로 한다.

(1) 전량할인

　전량할인(all-units discounts)은 배추를 예로 들어 보자. 한 포기에 2천 원에 판매하는 배추를 10포기들이 한 박스를 사면 2천 원을 할인하여 18,000원에 판매한다면, 이 박스에 들어있는 배추 10포기 모두 200원씩 할인을 해주는 것이다. 또, 배추 100박스가 실린 트럭 한 대 분량을 60만 원을 할인하여 120만 원에 판매한다면, 이 트럭에 실린 배추 100박스 모두 6천 원씩 할인해주는 것이다.

(2) 추가량할인

　추가량할인(incremental quantity discounts)은 주차장요금이나 택시요금을 예로 들 수 있다. 가령 주차장요금이 첫 30분은 6천 원이고 이후로 10분당 천 원씩 내야 한다면, 30분을 주차했다면 6천 원으로써 10분당 2천 원을 내야 하지만, 50분 주차했다면 8천 원으로써 첫 30분은 10분당 2천 원으로 변하지 않고, 추가된 20분에 대해서만 10분당 천 원으로 할인이 되는 것이다. 택시요금도 기본요금 구간을 지나서 미터기가 오르기 시작하면, 추가된 구간에 대해서만 할인이 된다.

(3) 트럭적재할인

트럭적재할인(carload discounts)은 트럭 요금이나 렌트카 요금을 예로 들 수 있다. 트럭의 경우, 적재함을 5칸으로 등분하여 판매하고 한 번 움직이는 데에 20만 원을 받아야 한다면, 한 칸에 4만 원을 받으면 된다. 그런데 트럭 운전기사가 4칸까지는 쉽게 채울 수 있지만, 5칸을 모두 채우기는 대단히 어렵다고 생각한다면, 한 칸에 4만 원을 받았다가는 거의 매번 움직일 때마다 4만 원의 적자를 보게 되므로, 처음부터 한 칸에 5만 원을 받고, 4칸을 넘을 때는 5번째 칸은 공짜로 제공하겠다(한 칸에 4만 원으로 할인)고 요금정책을 세울 수가 있다. 이럴 경우 1에서 4칸까지 짐을 실을 때는 요금이 증가하다가 5칸에서는 요금이 동결되므로 할인이 되는 것처럼 보인다. 렌트카의 경우도 1주일에 요금을 140만 원 받아야 하는데, 주중에는 수요가 많지만 주말에는 수요가 거의 없다고 한다면, 주중에는 하루에 28만 원씩 받고, 5일을 초과하여 6, 7일째는 무료로 해줌으로써 1주일까지는 5

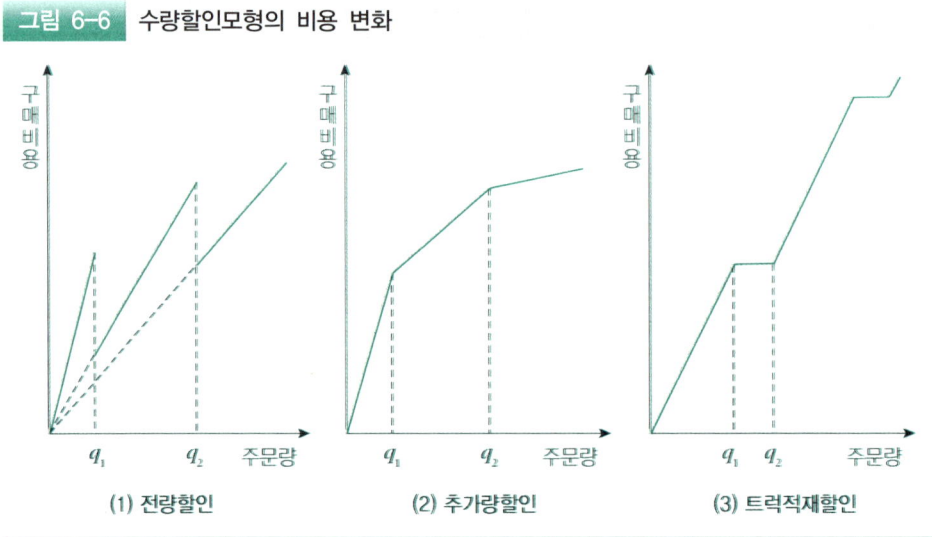

그림 6-6　수량할인모형의 비용 변화

일 요금인 140만 원을 받는다고 요금정책을 세울 수가 있다. 이때 주말에는 요금이 동결되어 할인되는 것처럼 보인다.

이 세 경우의 비용을 그래프로 나타내면 [그림 6-6]과 같다.

6.6.4 기타 확정적 재고모형

조달기간이 일정하다고 가정할 때, 수요가 확정적이고 균일한 경우는 고정주문량모형이나 고정주문주기모형 둘 다 EOQ 모형과 다르지 않으므로 여기서 다시 다루지 않으며, 수요가 확정적이고 시간에 따라 변화하는 경우는 나중에 자재소요계획의 로트크기결정(lot-sizing) 부분에서 다루도록 한다.

6.7 확률적 재고모형

확률적 재고모형(inventory model with unknown demand)은 수요가 확률분포를 따르며, 그 확률분포는 이미 알려져 있다고 가정한다. 이럴 경우 의사결정의 기준은 기대비용최소화(expected cost minimization)를 적용하는 게 보통이다.

일반적으로 고객들로부터의 수요는 확정적인 경우보다는 사전에 알 수 없는 경우가 대부분이다. 즉, 사전에 정한 시간 일정에 따라 정해진 양을 납품하기로 계약을 체결한 경우라면 수요가 확정적이라고 가정을 할 수 있지만, 고객들의 수요를 사전에 확정적으로 예측하기란 불가능에 가깝기 때문이다.

6.7.1 단일기간재고모형

단일기간재고모형(single-period inventory model)은 신문팔이소년의 의사결정과 유사하다는 점에서 **신문팔이소년모형**(newsboy model)이라고 부르기도 한다. 가판대에서 파는 신문처럼 유효기간이 있거나, 축제 기간에 판매하는 종이 모자처럼 판매 기간이 제한적이거나, 계절상품(봄 스웨터, 패딩, 스키 등)의 조달기간이 판매 기간보다 더 긴 경우에는 주문을 한 번 한 후에 다시 할 수 없는데, 이 모형은 이런 상황에 적용할 수 있으며, 다음과 같은 가정(assumption)을 가지고 있다.

   a. 확률적 수요(stochastic demand): 수요는 알려져 있는 확률분포를 따른다.

   b. 1회만 주문(one time order and no review): 주문은 딱 한 번만 하고 마지막에 재고가 남아있든 남아있지 않든 다시 주문하지 않는다.

판매 기간이 끝났을 때 판매되지 못하고 남은 상품은 제값을 받지 못하고 처분하거나 싼값에 반납하게 되기 때문에 손실이 발생한다. 그러므로 이 모형의 최적주문정책은 최종단위를 팔았을 때의 이익과 팔지 못했을 때의 손실의 기댓값을 비교하여 다음 한 단위를 추가로 주문하는 것이 불리하지 않은 단위까지 주문하는 것이다. 최종단위가 팔려서 얻는 이익을 **한계이익**(marginal profit; MP), 최종단위가 팔리지 않아 입는 손실을 **한계손실**(marginal loss; ML)이라고 정의하면, 한계이익은 최종단위가 팔려서 얻은 수입(한계수입)에서 그 단위를 얻기 위해 들어간 비용(한계비용)을 뺀 것이고, 한계손실은 최종단위가 팔리지 않는 경우의 한계비용에서 그 단위를 처분해서 얻은 수입(잔존가치)을 빼고 처분하는 비용(처분비용)을 더한 것이므로, 다음과 같이 계산할 수 있다.

- 한계이익(MP) = 한계수입 − 한계비용   (6.10)
- 한계손실(ML) = 한계비용 − 잔존가치 + 처분비용

여기서 최종단위가 팔릴 확률을 P라고 하면, 한계이익과 한계손실의 기댓값을 계산하여 기대한계이익이 기대한계손실보다 작아지지 않는 단위까지 주문하면 된다.

$$P*MP \geq (1-P)*ML \tag{6.11}$$
$$\therefore P \geq ML/(MP+ML)$$

이 확률을 P^*라고 하면, P^*는 기대한계이익과 기대한계손실이 같아지는 확률이다. $F(n)$을 n번째 단위가 팔릴 확률이라고 하면, $F(n)$이 P^*와 같아지는 n단위까지 주문하면 된다. 즉, 최종단위가 팔릴 확률이 P^*보다 크거나 같은 이상 그 단위는 주문량에 포함시켜야 하며, 다음 한 단위의 추가 주문이 불리하지 않는 한 그 단위까지 주문해야 함을 의미한다.

예제 6-2 단일기간재고모형의 주문량 계산

(1) (이산형) 신문팔이소년 A는 지하철에서 신문을 한 부에 1,200원씩 판매하는데, 구입원가는 600원이고, 팔고 남을 경우 200원에 도로 반납이 가능하다고 한다. A의 신문판매부수의 확률분포가 아래 표와 같을 때, A는 신문을 몇 부 주문해야 하는가?

<표 6-1> A의 신문판매부수의 확률분포

판매부수(n)	10	20	30	40	50	60	70	80
확률($f(n)$)	0.05	0.10	0.15	0.20	0.20	0.15	0.10	0.05

(2) (연속형) B는 학교 축제 현장에서 생맥주를 리터 당 5,000원에 판매하는데, 당일 B의 생맥주 판매량은 평균이 50리터, 표준편차가 10리터인 정규분포를 따른다고 한다. 리터 당 구입원가는 3,000원, 팔고 남을 경우 2,100원에 도로 반납이 가능하며, 운반비가 100원이 든다고 할 때, B는 생맥주를 몇 리터 주문해야 하는가?

〈예제 6-2〉의 (1)번 예제의 경우, $F(n)$은 아래와 같이 계산이 되는데, n이 커질수록 점점 작아짐을 알 수 있다.

표 6-2 A의 신문판매부수의 확률분포 및 $F(n)$

판매부수(n)	10	20	30	40	50	60	70	80
확률($f(n)$)	0.05	0.10	0.15	0.20	0.20	0.15	0.10	0.05
$F(n)$	1.00	0.95	0.85	0.70	0.50	0.30	0.15	0.05

위의 표에서 보면 A가 신문을 아무리 못 팔아도 최소한 10부는 팔 수 있으므로, 10번째 부수가 팔릴 확률 $F(10)$은 1.00이 되며, $F(20)$은 20부 이상이 팔리면 20번째 부수는 팔리는 것이므로, 10부만 팔리는 경우(확률 0.05)를 제외한 나머지 모두가 해당이 되니까 0.95가 된다. 여기서

$$MP = 1{,}200 - 600 = 600(원), \quad ML = 600 - 200 = 400(원), \tag{6.12}$$
$$P^* = ML/(MP+ML) = 400/(600+400) = 400/1{,}000 = 0.4$$

이므로, $F(n)$이 P^*와 같은 부수는 없고 $F(50)$이 0.5, $F(60)$이 0.3이라서 50부를 주문해야 한다. 만일 60부를 주문하게 되면, 기대한계이익($=0.3*600=18원$)이 기대한계손실($=0.7*400=28원$)보다 작아지므로 불리하게 된다.

〈예제 6-2〉의 (2)번 예제의 경우,

$$MP = 5{,}000 - 3{,}000 = 2{,}000(원), \tag{6.13}$$
$$ML = 3{,}000 - 2{,}100 + 100 = 1{,}000(원),$$
$$P^* = ML/(MP+ML) = 1{,}000/(2{,}000+1{,}000) = 1{,}000/3{,}000 = 0.3333$$

여기서 수요량을 나타내는 확률변수를 X라고 정의하면, $F(Q)$는 Q번째 단위(리터)가 팔릴 확률, 즉, X가 Q보다 크거나 같은 확률이므로,

$$F(Q) = \Pr[X \geq Q] = 1 - \Pr[X \leq Q] = 0.3333, \tag{6.14}$$
$$\Pr[X \leq Q] = \Pr[(X-\mu)/\sigma \leq (Q-\mu)/\sigma]$$
$$= \Pr[Z \leq (Q-50)/10] = 1 - 0.3333 = 0.6667$$

부록에 있는 표준정규분포표로부터 확률이 0.6667이 되는 z값을 찾아보면, 대략 0.431이 됨을 알 수 있다.[3]

$$z = (Q-50)/10 = 0.431, \quad (6.15)$$
$$\therefore Q^* = 54.31(리터)$$

그림 6-7 단일기간재고모형의 최적주문량

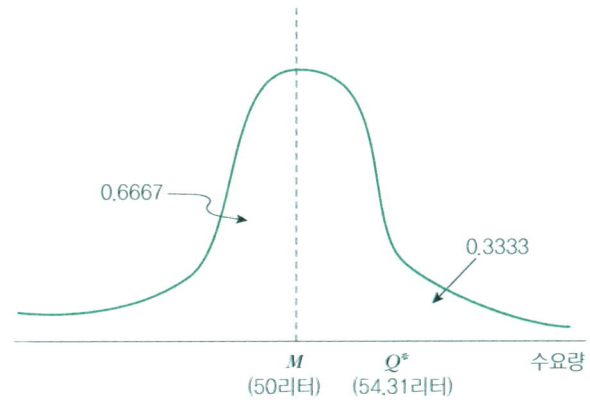

그러므로 B는 54.31리터를 주문해야 한다. 이를 그림으로 나타내면 [그림 6-7]과 같다.

여기서 만일 정수 단위로만 주문해야 한다면, 54리터와 55리터 중 어느 것을 선택해야 할까? 기대한계이익이 기대한계손실보다 크거나 같은 단위까지만 주문해야 하므로, 54리터까지만 주문해야 한다. 만일 55리터를 주문한다면, 기대한계손실이 기대한계이익보다 더 커지게 된다.

6.7.2 확률적 고정주문량모형

고정주문량모형의 경우는 재고의 연속적 조사(continuous review)로 재

---

3) 이 경우 **보간법**(interpolation)을 이용하면, z값을 보다 정밀하게 계산할 수 있다.

고수준을 항상 알 수 있기 때문에, 재고가 미리 정해 놓은 재고수준(즉, 재주문점 R)에 도달하게 되면 일정량 Q를 주문하게 된다. 이 모형은 주문량 Q와 재주문점 R을 결정해야 하므로, (Q,R) 모형이라고 부르기도 한다.

주문량 Q는 단위기간 당 평균수요를 가지고 EOQ의 공식 (6.2)를 이용하여 근사적으로 계산할 수 있는데, 수요의 변화정도가 심하지 않다면 이렇게 구한 Q가 괜찮은 대안이 될 수가 있다.

다음으로 R만큼의 재고를 가지고 조달기간 L 동안의 수요를 충족시켜야 하는데, 수요가 불확실하기 때문에 재고가 바닥이 나서 수요를 충족시키지 못할 가능성이 존재하며, 이 가능성을 **품절확률**(stock out probability)이라고 부른다. 품절이 되지 않을 확률, 즉, 가지고 있는 재고로 수요를 충족할 확률을 **서비스수준**(service level) 혹은 **서비스확률**(service-level probability)이라고 부르며, 품절확률과 서비스확률의 합은 1이 된다. 여기서 R을 높게 설정하면 품절확률이 낮아지고 R을 낮게 설정하면 품절확률이 높아지므로, 품절확률을 어느 정도로 생각하느냐가 R의 크기를 결정하는 관건이 된다.

조달기간 L 동안의 수요(확률변수 X로 표시)가 평균이 μ_X이고 표준편차가 σ_X인 정규분포를 따르고 품절확률을 α로 정했다고 가정하고서 R을 구해보도록 하자. 품절확률은 L기간 동안의 수요 X가 R보다 클 확률이므로 아래와 같이 계산할 수 있다.

$$\Pr[X > R] = 1 - \Pr[X \leq R] \qquad (6.16)$$
$$= 1 - \Pr[(X - \mu_X)/\sigma_X \leq (R - \mu_X)/\sigma_X] = \alpha$$
$$\Pr[(X - \mu_X)/\sigma_X \leq (R - \mu_X)/\sigma_X] = 1 - \alpha$$

예를 들어 X가 평균이 10kg이고 표준편차가 2kg인 정규분포 $N(10, 4)$를 따르고, 품절확률이 0.05라고 하면, 부록에 있는 표준정규분포표로부터 확률이 0.95가 되는 z값이 대략 1.645가 됨을 알 수 있으므로,

$$z = (R - \mu_X)/\sigma_X = (R - 10)/2 = 1.645, \qquad (6.17)$$

$$\therefore \ R = 13.29 (\text{kg})$$

이 되어, 재고수준이 13.29kg이 되는 순간 Q만큼을 주문하게 되면 조달기간 L만큼의 시간이 흐른 후에 주문량이 도착하게 된다. 조달기간 L 동안의 재고가 바닥날 확률(품절확률)은 0.05이고 재고가 있어서 수요를 충족할 확률(서비스확률)은 0.95가 된다.

6.7.3 확률적 고정주문주기모형

고정주문주기모형의 경우는 재고의 주기적 조사(periodic review)로 정기적인 일정 시점(매 주기 T마다 한 번씩 조사)이 되어야만 재고수준을 알 수 있기 때문에, 목표재고수준(target inventory level; M)을 미리 정해놓고서 M과 그 시점 t의 재고수준 $I(t)$와의 차이, 즉, $M - I(t)$를 주문하는 것이다. 그러므로 이 모형에서는 재고조사 주기 T와 목표재고수준 M을 결정해야 한다.

재고조사 주기 T는 단위기간 당 평균수요를 가지고 EOQ의 공식 (6.3)을 이용하여 근사적으로 계산할 수 있는데, 수요의 변화정도가 심하지 않다면 이렇게 구한 T 또한 괜찮은 대안이 될 수가 있다.

만일 조달기간 L이 0이라면, 매번 재고조사를 할 때마다 목표재고수준과 현 재고수준의 차이만큼 주문하면 주문량이 바로 도착하여 재고수준이 M이 되고 이 재고를 가지고 다음 번 재고조사를 할 때까지의 시간 T 동안의 수요를 충족시켜야 한다. 하지만 조달기간 L이 0보다 크다면, [그림 6-2]에서 볼 수 있듯이, 재고조사 시점 T에서 $M - I(T)$만큼 주문하면 이 주문이 도착하는 시간이 $T + L$이 되고 이때의 재고수준은 $M - I(T) + I(T+L)$이 되며, 이 재고를 가지고 다음 번 주문이 도착하는 $2T + L$ 시점까지의 수요를 충족해야 한다. 결과적으로 목표재고수준 M은 $T + L$ 기간(시점 T에서 $2T + L$까지) 동안의 수요를 얼마만큼 충족시킬 것인지, 혹은 이 기간 동안의 수요의 품절확률을 얼마로 할 것인지에 따라 정해진다.

$T+L$ 기간 동안의 수요(확률변수 Y로 표시)가 평균이 μ_Y이고 표준편차가 σ_Y인 정규분포를 따르고 품절확률을 α로 정했다고 가정하고서 M을 구해보도록 하자.

$$\Pr[Y > M] = 1 - \Pr[Y \leq M] \tag{6.18}$$
$$= 1 - \Pr[(Y - \mu_Y)/\sigma_Y \leq (M - \mu_Y)/\sigma_Y] = \alpha$$
$$\Pr[(Y - \mu_Y)/\sigma_Y \leq (M - \mu_Y)/\sigma_Y] = 1 - \alpha$$

예를 들어 Y가 평균이 15kg이고 표준편차가 3kg인 정규분포 $N(15, 9)$를 따르고, 품절확률이 0.025라고 하면, 부록에 있는 표준정규분포표로부터 확률이 0.975가 되는 z값이 대략 1.96이 됨을 알 수 있으므로,

$$z = (M - \mu_Y)/\sigma_Y = (M - 15)/3 = 1.96, \tag{6.19}$$
$$\therefore M = 20.88(\text{kg})$$

이 되어, 기간 T마다 재고조사를 하고 매번 재고조사를 한 후 20.88kg과 재고량의 차이만큼을 주문하게 되면 조달기간 L만큼의 시간이 흐른 후에 주문량이 도착하게 되고, 다음 번 재고조사 후에도 같은 방식으로 주문을 하게 된다. $T+L$ 기간 동안의 재고가 바닥날 확률(품절확률)은 0.025이고 재고가 있어서 수요를 충족할 확률(서비스확률)은 0.975가 된다.

6.7.4 (S,s) 모형

확률적 고정주문주기모형에서 최적의 주문주기 T를 결정하게 되지만, 재고조사 시기는 대개 매월 말일이나 매주 금요일 등으로 회사의 사정에 따라 미리 결정되는 경우가 많다. 이럴 경우는 확률적 고정주문주기모형 대신 **(S,s) 모형**[(S,s) Model]을 이용한다. 즉, 매번 재고조사를 한 결과, 남아있는 재고가 그다음 재고조사를 할 때까지의 수요를 충족시킬 수가 있다고(즉, 사전에 정해 놓은 일정수준 s보다 크다고) 판단이 되면 주문을 하

지 않고, 부족하다고 판단이 되면 목표재고수준 S와 현 재고수준 $I(t)$의 차이인 $S-I(t)$만큼을 주문하게 된다. 즉, 재고조사 시점 t의 재고수준 $I(t)$가 s보다 크면 주문을 하지 않고, s보다 작거나 같으면 $S-I(t)$만큼을 주문하게 된다.

(S,s) 모형은 P시스템과 Q시스템의 혼합 형태로 볼 수 있는데, 그것은 P시스템으로부터는 목표재고수준 S를 가져오고, Q시스템으로부터는 재주문점 역할을 하는 s를 가져왔기 때문이다. 그러므로 재고관리의 엄격한 정도를 보면, (S,s) 모형은 P시스템과 Q시스템의 중간 정도에 해당이 되어, Q시스템보다는 덜 엄격하고, P시스템보다는 좀 더 엄격한 편이다.

6.8 ABC 재고관리

재고를 적정수준으로 잘 관리하면 비용을 절감할 수 있지만, 동시에 재고관리시스템을 설치해서 재고를 관리하는 것 또한 비용이 들기 때문에, 어느 쪽이 더 큰가를 검토하여 재고관리의 엄격한 정도를 다르게 할 수가 있다. 즉, 어느 회사의 제품이 여러 종류일 경우, 모든 제품이 다 수익성이 좋은 것은 아니기 때문에, 수익성이 좋은 제품을 그렇지 못한 제품과 구분해서 재고관리를 달리 할 필요가 있다.

경제학자인 파레토(Vilfredo Pareto)는 19세기의 부(wealth)의 분배를 연구한 결과 소수의 사람들이 대부분의 부를 소유하고 있고, 대다수의 사람들은 아주 적은 부를 소유하고 있음을 발견하였는데, 이를 **파레토 법칙**(Pareto principle)이라고 부른다. 이 법칙을 재고 분야에 적용하면, 소수 제품이 연간매출액의 대부분을 차지하고, 대다수의 제품이 미미한 매출액을 차지하고 있음을 알 수가 있는데, **ABC재고관리**(ABC inventory management)란 제품을 중요도에 따라 A, B, C 세 그룹으로 나눠 재고관리를 다르게 하는 것을 말한다.

〈표 6-3〉은 제품을 재고량과 매출액에 따라 세 그룹으로 나누고 재고관리를 다르게 하는 예를 보여주고 있다. 즉, 매출액 비중이 큰 A그룹의 제품들은 관심을 집중하여 엄격하게 재고관리를 하고(예: Q시스템), 중간인 B그룹은 중간 정도의 엄격함을 유지하여 관리하고(예: (S,s) 모형), 제일 작은 C그룹은 느슨하게 관리한다(예: P시스템). 물론 재고점유비율이나 매출액비중, 그리고 그룹의 숫자는 회사의 사정에 따라 다를 수 있다.

표 6-3 ABC재고관리의 그룹별 재고통제시스템

그룹	재고점유비율	매출액비중	재고통제시스템
A	20%	80%	엄격[Q시스템]
B	30%	15%	중간[(S,s) 모형]
C	50%	5%	느슨[P시스템]

연습문제

6-1 어느 식자재 대리점은 근처의 유치원에 감자를 매주 10kg씩 납품하기로 계약을 체결하였다. 본사에 감자를 주문하면 트럭으로 배송이 되는데, 한 번 트럭이 오면 10만 원을 지불하고, 감자를 일주일 묵히는 데는 kg당 5천 원의 재고유지비용이 발생한다. 이 대리점은 한 번에 몇 kg을 주문하는 것이 가장 경제적인가?

6-2 어느 건강음료 제조업체는 건강음료를 매일 100통씩 생산할 수 있는데, 근처의 양로원에 매일 50통씩 납품하기로 계약을 체결하였다. 한 번 생산을 시작하면 생산준비비로 10만 원이 들고, 건강음료를 하루 묵히는 데는 통당 1천 원의 재고유지비용이 발생한다. 이 업체의 경제적 생산량은 얼마인가?

6-3 대한제약은 암특효약을 개발하여 kg당 10만 원으로 매일 10kg씩 공급하기로 한국원자력병원과 계약을 체결하였다(월간생산능력＝1.2톤). 그런데 한번 생산을 시작하기 위하여 준비하는 데 48만 원의 비용이 들며, 1kg을 생산할 때마다 8만 원씩의 비용이 추가된다. 이 약 1kg을 한 달 묵히는 데는 2,400원이 든다고 한다. 일정시기마다 생산을 시작하여 일정량(Q)을 생산한 후 그것이 다 팔리고 나면 다시 그만큼을 생산하여 판매하는 정책을 사용한다고 할 때, 다음 물음에 답하여라. (한달은 30일, 생산준비기간은 0이라고 가정)
   a) 월평균비용 $G(Q)$를 최소로 하는 Q^*는(kg)?
   b) 이 경우 월평균비용의 최솟값은 얼마인가?
   c) 생산주기(T)와 생산가동기간(t_p)이 몇일인지를 구하여라.
   d) 대한제약이 이 약을 팔아서 얻는 한 달 순이익은 얼마나 되는가?
   e) 만약 생산준비기간이 75일이라면, 생산준비를 시작하는 시점이 생산가동기간과 생산정지기간 중 어디인가? 그때의 재고수준은?

6-4 어느 난방대리점은 근처 동호인주택과 난로용 톱밥을 50kg 한 부대당 20,000원에 겨울 동안 매일 소요량을 공급하기로 계약을 체결하였다. 이 대리점은 톱밥을 한국목재로부터 공급을 받고 있는데, 한번 주문을 해서 트럭이 오게 되면 주문량에 관계없이 5만 원을 지불하고, 톱밥을 kg당 100원에 사들이고 있다. 동호인주택에는 10세대의 미술가들이 살고 있는데, 모든 세대가 톱밥난로를 사용하고 있고, 각 세대가 열흘에 한 부대꼴로

소비하며, 톱밥 1kg을 대리점에 하루 묵히는 데 약 20원의 비용이 든다고 한다. 한국목재는 물량이 워낙 많고 수송트럭이 많아서 언제라도 전화를 받는 즉시 전체 주문량을 즉시 배달해 줄 수 있다고 한다. 일정시기마다 일정량(Q)을 주문한 후 그것이 다 팔리고 나면 다시 그만큼을 주문하여 판매하는 정책을 사용한다고 할 때, 다음 물음에 답하여라. (한 달은 30일이라고 가정)

a) 월평균비용 $G(Q)$를 최소로 하는 Q^*는(부대)?
b) 이때의 월평균비용은 얼마인가?
c) 한 달에 몇 번 정도 주문하는 것이 최적인시 구하여라.
d) 이 대리점의 경우 톱밥을 팔아서 얻는 한 달 순이익은 얼마나 되는가?
e) 만약 한국목재에 주문을 하면 15일이 지나서야 배달을 해준다면, 대리점에 톱밥이 몇 부대나 남아있을 때에 다시 주문해야 하는가?

6-5 영이는 유치원에 다니는 조카의 운동회날 아이스크림을 개당 2,000원(개당 판매가격)에 팔아서 아프리카 난민 돕기 성금으로 내기로 하였다. 아이스크림 전문점을 하는 삼촌으로부터 아이스박스와 장비는 무료로, 그리고 아이스크림은 개당 1,400원에 공급받기로 하고 팔지 못했을 경우에는 500원을 주고 도로 사주겠다는 약속을 받았다. 영이는 당일날 아이스크림 수요의 확률분포가 평균 200, 분산 25의 정규분포(단위: 개)를 한다고 생각하고 있다. 기대한계손실이 기대한계이익보다 커지기 전까지 주문하는 정책을 고려한다고 가정하고, 다음 물음에 답하여라.

a) 영이는 삼촌에게 아이스크림을 몇 개(정수로만 가능) 주문해야 하는가?
b) a)의 양을 모두 팔았을 경우, 난민 돕기 성금은 얼마나 낼 수 있는가?
c) 영이가 삼촌에게 아이스크림을 195개 이상 주문하기 위한 아이스크림의 개당 판매가격(Y, 정수)의 범위는?

6-6 영이는 이번 야외음악회 녹화 현장에서 야광스틱을 팔아 남은 이익금을 연말연시 불우이웃돕기행사에 내기로 하였다. 10cm 야광스틱 2개들이 세트로 판매(세트당 2,000원)하려고 하며, 당일 날 영이의 야광스틱 판매량은 정규분포 $N(400, 40^2)$(단위: 세트)를 따른다고 한다. 마침 남대문시장에서 잡화상을 하는 삼촌이 야광스틱(4미터들이 박스당 2만 4천 원)과 세트 포장용 비닐봉지(40개들이 1박스에 4천 원이지만 무료로 주시기로 함)를 공급해 주시기로 하셨으며, 야광스틱 절단기는 3만 원에 빌려주시기로 하셨다. 만일 다 못 팔았을 경우 남은 야광스틱은 세트당 1,000원(반환가격)에 도로 사주시기로 약

속을 하셨다. 기대한계손실이 기대한계이익보다 커지기 전 단위까지 주문하는 정책을 고려하고, 야광스틱과 비닐봉지 모두 '박스' 단위(정수)로만 주문할 수 있을 때, 다음 물음에 답하여라. (힌트: 모든 걸 '세트'로 계산한 후, 마지막에 '박스'로 환산할 것)

   a) 영이는 야광스틱과 비닐봉지를 각각 몇 박스 주문해야 될까?
   b) a)의 주문량을 다 팔 경우, 예상되는 이익금은 얼마나 되는가?
   c) 만일 야광스틱을 딱 20박스만 주문하려면, 세트당 반환가격(Y, 정수)의 범위는?

6-7 어느 초등학교 앞 문구점은 매달 모든 학용품의 재고량을 파악하는 데 어려움을 겪고 있다. 문구점 주인은 모든 품목을 고르게 관리하기에는 시간이 부족하여 ABC 재고관리를 활용하기로 하였다. 다음은 문구점 진열대에 놓여 있는 12가지 학용품에 대한 연간 매출액(단위: 천 원)이다. 문구점 주인은 이들 학용품에 대하여 어떻게 분류하는 것이 좋은가?

품목 번호	연간 매출액	품목 번호	연간 매출액	품목 번호	연간 매출액
11	1,500	29	26,000	65	3,500
12	22,000	51	48,000	70	25,500
23	59,000	59	61,000	72	9,900
24	21,000	60	10,200	82	2,900

6-8 어느 자동차 정비센터는 차량 수리에 필요한 부품들을 통제할 인력이 부족하여 ABC 재고관리를 결정하였다. 다음은 이 정비센터가 통제하는 10개 부품의 월간 사용량(단위: 개)과 단위당 가격(단위: 원)이다. 10개 부품을 ABC 그룹으로 분류하라.

부품 번호	월간 사용량	단위당 가격	부품 번호	월간 사용량	단위당 가격
03	4,700	20,000	41	2,100	18,000
15	4,600	49,000	43	1,200	41,000
16	1,200	24,000	45	1,050	37,000
32	900	52,500	72	4,500	48,500
39	4,600	21,500	94	4,400	20,500

탐구문제

6-9 당신이 경험한 패스트푸드 식당 또는 약국에서 독립수요와 종속수요를 구분하고 각각의 예를 들어보자.

6-10 당신은 "식자재를 위한 장보기"와 "자동차에 휘발유 넣기"와 같은 각 상황에서 어떤 재고모형을 적용할 것인가?

CHAPTER 07

자재소요계획

7.1 자재소요계획의 원리
7.2 MRP시스템의 발전
7.3 MRP시스템의 한계
7.4 로트크기결정 휴리스틱 기법
7.5 로트크기결정 최적해법
7.6 서비스 자재소요계획

자재소요계획(Materials Requirements Planning: MRP)은 어떤 완제품을 납품 기일에 맞춰 늦지 않게 생산하기 위하여 그 제품을 구성하고 있는 부품/구성품들의 생산(혹은 주문)일정과 수량을 결정하는 방법이다.

6장에서 다루었던 독립수요(independent demand)는 재고모형(EOQ, EPQ, Newsboy) 등으로 분석하지만, 종속수요(dependent demand)는 이 장에서 다루는 자재소요계획(MRP)과 다음 장에서 다루는 적시생산시스템(Just-in-time production system; JIT)으로 분석하게 된다.

생산계획(production planning)의 종류를 계획 기간의 길고 짧음과 내용의 자세한 정도를 기준으로 구분하면 다음과 같다.

a. **설비계획**(facility planning): 장기계획으로서, 물리적인 생산 설비를 어느 정도의 규모로, 언제, 어디에 세울 것인지를 결정

b. **총괄계획**(aggregate planning): 중기계획으로서, 전체적인 생산 계획과 그에 따른 생산자원(특히 인력자원)의 확보를 고려한 생산/인력계획

c. **주일정계획**(master production schedule: MPS): 기간별 세부제품별 소요계획

d. **자재소요계획**(materials requirements planning: MRP): 기간별 부품별 소요 및 발주계획(재고를 고려하여 수량을 조정)

e. **세부일정계획**(operations scheduling): 단기계획으로서, 부품별 시간별 구체적인 작업계획

자재소요계획(MRP)은 종속수요 품목인 부품이나 구성품의 생산 및 재고 등을 다루기 때문에, 독립수요 품목인 최종 제품의 소요량이 결정되고 나면, 그에 필요한 부품이나 구성품이 얼마나 필요하고 언제쯤 주문해야 하는지를 결정하게 된다. 최종 제품의 소요량은 고객으로부터 주문을 받을 수도 있고, 수요 예측을 통한 예측치일 수도 있고, 정책적으로 결정된 수치일 수도 있는데, 자재소요계획을 실행하기 전에 먼저 정해져야 한다.

7.1 자재소요계획의 원리

이해를 돕고자 간단한 예제를 가지고 자재소요계획의 원리를 살펴보도록 하자. 어떤 목공소가 [그림 7-1]과 같이 하단에 서랍이 두 개가 들어 있는 책꽂이를 생산하는 경우를 생각해 보자.

그림 7-1 책꽂이의 구조

이 책꽂이를 생산하기 위해서는, 어떠한 구성품(부품)으로 이루어졌고 각각 몇 개씩 필요한지를 알아야 하는데, [그림 7-2]가 이를 보여주고 있다. 이를 **자재명세서**(bill of materials; BOM), **제품구조나무**(product structure tree), 또는 **제품구조도**(product structure diagram)라고 부르며, 최종 제품의 생산에 소요되는 구성품(부품)의 이름과 단위당 소요량이 나와 있다.

이 책꽂이는 본체와 서랍(두 개)으로 이루어졌고, 본체는 양쪽 옆의 세로판 두 개, 가로판 다섯 개, 중간에 칸막이 역할을 하는 중간판 네 개, 본체 뒤를 가리는 뒤판 한 개로 이루어졌고, 서랍은 밑면, 앞면, 그리고 뒷면

그림 7-2　책꽂이의 제품구조나무

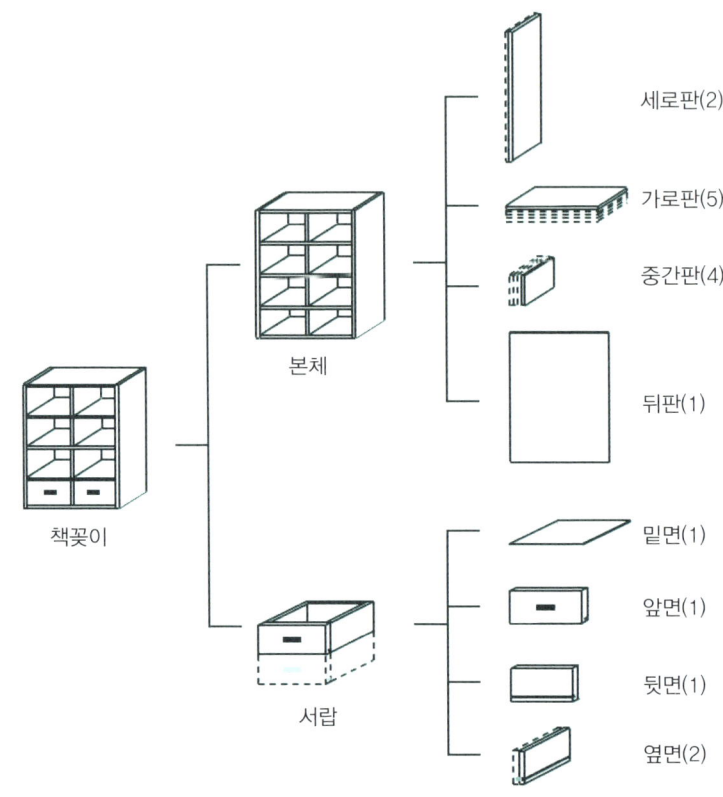

이 각각 한 개씩 있고, 옆면이 양쪽으로 있어 두 개가 필요하며, 설명의 편의상 본체의 구성품은 '-판', 서랍의 구성품은 '-면'으로 부르기로 하자.

제품구조나무는 다음의 세 가지 정보가 필요하다.

a. **부자/종속관계**(parent-child relationship): 최종 제품은 여러 개의 구성품(부품)으로 이루어지는데, 최종 제품을 '부(父; 부모; parent)', 구성품들을 '자(子; 자식; child)'로 부르고 이들 관계를 부자관계 혹은 종속관계라고 부른다. 구성품이 또 여러 개의 구성품으로 이루어지면 여기도 부자관계가 존재하게 된다. [그림 7-2]에서는 (책꽂이-본체/서랍), (본체-세로판/가로판/중간판/뒷판), (서랍-밑면/앞면/뒷면/옆면) 등이 부자관계인데, 앞

쪽이 부모, 뒤쪽이 자식의 역할을 하게 된다.

　　b. **구성품의 숫자**(number of components): '부모(parent)'에 해당하는 구성품을 하나 만들기 위해서는 '자식(child)'에 해당하는 구성품이 몇 개씩 필요한지를 나타낸다. [그림 7-2]의 구성품 이름 옆의 괄호 안에 있는 숫자가 이를 나타낸다.

　　c. **조달기간**(lead time; LT): 어떤 품목(최종 제품이나 구성품)을 주문하거나 생산하는 데에 걸리는 시간을 말한다. 즉, 주문을 넣은 후 주문이 도착할 때까지 걸린 시간이나 생산을 시작해서 그 품목이 나올 때까지 걸린 시간을 의미하기 때문에, 어느 시점에 어떤 품목이 필요하면 그 품목의 조달기간만큼 미리 주문하거나 생산을 시작해야 그 시점이 되었을 때 필요량을 확보하게 된다.

　책꽂이의 각 구성품들의 구성비, 조달기간 및 현 재고는 〈표 7-1〉과 같고, 이 목공소가 여름 정기휴가 후 영업을 재개해서 거래처로부터 〈표 7-2〉와 같은 주문을 받았다고 가정하자. 여기서 구성비는 부자관계에서 부모 품목 하나 당 자식 품목이 몇 개 필요한지를 나타내고, 현 재고는 자재

표 7-1　책꽂이 구성품의 구성비, 조달기간 및 현 재고

구분			구성비	조달기간(일)	현 재고
책꽂이			–	2	3
	본체		1	3	2
		세로판	2	4	10
		가로판	5	3	20
		중간판	4	1	9
		뒤판	1	2	5
	서랍		2	2	4
		밑면	1	1	3
		앞면	1	2	6
		뒷면	1	1	7
		옆면	2	1	16

표 7-2 책꽂이의 주일정계획(MPS)

일	1~9	10	11	12
총소요(개)	0	15	10	8

표 7-3 책꽂이의 순소요량과 발주계획

일	1~7	8	9	10	11	12
총소요				15	10	8
현재고	3	3	3	3		
순소요				12	10	8
발주		12	10	8		

소요계획이 시작될 때 목공소 내부에 있는 품목들의 재고를 나타낸다. 그리고 최종 제품(완제품)뿐만 아니라 구성품도 재고가 있을 수 있는데, 이는 수요의 불확실성에 대비하기 위한 것일 수도 있고, 원자재를 한꺼번에 일정량 이상을 구매하는 것이 저렴할 경우 필요량보다 더 많이 구매하여 제작하고 남은 것일 수도 있다. (책꽂이를 생산하는 데에는 가장 오래 걸리는 구성품인 세로판 제작 4일, 본체 조립 3일, 책꽂이 조립 2일이 걸리므로 최소 9일이 필요하다.)

먼저 책꽂이의 현 재고를 고려한 순소요량과 조달기간(2일)을 고려한 발주계획을 살펴보면 〈표 7-3〉과 같다. 10일의 총소요량이 15개인데 현 재고가 3개 있으므로 순소요량은 총소요량(15개)에서 현 재고(3개)를 제외한 12개가 되고, 11일과 12일의 순소요량은 고려할 재고가 없으므로 총소요량과 같다. 책꽂이의 조달기간이 2일이므로, 10일에 12개의 책꽂이가 나오기 위해서는 2일 전인 8일에 12개를 발주해야 하고, 11일과 12일의 순소요량도 각각 2일 전인 9일과 10일에 발주해야 한다.

이어서 책꽂이 본체와 구성품의 순소요량과 발주계획을 살펴보도록 하자. 책꽂이 본체는 책꽂이 하나에 본체가 하나 필요하므로, 8일의 본체 총소요량은 12개가 되고, 9일과 10일의 총소요량도 각각 10개와 8개가 된다. 본체의 현 재고가 2개이므로 8일의 순소요량은 총소요량(12개)에서 현 재고(2개)를 제외한 10개가 되고, 9일과 10일의 순소요량은 고려할 재고가 없으므로 총소요량과 같다.

본체 하나에 본체의 구성품인 세로판이 2개씩 필요하기 때문에, 세로판의 총소요량은 본체의 순소요량의 두 배이므로, 5, 6, 7일의 세로판의 총소요량은 각각 20, 20, 16개가 되고, 가로판의 총소요량은 본체의 순소요량의 다섯 배이므로, 5, 6, 7일의 가로판의 총소요량은 각각 50, 50, 40개가 된다. 중간판과 뒤판도 같은 방식으로 계산할 수 있다.

표 7-4 책꽂이 본체와 구성품의 순소요량과 발주계획

품목	구분/일	1	2	3	4	5	6	7	8	9	10	11	12
책꽂이 ($LT=2$)	총소요										15	10	8
	현재고	3	3	3	3	3	3	3	3	3	3		
	순소요										12	10	8
	발주								12	10	8		
본체 ($LT=3$)	총소요								12	10	8		
	현재고	2	2	2	2	2	2	2	2				
	순소요								10	10	8		
	발주					10	10	8					
세로판 ($LT=4$)	총소요					20	20	16					
	현재고	10	10	10	10	10							
	순소요					10	20	16					
	발주	10	20	16									
가로판 ($LT=3$)	총소요					50	50	40					
	현재고	20	20	20	20	20							
	순소요					30	50	40					
	발주		30	50	40								
중간판 ($LT=1$)	총소요					40	40	32					
	현재고	9	9	9	9	9							
	순소요					31	40	32					
	발주				31	40	32						
뒷판 ($LT=2$)	총소요					10	10	8					
	현재고	5	5	5	5	5							
	순소요					5	10	8					
	발주			5	10	8							

표 7-5 책꽂이 서랍과 구성품의 순소요량과 발주계획

품목	구분/일	1	2	3	4	5	6	7	8	9	10	11	12
책꽂이 ($LT=2$)	총소요										15	10	8
	현재고	3	3	3	3	3	3	3	3	3	3		
	순소요										12	10	8
	발주								12	10	8		
서랍 ($LT=2$)	총소요								24	20	16		
	현재고	4	4	4	4	4	4	4	4				
	순소요								20	20	16		
	발주						20	20	16				
밑면 ($LT=1$)	총소요							20	20	16			
	현재고	3	3	3	3	3	3						
	순소요							17	20	16			
	발주						17	20	16				
앞면 ($LT=2$)	총소요							20	20	16			
	현재고	6	6	6	6	6	6						
	순소요							14	20	16			
	발주					14	20	16					
뒷면 ($LT=1$)	총소요							20	20	16			
	현재고	7	7	7	7	7	7						
	순소요							13	20	16			
	발주						13	20	16				
옆면 ($LT=1$)	총소요							40	40	32			
	현재고	16	16	16	16	16	16						
	순소요							24	40	32			
	발주						24	40	32				

이들 품목에 대한 발주는 각각의 조달기간만큼 미리 하면 된다. 즉, 본체의 조달기간이 3일이므로 8일에 10개를 확보하려면 3일 전인 5일에 10개를 발주해야 하고, 5일에 세로판 10개를 확보하려면 4일 전인 1일에 10개를 발주해야 한다.

마지막으로 책꽂이 서랍과 구성품의 순소요량과 발주계획을 살펴보도록 하자. 책꽂이 서랍은 책꽂이 하나에 서랍이 두 개 필요하므로, 8일의 서랍 총소요량은 24개가 되고, 9일과 10일의 총소요량도 각각 20개와 16개가 된

다. 서랍의 현 재고가 4개이므로 8일의 순소요량은 총소요량(24개)에서 현재고(4개)를 제외한 20개가 되고, 9일과 10일의 순소요량은 고려할 재고가 없으므로 총소요량과 같다.

서랍 하나에 서랍의 구성품인 밑면이 한 개씩 필요하기 때문에, 밑면의 총소요량은 본체의 순소요량과 같으므로, 5, 6, 7일의 밑면의 총소요량은 각각 20, 20, 16개가 되고, 옆면의 총소요량은 서랍의 순소요량의 두 배이므로, 5, 6, 7일의 옆면의 총소요량은 각각 40, 40, 32개가 된다. 앞면과 뒷면도 같은 방식으로 계산할 수 있다.

이들 품목에 대한 발주는 각각의 조달기간만큼 미리 하면 된다. 즉, 서랍의 조달기간이 2일이므로 8일에 20개를 확보하려면 2일 전인 6일에 20개를 발주해야 하고, 6일에 밑면 17개를 확보하려면 1일 전인 5일에 17개를 발주해야 한다.

주일정계획에 나와 있는 책꽂이의 수량을 지연 없이 제 때 납품하려면, 이들 표에 나와 있듯이, 구성품들에 대해서 각 날짜별로 해당되는 발주량을 주문하거나 생산을 시작하면 된다. 이와 같이 자재소요계획은 MPS, BOM, 재고기록철(inventory records file) 등의 입력 자료를 이용해서, 각 품목의 발주를 언제 얼마큼 해야 하는지를 완제품에서 각 부품에 이르기까지 정하게 되는데, 이 과정을 부품전개(parts explosion)라고 부른다.

그리고 여기서 다루고 있는 구성품은 종속수요 품목이므로, 최종 제품의 소요량에 비례해서 필요량이 달라지지만, 자동차의 타이어처럼 어떤 구성품은 고객이 필요해서 직접 구매를 원하기도 하는데, 이런 구성품(예비부품이라고 부름)은 주일정계획에는 포함되지는 않지만, 그 구성품의 총소요량에는 포함해서 자재소요계획을 작성한다.

7.2 MRP시스템의 발전

MRP시스템은 완제품을 주일정계획에 맞게 생산하기 위해서, 필요한 구성품이나 부품들을 언제 얼마큼 발주해야 하는지를 결정하는 계획으로서, 엑셀 등의 컴퓨터 프로그램으로 쉽게 만들 수 있는데, 더 나아가 기업체 차원을 넘어서 공급자와 고객까지 포함하는 종합적 자원관리시스템으로 발전하였다.

a. MRP(materials requirements planning; 자재소요계획)

MRP는 완제품의 주일정계획(MPS)을 지킬 수 있도록 구성품이나 부품의 발주시기와 발주량을 결정하는 생산 부서의 재고통제시스템으로서, 완제품과 구성품의 재고 수준을 관리한다. 여기서는 생산능력(production capacity)이 무한하다고 가정하고 있다.

b. MRP II(manufacturing resource planning; 제조자원계획)

MRP II는 생산 부서를 포함한 기업 내의 모든 제조자원(운영자금, 인력, 설비, 생산능력, 재고 등)을 계획/통제하는 시스템으로서, MRP가 생산 부서가 그 대상이었다면 MRP II는 기업 전체가 그 대상이 된다. 예컨대, 인사/회계/재무/판매 부서 등과 생산 부서가 서로 관련 정보를 공유함으로써 제조자원 전반을 계획/통제하는 시스템으로 발전하였다. 그러므로 주일정계획(MPS)은 MRP에서는 주어진 입력자료(input data)로서 지켜야 하는 대상이지만, MRP II에서는 시스템의 일부로서 필요하다면 수정할 수도 있는 의사결정 변수가 된다.

c. ERP(enterprise resource planning; 전사적 자원관리)

ERP는 기업 내의 제조자원 전반의 계획/통제를 넘어서 외부공급사슬(고객, 공급자)까지 포함하는 통합정보시스템으로서, 종전엔 각자 독립적이었던 별개의 시스템들이 통합적으로 연결된 것으로 발전하여, 정보의 통합을 통해 기업의 모든 자원을 최적으로 관리할 수가 있다. ERP를 기업에 도입하는 것은 단지 컴퓨터시스템을 구매하여 설치하는 것이 아니라, ERP가 제대로 작동할 수 있도록 그에 맞게 기업의 업무절차와 기업 문화도 함께 변해야 한다.

7.3 MRP시스템의 한계

MRP시스템은 다음과 같은 한계점을 가지는데, 그것이 무엇이고 어떻게 해결할 수 있는지 살펴보도록 하자.

a. 불확실성(uncertainty)

MRP는 주일정계획의 소요량과 조달기간이 확정적이라고 가정하고 있으나. 실제 상황에서는 소요량이 변하거나 조달기간이 달라질 수 있다. 완제품 수요의 변동이 예상될 때는 안전재고(safety stock)를 더하여 소요량을 조정하고, 조달기간이 불확실할 경우에는 안전조달기간(safety lead times)을 추가하여 그만큼 더 일찍 발주를 넣으면 된다.

b. 생산능력(production capacity)의 제약

MRP는 생산능력(capacity)이 무한하다고 가정하지만, 실제로는 생산능력이 제한된 경우가 대부분이다. 즉, 완제품이나 구성품 중에는 현재의 발주량을 계획대로 다 충족시키지 못할 수도 있다. 이럴 경우 생산능력을 고려한 MRP인 생산능력소요계획(capacity requirements planning; CRP)을 이용하여 처리할 수 있는데, 생산능력이 부족할 경우 잔업/야근(overtime)을 이용하거나, 아예 생산능력에 맞게 주일정계획(MPS)을 수정하기도 한다.

c. 가변조달기간(lot-size dependent lead time)

MRP는 주문량에 관계없이 조달기간이 일정하다고 가정하지만, 발주량에 따라 조달기간이 다를 수도 있다. 즉, 발주량이 커질수록 조달기간이 늘어날 수도 있다. 이럴 경우 발주량에 맞게 조정된 조달기간만큼 일찍 발주하면 된다.

d. 불량품(imperfect product)

MRP는 불량품이 없다고 가정하지만, 실제로는 불량품이 있을 수 있다. 이럴 경우 예상되는 불량률을 감안하여 그만큼 더 추가해서 발주하면 된다.

7.4 로트크기결정 휴리스틱 기법

〈표 7-3〉을 보면, 8, 9, 10일에 각각 책꽂이를 12, 10, 8개를 발주하는 것으로 되어 있다. 하지만 이렇게 매일 한 번씩 생산준비를 해서 각각 12, 10, 8개씩 생산하는 것보다는 8일에 생산준비를 한 번 하여 30개를 한꺼번에 생산하여 매일 소요량을 납품하고 남은 것들은 재고유지비용을 지불하는 것이 더 저렴할 수도 있다. 즉, 각 기간별 소요량을 어떻게 생산하는 것이 좋은지를 결정하는 것을 로트크기결정(lot-sizing)이라고 부른다.

우선 **로트**(lot)는 고정비를 들여서 한 번에 생산(혹은 주문)하는 양을 말하고, **로트크기결정**(lot-sizing)은 각 기(期, period)별로 생산하는 로트의 크기를 결정하는 것이며, **휴리스틱**(heuristic)은 최적해를 보장하지는 못하나 비교적 좋은 해를 최적 기법보다는 쉽게 구하는 방법을 의미한다(설명의 편의상 1기가 1일이라고 가정).

본 절에서는 먼저 로트크기결정 휴리스틱 기법(heuristic lot-Sizing rule)에는 어떤 것들이 있는지 살펴보고, 다음 절에는 로트크기결정 최적해법을 생각해 보기로 한다.

설명의 편의를 위하여 다음과 같은 예제를 생각해 보자. 1기에서 5기까지의 소요(requirement)를 $(r_1, r_2, \cdots r_5)=(15, 6, 35, 4, 15)$(단위: 톤)이라고 하고, 생산을 준비할 때 드는 고정비(fixed/setup cost; K)는 60(만 원), 재고 1톤을 1기 묶힐 때 드는 톤당 재고유지비용(inventory holding cost; h)은 2(만 원/톤)라고 할 때, 각 기별로 얼마큼씩 생산($y_1, y_2, \cdots y_5$)하는 것이 총비용을 최소로 할 것인지 생각해 보자. 여기서 변동비

(variable cost; c)는 생산 일정이 어떻든 총 소요량에 변동비를 곱한 것만큼 들어가므로 우리의 의사결정에 영향을 미치지 않아서 고려 대상에서 제외한다.

일반적으로 재고유지비용(inventory holding cost; h)은 기말(期末)에 발생하는 것으로 가정한다. 예컨대, 그날 팔고 남은 재고는 하룻밤을 묵힌 후 다음 날 아침에 재고유지비용을 지불하는 것이 아니라 그날 저녁에 즉시 재고유지비용을 먼저 물고 창고에 넣는 걸 의미한다. 그러므로 계획 시작 전에 남아있는 재고에 대한 재고유지비용은 계획 전에 이미 지불하고 넘어왔고, 계획의 말기에 남게 되는 재고에 대한 재고유지비용은 말기에 지불하고 다음 기로 넘기는 것을 뜻한다.

7.4.1 EOQ 근사(approximation)

이 예제에서 소요량이 기간별로 다르므로, '기정균일수요'를 가정하는 EOQ를 적용하는 것은 적절하지 않으나, 소요량의 평균을 매 기간의 수요(demand; D)로 보고 EOQ를 적용하여 로트크기를 결정하여 보자.

$$D = (r_1 + r_2 + \cdots + r_5)/5 = (15 + 6 + 35 + 4 + 15)/5 = 15(톤)$$
$$Q^* = \sqrt{2KD/h} = \sqrt{2(60)(15)/2} = 30(톤) \tag{7.1}$$

그러므로 남아있는 재고가 현재의 소요량을 충족시키면 생산하지 않지만, 재고가 소요량보다 작으면 고정비를 들여 Q^*만큼 생산하게 된다.

이를 표로 정리하면 다음과 같고, 기별 생산량은 (30, 0, 30, 0, 30)(톤)이 되며, 3회(1, 3, 5기) 생산하므로 3(회)*60(만 원)=180(만 원)의 고정비가 들고, 기별 재고가(15, 9, 4, 0, 15)(톤)이므로 2(만 원/톤)*(15+9+4+0+15)(톤)=86(만 원)의 재고유지비용이 들어서, 총비용(total cost; TC)은 266(만 원)이 된다.

기	1	2	3	4	5
생산	30	0	30	0	30
소요	15	6	35	4	15
재고	15	9	4	0	15

$y = (30, 0, 30, 0, 30)(톤)$
$TC = 3*60 + 2*(15+9+4+0+15)$
$\quad = 266(만 원)$

7.4.2 Lot-For-Lot Production (LFL)

LFL 기법은 매 기간 필요량만 생산하는 것이므로 재고가 발생하지 않는다. 그러므로 재고유지비용이 발생하지 않아 총비용은 고정비뿐이므로 5(회)*60(만 원)=300(만 원)이 된다.

기	1	2	3	4	5
생산	15	6	35	4	15
소요	15	6	35	4	15
재고	0	0	0	0	0

$y = (15, 6, 35, 4, 15)(톤)$
$TC = 5*60 = 300(만 원)$

7.4.3 Silver-Meal Heuristic (SMH)

SMH 기법은 Edward Silver와 Harlan Meal이라는 두 학자가 고안한 방법으로, 현재부터 시작해서 **기간당 평균비용**(average cost per period)이 최저가 되는 기간(올라가기 시작하기 전)까지 생산하는 것을 말한다.

$C(j)$를 현재부터 j기까지의 소요량($r_1 + r_2 + \cdots + r_j$)을 한꺼번에 생산할 때의 기간당 평균비용으로 정의하면,

$$C(j) = \{K + hr_2 + 2hr_3 + \cdots + (j-1)hr_j\}/j \tag{7.2}$$

가 된다. $C(j)$의 분자는 현재부터 j기까지의 소요량을 한꺼번에 생산할 때의 고정비(K)와 재고유지비용을 더한 것인데, 현재 기의 소요량(r_1)은 생산 직후에 바로 내보내므로 재고유지비용이 들지 않고, 다음 기의 소요

량(r_2)은 생산 후 하루(1기)를 묵힌 후 내보내므로 하루 동안의 재고유지비용이 들며, j기의 소요량(r_j)은 생산 후 ($j-1$)기를 묵힌 후 내보내므로 ($j-1$)기 동안의 재고유지비용이 든다.

SMH 기법은 현재 기부터 소요량을 한 기씩 늘려가면서 $C(j)$를 계산하여 $C(j)$가 가장 작은 기까지의 소요량을 현재 기에 한꺼번에 생산하고 2기부터 ($j-1$)기까지는 생산하지 않고 있다가 ($j+1$)기에 다시 같은 원리를 적용하여 그다음 생산량을 결정하게 된다. 즉, $C(j)$가 올라가기 시작하기 전까지 한꺼번에 생산한다는 뜻이다.

$C(1) = 60,$

$C(2) = (60 + 1*2*6)/2 = 36,$

$C(3) = (60 + 1*2*6 + 2*2*35)/3 = 70.7,$

 $C(3) > C(2)$, 멈춤. $y_1 = r_1 + r_2 = 15 + 6 = 21$, $y_2 = 0$.

 3기부터 다시 시작.

$C(1) = 60,$

$C(2) = (60 + 1*2*4)/2 = 34,$

$C(3) = (60 + 1*2*4 + 2*2*15)/3 = 42.7,$

 $C(3) > C(2)$, 멈춤. $y_3 = r_3 + r_4 = 35 + 4 = 39$, $y_4 = 0$.

 5기부터 다시 시작.

마지막 기(5기)만 남았으므로, $y_5 = r_5 = 15$

기	1	2	3	4	5
생산	21	0	39	0	15
소요	15	6	35	4	15
재고	6	0	4	0	0

$y = (21, 0, 39, 0, 15)$(톤)

$TC = 3*60 + 2*(6+4) = 200$(만 원)

7.4.4 Least Unit Cost (LUC)

LUC 기법은 기간당 평균비용 대신 **단위당 평균비용**(average cost per unit)을 사용할 뿐 나머지는 SMH 기법과 동일한 원리를 적용한다. 즉, $C(j)$를 현재부터 j기까지의 소요량($r_1 + r_2 + \cdots + r_j$)을 한꺼번에 생산할 때의 단위당 평균비용으로 정의하면,

$$C(j) = \{K + hr_2 + 2hr_3 + \cdots + (j-1)hr_j\}/(r_1 + r_2 + \cdots r_j) \tag{7.3}$$

가 된다. 분자는 SMH와 동일하지만 분모는 SMH가 기간의 숫자라면 LUC는 그 기간의 생산량이 된다.

$C(1) = 60/15 = 4,$

$C(2) = (60 + 1*2*6)/(15 + 6) = 3.43,$

$C(3) = (60 + 1*2*6 + 2*2*35)/(15 + 6 + 35) = 3.79,$

　　$C(3) > C(2)$, 멈춤. $y_1 = r_1 + r_2 = 15 + 6 = 21$, $y_2 = 0$.

　　3기부터 다시 시작.

$C(1) = 60/35 = 1.71,$

$C(2) = (60 + 1*2*4)/(35 + 4) = 1.74,$

　　$C(2) > C(1)$, 멈춤. $y_3 = r_3 = 35$.

　　4기부터 다시 시작.

$C(1) = 60/4 = 15,$

$C(2) = (60 + 1*2*15)/(4 + 15) = 4.74,$

　　더 이상 남아있지 않으므로 멈춤.

　　$y_4 = r_4 + r_5 = 4 + 15 = 19$, $y_5 = 0$

기	1	2	3	4	5
생산	21	0	35	19	0
소요	15	6	35	4	15
재고	6	0	0	15	0

$y = (21, 0, 35, 19, 0)$(톤)
$TC = 3*60 + 2*(6 + 15) = 222$(만 원)

7.4.5 Part Period Balancing (PPB)

경제적 주문량(EOQ) 모형에서 고정비 부분과 재고유지비 부분이 같아지는 점에서 최소비용이 발생했었는데, PPB 기법은 이 점을 이용하여 한 기씩 생산량을 추가하면서 그때까지의 재고유지비용(total holding cost)을 계산해서 고정비와 가장 가까운 기간까지의 소요량을 한꺼번에 생산한다.

기	total holding cost
1	0
2	0 + 1*2*6 = 12*
3	12 + 2*2*35 = 152
3	0
4	0 + 1*2*4 = 8
5	8 + 2*2*15 = 68*

$12 < 60 \ll 152$
$y_1 = r_1 + r_2 = 15 + 6 = 21$,
$y_2 = 0$, 3기부터 다시 시작.

$8 \ll 60 < 68$
$y_3 = r_3 + r_4 + r_5 = 35 + 4 + 15 = 54$,
$y_4 = y_5 = 0$

기	1	2	3	4	5
생산	21	0	54	0	0
소요	15	6	35	4	15
재고	6	0	19	15	0

$y = (21, 0, 54, 0, 0)$(톤)
$TC = 2*60 + 2*(6 + 19 + 15) = 200$(만 원)

여기서 최초 재고(계획이 시작되기 전에 있었던 재고; r_0)나 최종 재고(계획의 마지막에 남겨놓아야 하는 재고; r_t) 등도 함께 고려할 수 있는데, 원래의 소요량에 이를 반영하여 수정한 소요량으로 위의 기법들을 적용하면 된다. 즉, 1기의 실제 소요량은 1기의 소요량(r_1)에서 최초 재고(r_0)를 제외한 양($r_1 - r_0$)이 되고, 마지막 기(n기)의 실제 소요량은 n기의 소요량(r_n)에 최종 재고(r_t)를 더한 양($r_n + r_t$)이 된다. 예컨대, 위의 예제에서 최초 재고가 4톤이라고 하면, 1기의 실제 소요량은 15톤에서 4톤을 제외한 11톤이며, 최종 재고로 5톤을 남겨놓아야 한다면, 5기의 실제 소요량은 15톤에다 5톤을 더한 20톤이 된다.

〈표 7-3〉의 예제에서는 매일 소요량만큼을 발주하는 LFL 기법을 이용하였지만, 이렇게 로트크기를 결정하여 MRP에 반영하여 발주계획을 조정할 수도 있다.

7.5 로트크기결정 최적해법

지금까지 살펴본 것들은 모두 휴리스틱 기법이므로 결과가 최적해라는 보장을 할 수 없다. 그러나 로트크기결정 최적해법(optimal lot-sizing algorithm)이 존재하는데, 와그너-휘틴해법(Wagner-Whitin algorithm)은 최적해를 구할 수 있는 최적해법(optimal algorithm)으로서, 문제의 크기(기간의 숫자)가 커지면 최적해를 구하는 데에 걸리는 시간이 기하급수적으로 늘어난다는 단점이 있으나, 컴퓨터가 점점 더 발달하면서 이러한 단점도 희석되어 가고 있다.

7.6 서비스 자재소요계획

서비스기업도 MRP시스템을 활용한다. 호텔은 객실 리모델링을 위해 MRP시스템을 적용하고 있다. 예를 들어, 호텔이 1,000개의 객실을 리모델링하기로 계획하면 관리자는 필요한 옷장, 침대, 의자, 거울 등과 같은 자재들의 개수를 계산할 수 있고, 이들 각각에 대하여 조달하는 데 얼마의 시간이 필요하고 언제 주문해야 하는지를 알기 위해 공급업체와 협력할 수 있다. 호텔의 목표는 필요한 자재들을 정시에 모두 조달하여 리모델링을 정해진 날까지 완료하는 것이다. 항공사의 경우 운항 일정이 결정될 때마다 인력(조종사, 승무원), 설비(항공기, 공항 게이트), 자재(연료, 음식) 등을 필요로 한다. 각 운항 일성에 대한 승객 수요예측에 맞춰 필요한 항공기종과 인력 및 자재의 유형과 수량을 결정하고 이들에 대한 소요계획을 수립하는 데 MRP시스템을 적용한다. 병원은 수술 능력을 갖추기 위해 MRP시스템을 사용한다. 병원이 외과 수술을 계획하면 필요한 인력(외과의사, 간호사, 마취전문의사), 설비(수술실, 수술도구, 회복실), 자재(약품, 붕대) 등을 알 수 있다. 병원이 제공하는 의료서비스의 다양성과 이에 따른 수술 장비의 복잡성 때문에 수술 장비의 소요계획은 MRP의 좋은 대상이 된다.

    서비스기업이 제조기업처럼 MRP시스템을 운영해 나가는 몇몇 예를 통해, 서비스기업의 MRP가 제조기업과 다른 점은 서비스기업의 자재 소요가 자재보다는 생산능력에 대한 것이라는 점을 알 수 있다. 이는 서비스기업에서 생산과 동시에 소비되는 서비스를 제공하는 데 종업원과 설비의 활용이 중요할 뿐만 아니라 이들의 비중이 자재보다 상대적으로 높기 때문이다. 따라서 서비스기업의 MRP시스템은 재고가 가능한 상품을 생산하는 것이 아닌 서비스를 제공하기 위하여 필요한 생산능력을 유지하는 데 초점을 둔다.

연습문제

7-1 어느 철공소가 만드는 가압장치는 두 개의 모터와 세 개의 구리관으로 만들어지고, 가압장치는 제4주에 120대, 제5주에 100대를 납품해야 하며, 품목(가압장치, 모터, 구리관)의 현 보유재고는 각각(80, 50, 120)이고 조달기간은 각각(1, 2, 1)주라고 할 때, 자재소요계획을 수립하여라.

7-2 어느 목공소가 만드는 접의자는 상판 1개와 다리세트 2개로 만들어지고, 접의자는 제5주와 제6주에 각각 100개씩 납품해야 하며, 품목(접의자, 상판, 다리세트)의 현 보유새고는 각각(40, 90, 50)이고 조달기간은 각각(1, 3, 2)주라고 할 때, 자재소요계획을 수립하여라.

7-3 대한우유(주)로부터 공급을 받아서 우유제품을 판매하고 있는 서울대리점은 신제품인 '매실우유'를 한강매점에 향후 5일간(20, 6, 15, 10, 12)박스를 공급해보고 장기계약을 체결하기로 했다. 대한우유로부터 배달트럭이 일단 한 번 오면 20만 원이 들며, '매실우유' 1박스를 하루 묵히는 데는 1만 원이 든다고 한다. 어제 대한우유에 들렀을 때 사온 '매실우유'가 5박스가 있으며, 마지막 날엔 2박스가 남아 있어야 된다고 할 때, LUC(least unit cost heuristic)기법을 적용했을 경우의 생산일정과 이 경우의 총비용을 구하여라.

7-4 대한화학은 한강공업에 산화제를 한 통에 20만 원씩 받고 (4, 12, 5, 5, 10, 20)통씩 6주 동안 공급하기로 계약을 체결했다. 고정비 100만 원과 통 당 10만 원의 생산비가 들어가며, 산화제 1통을 1주일 보관하는 데에는 4만 원이 든다고 한다. 전 주에 남은 산화제가 6통이 있고, 마지막 주엔 재고로 5통이 남아 있어야 된다고 할 때, 다음 물음에 답하여라.
  a) 대한화학의 경우에 EOQ모형을 적용하는 것이 적절하지 못한 이유는 무엇인가?
  b) 이 문제에 PPB(Part Period Balancing)기법을 적용할 때, 생산일정과 총비용(생산비 포함)은 얼마인가?
  c) b)와 같이 생산할 경우, 이번 계약의 순이익은 얼마인가?

탐구문제

7-5 SAP(www.sap.com)과 Oracle(www.oracle.com/kr)의 홈페이지에 각각 방문하여, 이들 회사가 제공하는 ERP 소프트웨어의 구성 모듈(또는 기능)을 비교해 보자. 이들 ERP 소프트웨어에서 동일한 구성 모듈은 무엇인가? 그리고 차별되는 구성 모듈은 무엇인가?

CHAPTER 08

적시생산시스템

8.1 칸반시스템
8.2 적시생산시스템의 효과
8.3 JIT와 MRP의 비교
8.4 작업자와 공급자
8.5 린 서비스

적시생산시스템(Just-in-time production system; JIT)은 1960년대에 일본의 도요타자동차회사에서 개발된 생산시스템으로서, **도요타생산시스템**(Toyota prduction system; TPS)이라고도 부르는데, 자동차와 같이 표준화된 제품을 대량으로 반복생산하는 데에 적합한 생산 방식이다. 이 시스템의 목적은 재고감소, 비용절감 및 품질향상 등을 들 수가 있다. 중요한 것은 생산프로세스에서 과잉재고, 유휴시간, 불량 등의 낭비를 제거하기 위해 노력한다는 점이다.

TPS의 주창자인 T. Ohno는 7개의 '**낭비**(waste)'의 원천이 있으며, 과잉생산(overproduction), 장시간 대기(waiting), 불필요한 운송(transportation), 과잉작업(overprocessing), 과잉재고(inventory), 불량으로 인한 재작업(re-work), 불필요한 동작(motion) 등을 그 예로 들었다.

그 당시 미국에서는 자동차산업을 이끌어오던 포드(Ford)자동차회사가 조립라인(assembly line)과 표준화된 부품을 이용한 대량생산으로 자동차 가격을 낮춰서 미국의 중산층 서민들도 자동차를 살 수 있도록 만들었지만, 일본에서는 제2차 세계대전 직후에 자원이 부족하고 자동차 시장도 작았을뿐더러 자동차생산장비를 구입할 자본도 충분하지 않았기에, 이제 막 자동차를 생산하기 시작한 도요타자동차회사에게는 포드자동차회사와는 달리 훨씬 더 생산성이 높고 효율적인 생산시스템의 개발이 절실하였고, 그 결과물이 TPS(혹은 JIT)로 나타났다. 따라서 TPS는 단순히 생산분야의 향상된 생산방식 정도가 아니라, 인력자원을 포함한 모든 생산자원에서 생산공정 전반을 아우르는 종합적인 생산시스템으로 발전하였다.

이러한 생각은 1990년대에 이르러 린 생산이라는 개념으로 발전하였는데, **린 생산**(lean production)은 고객이 원하고 필요로 하는 것 이외에는 모두 낭비로 간주하고 생산과정에서 이러한 낭비를 최대한 제거하여 단순하면서도 생산성이 높은 생산 방식을 말한다.

이 장에서는 이러한 린 생산의 출발점이자 기초가 되는 적시생산시스템만을 살펴보기로 한다.

8.1 칸반시스템

칸반시스템(kanban system)은 일본의 도요타자동차회사에서 시작된 일본식 생산/재고통제시스템을 말하며, 적시생산시스템(JIT) 초기의 구체적인 모습이기도 하다. 이는 부품이 필요할 때 바로 요청 신호를 보내 부품을 적시에 받을 수 있도록 고안된 부품운송시스템이다.

칸반(看板; kanban)은 일본어로 카드(card)라는 의미를 지닌 단어로서, 부품이 실려 있는 컨테이너(container)에 부착된 카드나 종이이며, 여기에는 부품명, 부품번호, 사용공정, 선행 및 후행 공정, 컨테이너 용량 및 저장장소 등이 적혀 있다. 칸반은 생산공정을 통하여 품목(부품)들의 회수 및 생산을 시작하는데 사용되며, 자재/부품의 흐름을 통제하는 일종의 정보시스템 역할을 한다고 볼 수 있다.

칸반의 종류에는 제품의 생산을 시작하는 데에서 사용하는 **생산칸반**(production kanban), 협력업체가 자재/부품을 납품하도록 하는 데에서 사용하는 **납품칸반**(vendor kanban), 자재/부품을 해당위치로 보내는 데에서 사용하는 **운송/이동/인출칸반**(conveyance/withdrawal kanban) 등이 있다.

칸반시스템은 운송칸반만을 이용하는 **단일칸반시스템**(single kanban system)과 운송칸반과 생산 혹은 납품칸반을 함께 이용하는 **이중칸반시스템**(dual kanban system)이 있다.

모든 컨테이너(운반기기)에는 칸반이 부착되어 있어야 하고, 컨테이너는 칸반의 지시가 있을 때에만 저장소에서 이동이 가능하며, 컨테이너의 크기와 실려있는 양품의 수량은 일정해야 한다. 아울러 컨테이너가 비어 있을 경우에만 생산하므로 필요한 만큼만 생산하며 불필요한 재고를 쌓아놓지 않게 되며, 작업장 내의 컨테이너의 수가 정해지고 나면 부품은 오직 컨테이너에 실려서 움직일 수 있으므로 이 부품의 최대재고는 작업장 내의 컨테이너에 실려 있는 부품의 숫자가 된다.

칸반시스템의 간단한 예를 그림으로 나타내면 [그림 8-1]과 같다. 자동차 조립공장이 어떤 부품 하나를 협력업체로부터 받아서 생산라인에서 차체에 조립하는 경우를 나타내고 있다. 협력업체('자')에서 다이아몬드 모양의 부품을 트럭에 싣고 공장 내부로 들어와 납품장소('사')에서 대기하고 있으면, 이와 접해 있는 부품보충구역 안쪽('가')의 빈 컨테이너에 부품을 채워넣으면서 '나' 구역으로 이동하고('가' 구역과 '나' 구역은 사실상 하나의 구역이지만 컨테이너의 부품적재 여부를 나타내기 위해서 따로 구분하였음), 부품으로 채워진 컨테이너를 만적컨테이너(full container) 대기장소('다')로 옮겨놓고 칸반을 떼서 칸반걸이에 걸어놓으면 부품조립구역('라')에서 만적컨테이너가 대기장소에 있다는 것을 알게 된다.

그림 8-1 칸반시스템

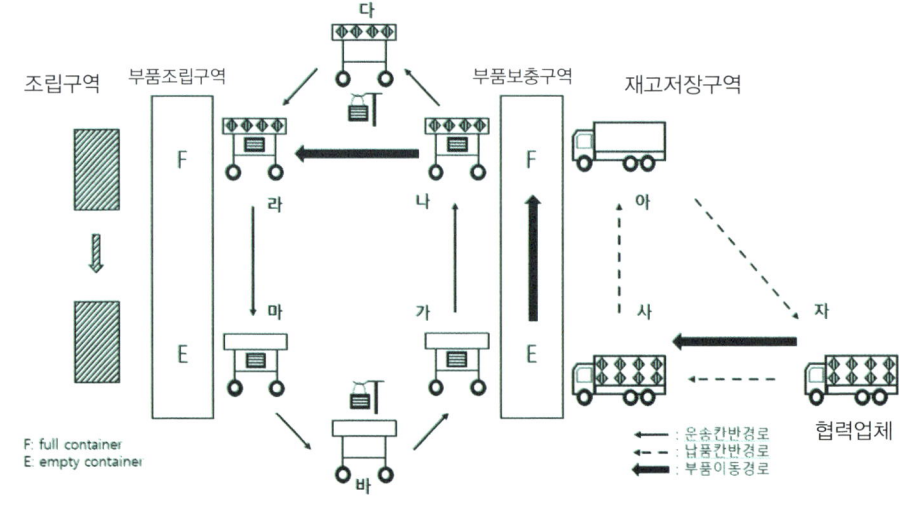

부품조립구역에서 부품을 조립하고 있다가 컨테이너에 있는 부품이 소진되고 나면 '라' 구역에서 '마' 구역으로 이동하고('라' 구역과 '마' 구역도 사실상 하나의 구역임), 빈 컨테이너(empty container)를 빈 컨테이너 대기장소('바')로 옮겨놓고 칸반을 떼서 칸반걸이에 걸어놓으면 부품보충구역('가')에서 빈 컨테이너가 대기장소에 있다는 것을 알게 된다.

'라' 구역에서는 부품 컨테이너가 없으므로 적재컨테이너 저장소('다')로 가서 칸반걸이에 걸려있는 칸반을 다시 적재컨테이너에 붙이고 '라' 구역으로 끌고 와서 부품 조립 작업을 진행한다. '가' 구역에서는 빈 컨테이너 저장소('바')로 가서 칸반걸이에 걸려있는 칸반을 다시 빈 컨테이너에 붙이고 '가' 구역으로 끌고 와서 부품을 채우게 된다.

협력업체('자')에서 온 부품 트럭은 납품장소('사')에서 대기하고 있으면서 빈 컨테이너가 올 때마다 부품을 실어주고 트럭에 실려있는 부품이 줄어들면서 '아' 구역으로 이동하고('사' 구역과 '아' 구역도 사실상 하나의 구역임), 트럭에 실려있는 부품이 다 소진되고 나면 다시 협력업체('자')로 복귀하게 된다. 여기서의 칸반은 트럭 앞면 유리창에 붙이고 운행하게 되는데, 조립공장의 요구가 있을 때에만 부품을 실은 트럭이 출발하게 된다.

협력업체에서 부품을 싣고 온 트럭은 '사' 구역에서는 부품이 가득 실려 있다가 부품을 점점 보충해주면서 '아' 구역에서는 빈 트럭이 되어 있고, 컨테이너도 '나', '다', '라' 구역에서는 부품이 가득 차 있는 반면에 '가', '마', '바' 구역에서는 비어 있으며, '가', '나', '라', '마' 구역의 컨테이너에는 칸반이 붙어 있지만 대기장소인 '다'와 '바' 구역에서는 칸반을 컨테이너에서 떼어내서 칸반걸이에 걸어놓아서 컨테이너에는 칸반이 없음을 나타내고 있다.

여기서는 두 종류의 칸반이 사용되고 있는데, 운송칸반(혹은 이동/인출 칸반)의 이동경로는 '가'-'나'-'다'-'라'-'마'-'바'가 되고, 납품칸반의 이동경로는 '자'-'사'-'아'가 되며, 부품이동경로는 '자'-'사'('가')-'나'-'라'가 된다.

시장수요가 변화할 때는 칸반(즉, 컨테이너)의 수를 증감하여 대처하게 된다. 이와 유사한 예로 놀이공원의 롤러코스터를 들 수가 있는데, 이용자가 적은 주중에는 롤러코스터 한 대만 투입하여 운영하다가, 이용자가 많은 주말에는 롤러코스터 두 대나 세 대를 동시에 투입하여 운영하는 것과 같은 원리다.

그리고 작업장 내에 있는 컨테이너 전부에 부품이 다 차서 있으면 생산이나 보충을 중단하게 되며, 이때가 작업장 내에 있는 부품이 최대 재고량에 도달할 때이다.

작업장 하나를 운영하기 위해 필요한 컨테이너(칸반)의 숫자는 컨테이너 하나가 순환하는 데에 걸리는 시간(컨테이너에 부품을 채우고 이동하고 기다리며 부품이 소진된 후 처음 구역으로 돌아올 때까지 걸린 시간) 동안에 필요한 부품의 총숫자(이 순환시간에 후속공정의 단위시간당 수요량을 곱하여 구함)를 컨테이너의 용량으로 나눠주면 구할 수 있으며, 컨테이너가 이 숫자보다 작으면 안 되므로 이 숫자가 정수가 아닌 소수이면 이 소수보다 더 큰 정수로 정해야 한다.

예제 8-1 필요한 컨테이너 숫자와 최대재고량

자동차조립공장의 어느 작업장에서 컨테이너 하나의 순환시간이 90분이고, 후속공정의 부품이 분당 두 개씩 들어가며, 컨테이너 하나당 부품이 25개씩 실을 수 있을 때, 이 작업장 운영에 필요한 컨테이너의 숫자는 최소한 몇 대가 있어야 하고, 이 작업장에서 부품의 최대재고량은 얼마인가?

〈예제 8-1〉의 경우 컨테이너 하나의 순환시간(90분) 동안에 필요한 부품의 총량은 2(개/분)*90(분)=180(개)이고, 이를 컨테이너의 용량(25개)으로 나누면 180(개)/25(개/대)=7.2(대)가 되어서, 이 작업장 운영에 필요한 컨테이너의 숫자는 최소 8대의 컨테이너가 필요하게 되며, 이때 부품의 최대재고량은 25(개/대)*8(대)=200(개)가 된다.

8.2 적시생산시스템의 효과

적시생산시스템(JIT)은 수요와 공급의 속도를 맞추고 낭비 요소를 줄이기 위하여 이에 적합하도록 종전의 생산체계를 변경하는 것은 물론이고 협력업체(납품업체)들과의 관계도 보다 더 긴밀하게 개선해 나간다.

아울러 생산준비시간도 단축하거나 거의 없다시피 할 정도로 축소함으로써, 수요 측면에서의 변화에 대처하는 유연성이 높아지며, 생산준비비용(S)을 낮추게 된다. 이는 곧 한 번에 생산하는 로트의 크기를 매우 작게 만들게 된다.

이는 6장에서 다루었던 경제적 생산량(EPQ) 모형의 공식 (6.8)을 보면 좀 더 명확해진다.

$$Q^* = \sqrt{\frac{2SD}{h'}} \tag{8.1}$$

위 식에서 생산준비비용 S가 작아지게 되면, 경제적 생산량 Q^*가 작아지게 되고, S가 0에 근접하면 Q^* 또한 매우 작아지게 되며, 그렇게 되면 평균재고 또한 줄어들게 된다.

이는 EPQ 모형의 평균비용 $G(Q)$의 그래프를 통해서도 확인할 수 있는데, [그림 8-2]에서 적시생산시스템의 생산준비비용 S가 작아지면 $G(Q)$의 그래프가 실선에서 굵은 점선으로 변하게 되어, 생산준비비용 S의 감소가 평균 비용 $G(Q)$를 낮추게 되고, 이에 따라서 이를 최소로 하는 경제적

그림 8-2 생산준비비용과 경제적 생산량의 관계

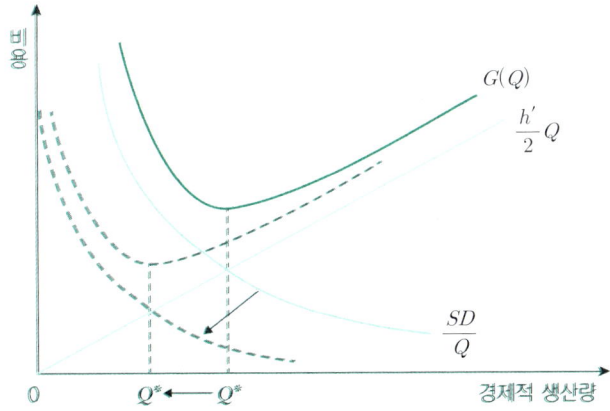

생산량 Q^*를 작아지게 하는 것을 확인할 수 있다.

8.3 JIT와 MRP의 비교

먼저 push system과 pull system에 대해서 알아본 후, JIT와 MRP를 비교해 보도록 하지. push system은 전(前)공정(예: 다리 및 난간 제작공정)에서 후(後)공정(예: 다리 조립품 조립공정)으로 생산품을 내려보내는 방식으로서 보통의 일반 공장에서 흔히 볼 수 있는 MRP 체제에서 쓰이고, **pull system**은 후공정에서 필요 부품을 전 공정에 주문하는 방식으로서 도요타의 자동차조립공장과 같은 JIT 체제에서 쓰인다. push system에서는 생산이 끝난 품목을 내보내는 것이 조달기간 등으로 사전에 계획되어 있어서 계획된 때(조달기간이 도달한 시점)가 되면 무조건(후공정의 상황이 어떤지에 무관하게) 밀어내는(push) 반면, pull system에서는 미리 계획된 시간이 있는 게 아니라 내보낼 필요가 생길 때(즉, 후공정에서 쓰이는 컨테이너가 비어서 채울 필요가 생길 때) 승인(JIT의 경우는 칸반에 의해서)을 받아서 전 공정으로부터 잡아당겨(pull) 가져오게 된다.

push system에서 품목은 프로세스 내의 재고의 유무와는 무관하게 이 과정에 투입이 되는 반면에, pull system에서는 고객과 가장 가까이에 있는, 즉, 프로세스의 맨 아래(하류)에 있는 자원이 시장의 수요와 그 생산속도를 같이 하게 된다. 그래서 push system의 경우 맨 아래에 있는 자원의 활용정도가 낮게 되면, 상류로 거슬러 올라가면서 재고가 쌓이게 되어 프로세스 전체적으로 볼 때 많은 양의 재고가 쌓이게 되지만, pull system은 그럴 염려가 없다는 게 강점이다.

그렇기 때문에 JIT의 경우는 필요한 만큼만 생산을 하게 되므로 MRP에 비해서 재고가 당연히 줄어들게 된다. 여기서 칸반은 필요한 품목을 언제, 얼마만큼 달라고 요청하는 일종의 청구서인 동시에, 얼마만큼 인수했다는 영수증 역할도 하는 셈이다.

JIT가 잘 작동하기 위해서는 수요의 변화가 거의 없고, 협력업체(vendor)가 안정적이면서 믿을 만해야 하고, 생산준비시간이 매우 작아야 한다. 이 중 하나라도 문제가 있으면 JIT는 결코 MRP보다 더 좋다고 할 수가 없다. 물론 MRP는 이런 선호환경이 갖추어지든 그렇지 않든 좋은 결과를 보여주는 편이다.

MRP와 MRP II의 관계처럼, JIT II(부품수급혁신)는 발주회사와 공급회사가 하나의 가상기업처럼 인식이 될 만큼, 양사 간 중복업무를 대폭 축소하여 효율성을 높이고, 신제품 개발단계서부터 공급사의 기술요원이 상주하여 함께 신제품 개발 프로젝트를 수행하기도 한다.

8.4 작업자와 공급자

적시생산시스템(JIT)하에서의 작업자는 종전의 제조방식과는 달리 다기능작업자(multi-function worker)가 되어야 하는데, 자신이 주로 맡고 있는 작업 이외에도 필요할 경우 다른 작업도 할 수 있어야 하며, 웬만한 정도의 기계정비를 할 수가 있고, 자신이 사용하고 있는 부품의 품질검사도 할 수 있어야 한다. 그러므로 JIT에서 요구하는 작업자들은 종전의 방식에서 보다 생산효율이 높아지지만 그만큼 긴장도 많이 해야 해서, 그에 상응하는 보수/보상제도 등도 정비해야 한다. 따라서 JIT는 작업자들의 충분한 이해와 협조가 매우 중요한 요건이 된다.

적시생산시스템(JIT)하에서의 공급자(납품업자)는 다른 회사로 인식되기보다는 자동차조립회사의 외부공장 내지 생산팀의 일원으로 간주되고, 반응시간을 단축시킬 수 있도록 지역적으로 자동차조립회사와 가까이 있어야 하며, 필요하다면 납품도 하루에 여러 번 가능해야 하거나, 여러 납품업자들이 하나의 차량을 이용하여 공동으로 납품도 할 수 있어야 한다.

적시생산시스템(JIT)에서 재고가 감소한다고 할 때의 재고는 재공품재고(WIP)를 의미한다. 고객수요의 불확실성에 대비하기 위해서 가지고 있는 완제품 재고는 JIT도 어쩔 수가 없이 가지고 있어야 한다. JIT는 조립공장 내의 재공품재고를 낮추는 효과가 있지만, 불확실성에 대비하는 재공품들이 조립공장 내에서 납품업체로 이동함으로써 재고부담을 납품업체에게 전가한다는 비판도 있는 게 사실이다.

과거의 대량생산방식에서 다수의 공급자들을 상대로 서로 경쟁을 하도록 하여 단기계약을 주로 하면서 납품가격과 품질 경쟁을 시켰다면, 적시생산시스템(JIT)에서는 소수의 공급자들을 상대로 장기계약을 하여 품질 향상과 가격 안정을 추구하는 것이 일반적이다.

8.5 린 서비스

린 서비스는 JIT에서 발전한 린 생산을 확장하여 서비스 분야에 적용한 것으로, 고객에 대한 서비스 전달과정에서 낭비 제거, 지속적 흐름, 고객수요 당김에 중점을 둔다. 서비스 분야 중 서비스 전달과정이 같거나 반복적인 경우, 린 생산을 적용하여 낮은 비용과 일관된 품질이라는 생산성에 도달할 수 있다.

린 서비스의 사례로써 회전초밥 전문점을 살펴보자. 회전초밥 전문점에서 컨베이어 위에는 고객수요가 많은 다양한 종류의 초밥이 가격별로 색이 다른 접시에 담겨 계속 돌아가고, 컨베이어 밖에는 자리에 앉은 고객이 원하는 초밥을 골라서 먹은 후 가격별 접시 수에 따라 비용을 지불하며, 컨베이어 안에는 요리사가 위치하여 고객수요가 많은 초밥과 적은 초밥을 구분한 후 즉각적으로 고객수요에 맞춘 초밥을 만들어서 컨베이어 위에 놓는다. 회전초밥 전문점에서 고객수요가 적거나 불필요한 초밥은 컨베이어 위에서 돌아가지 않으므로 재료의 낭비를 감소시킬 수 있고, 초밥을 만들고 이를 고객에게 전달하는 과정과 고객이 식사하고 비용을 지불하는 과정이 지속적으로 반복되며, 요리사가 초밥에 대한 고객 반응을 즉각적으로 판단하고 대응하기 때문에, 고객수요 당김에 시간과 비용이 추가로 들지 않는다.

따라서 린 서비스는 표준화된 서비스가 라인 흐름으로 고객에게 전달되는 과정에서 활용될 수 있다. 예를 들어, 고객들을 대상으로 동일한 전달과정이 반복되는 활동들을 포함하는 물류, 항공, 은행 등의 서비스가 대표적이다. 그렇지만, 법률 서비스 또는 미용 서비스처럼 고객화의 정도가 높은 분야의 경우 린 서비스를 적용하기 어려우며, 단지 린 생산의 원리를 고려하는 수준에 머물게 된다.

연습문제

8-1 어느 자동차조립공장의 부품조립구역에서 운영하는 부품 컨테이너의 용량은 40개, 부품의 시간당 수요율은 200개, 컨테이너의 순환시간이 4시간이라고 할 때, 다음 물음에 답하여라.

    a) 이 시스템을 운영하는 데 필요한 컨테이너는 몇 대인가?
    b) 이때의 최대 재고수준은 얼마인가?
    c) 칸반카드는 몇 개나 필요한가?

8-2 어느 자동차조립공장의 부품조립구역에서 운영하는 부품 컨테이너의 용량은 50개, 부품의 시간당 수요율은 150개, 컨테이너의 순환시간이 2시간이라고 할 때, 다음 물음에 답하여라.

    a) 이 시스템을 운영하는 데 필요한 컨테이너는 몇 대인가?
    b) 이때의 최대 재고수준은 얼마인가?
    c) 칸반카드는 몇 개나 필요한가?

탐구문제

8-3 당신이 경험한 패스트푸드 식당, 병원, 자동차 정비센터 중 하나를 선택하여, 린 생산이 이들 업체의 서비스 전달과정을 개선하기 위해 어떻게 적용될 수 있는지 토론해 보자.

8-4 '음식물쓰레기를 종량제봉투에 담는 것', '낙엽을 자루에 담는 것'과 같은 각 상황과 칸반시스템의 유사점은 무엇인가?

CHAPTER 09

공급사슬관리

9.1 채찍효과
9.2 구 매
9.3 판 매
9.4 공급사슬의 성과
9.5 공급사슬의 발전
9.6 공급사슬의 설계

공급사슬(supply chain)이란 어떤 제품의 원자재 공급업체와 그 제품을 중간재나 최종제품으로 변환하는 생산업체, 그리고 최종제품을 고객에게 판매하는 유통업체는 물론 그 제품을 구매하는 고객에 이르기까지의 상호 연결된 사슬을 말한다.

공급사슬에서는 자재나 제품의 이동을 흐르는 강물과 비유하여, **하류(downstream)**는 공급자로부터 고객 쪽으로의 방향을 의미하며, 이 방향으로는 자재나 제품 및 이와 관련된 정보(공급량, 재고량, 송장 등)가 흘러서 내려가고, **상류(upstream)**는 하류와는 반대로 고객에서 공급자 쪽으로의 방향을 의미하며, 제품의 대금, 자재나 제품의 불량품이나 반환품 및 이와 관련된 정보(수요량, 판매예측치 등)가 거슬러 올라간다.

공급사슬관리(supply chain management; SCM)란 공급자, 생산자, 유통업체 및 고객으로 이어지는 공급사슬의 제품, 서비스 및 정보의 흐름을 전체 시스템의 관점(total systems approach)에서 관리하는 것을 말하며, 공급사슬에서 제품, 서비스 및 정보가 원활하게 오고 가도록 불확실성을 최소화하여 공급사슬 전체의 재고수준을 낮추고 조달기간(lead time)을 줄이며 고객서비스의 수준을 향상시키는 것을 목적으로 한다. 즉, 공급사슬 상의 개별 기업 단위 차원의 최적화가 아니라 공급자, 생산자, 유통업체 및 고객으로 이루어지는 구성요소들 전체 차원의 최적화를 달성하고자 하는 것이다.

이는 공급사슬 전체에서 창출되는 부가가치가 생산업체보다는 다른 구성요소들에서 더 많이 발생하게 되면서 공급사슬 전체 관점에서의 관리가 필요하게 되었기 때문이며, 개별기업의 경쟁력과 효율성이 중요했던 단계를 지나 구성요소들 간의 긴밀한 협조와 전체적인 효율성 제고가 더 중요한 단계로 들어섰기 때문이기도 하다.

공급사슬의 상류에서 원자재나 부품이 공급업체로부터 생산(제조)기업으로 흘러가는 것을 **구매(purchasing)**, 하류에서 완제품이 생산(제조)기업에서 유통업체를 거쳐 고객에게 흘러가는 것을 **판매(sales)**라고 부르며, 본 장에서는 구매와 판매 부분의 주요 사항과 공급사슬의 성과 및 개선에 대해서 간단히 살펴보기로 한다.

9.1 채찍효과

채찍효과(bullwhip effect)란 공급사슬의 한 지점에서 발생한 수요 변화가 공급사슬의 상류로 거슬러 올라가면서 그 변동성이 점점 더 증폭되는 효과를 말한다. 즉, 공급사슬의 하류에 있는 소매점의 수요 변화가 상류에 있는 도매점/제조기업 단계에서 더 증폭되는 효과인데, 이는 채찍(bull-whip)의 손잡이를 잡고 흔들었을 때 손잡이 쪽은 진폭이 작더라도 손잡이에서 멀어질수록 그 진폭이 점점 더 커지는 모양과 같다고 해서 붙여진 이름이다.

채찍효과가 커지면 공급사슬 내의 어느 곳에서는 제품이 부족한 반면 다른 곳에서는 제품이 남아돌기도 하고, 결과적으로는 생산능력의 활용률이 낮아지고 제품의 품질이 나빠질 수도 있다. 채찍효과는 공급사슬 전체의 성과를 저해하는 요인이 된다. 즉, 채찍효과가 클 경우, 공급사슬의 상류지점 입장에서는 하류로부터 오는 수요의 변동성이 크다는 어려움을 감내해야 하지만, 하류지점 입장에서도 상류로부터 오는 공급의 안정성이 낮아지는 불안을 겪어야 하기 때문이다.

〈예제 9-1〉의 경우 평소 안정상태에서는 소매상이 도매상에 매주 10개씩 주문을 넣고 그로부터 2주 뒤마다 10개의 주문량이 소매상에 도착하게 된다. 소매상은 수요를 충족하고 적정재고를 유지하기 위해서 주문량을 조절하게 된다.

예제 9-1 채찍효과의 간단한 예

공급사슬 내에 도매상과 소매상이 하나씩만 존재하고 소매상이 주문을 넣으면 조달기간(lead time) 2주가 지난 후에 주문량이 도착하며, 소매상의 매주 수요량이 10개이고 적정 재고량도 10개라고 가정하자. 이때 소매상의 수요가 일시적으로 20개로 늘었다가 다시 10개로 돌아왔다면, 향후 소매상과 도매상에는 어떠한 변화가 일어날지 살펴보도록 하자.

표 9-1 소매상의 수요 및 재고 변화

주	1	2	3	4	5	6	7
도착	10	10	10	20	20	10	0
수요	10	20	10	10	10	10	10
재고	10	0	0	10	20	20	10
주문	10	20	20	10	0	0	10

〈표 9-1〉에서 보듯이, 2주 차에 수요가 20개로 잠깐 늘었다가 3주 차부터 도로 10개로 정상으로 돌아올 경우, 2주 차에는 기존의 재고 10개와 2주 전에 도매상에 주문하여 이번에 도착한 10개를 모두 판매하게 되어, 2주 차의 재고는 0이 되므로, 2주 차에는 도매상에 20개(평균수요 10개와 적정재고 10개)를 주문하게 된다. 3주 차에는 1주차에 주문했던 10개가 도착하고 재고는 없으므로 이 10개를 모두 판매하게 되어 재고가 없으므로 다시 20개를 주문하게 된다. 4주 차에는 2주 차에 주문했던 20개가 도착하고 재고는 없으므로 10개를 판매하고 10개가 재고로 남게 되어 10개만 주문하게 된다. 5주 차에는 3주 차에 주문했던 20개가 도착하고 재고가 10개가 있으므로 10개를 판매하고 20개가 재고로 남게 되고 주문하지 않게 된다. 이후로도 같은 방식으로 도착, 수요, 재고, 주문이 어떻게 변하는지 계산할 수 있다. 여기서 보면, 소매상의 수요는 잠깐 10만큼 변했다가 평소의 수요(10개)로 돌아와 변화의 진폭이 10개인데 반해, 소매상이 도매상에 주문하는 양의 변화를 보면 20개에서 0개로 변화의 진폭이 20개가 되어 소매

상보다 더 커진 걸 볼 수가 있다. 즉, 채찍의 손잡이에 해당하는 소매상에서는 변화의 진폭이 10개이지만, 채찍의 끝부분에 해당하는 도매상에서는 변화의 진폭이 20개로 커지는 걸 볼 수가 있다.

총공급사슬주기(total supply chain cycle time)는 공급사슬 내의 모든 지점(단계)의 조달기간(lead time; 주문주기)을 합한 것인데, 총공급사슬주기가 커질수록 채찍효과도 점점 더 커지게 된다. 따라서 이런 이유로 발생하는 채찍효과를 줄이기 위해서는 각 지점(단계)의 조달기간을 가급적 줄이려는 노력이 필요하다.

공급사슬 내의 한 도매점이 제품을 공급해주는 소매점들이 여러 개일 경우, 소매점들이 고정주문비용을 줄이기 위해서 수요를 모아서 매월 혹은 매주 한 번씩 정기적으로 주문하게 되고, 소매점들이 대개 비슷한 시기(가령 매월 말일이나 매주 금요일)에 주문을 넣게 되면 도매점의 주문량의 변화폭이 더욱 더 커지게 되며 채찍효과도 더 커지게 된다.

아울러 소매점들이 주문을 할 때, 박스, 팔레트, 트럭 등의 특정 단위로 주문을 한다면, 일일수요량이 누적되어 이 단위를 넘어서게 될 때 이 단위로 주문을 하게 된다. 예를 들어, 50개 들이 박스 단위로만 주문한다고 가정하면, 필요량이 50개를 넘어서야 비로소 한 박스를 주문하게 되는데, 이러한 상황도 채찍효과를 크게 만드는 요인이 된다.

채찍효과를 완화하기 위해서 먼저 생각할 수 있는 것은 공급사슬 전체가 자재나 제품 관련 정보를 공유하는 시스템을 구축하는 것이다. 소매점에서의 변화를 도매점이 가능한 한 빨리 인지하게 된다면 채찍효과가 줄어들 수 있다. 그리고 소매점이 한 번 주문하는 데에 드는 주문비용, 운송비용, 취급비용 등을 줄이기 위하여 주문을 모아서 한꺼번에 하려는 경향이 있는데, 여러 소매점들이 하나의 도매점으로부터 공급을 받을 때 공동으로 하나의 유통업체를 이용한다면 좀 더 자주 주문을 할 수가 있어서 주문이 한 시점에 몰리지 않고 여러 시점으로 분산되는 효과를 얻을 수 있다. 이 외에도 과거의 수요 패턴을 분석하여 사전에 미리 재고를 충분히 유지함으로써 수요의 급격한 변화에 대응할 수도 있다.

9.2 구 매

　구매(purchasing)는 생산(제조)기업 입장에서 볼 때, 공급업체로부터 원자재나 부품 혹은 완제품을 사오는 것을 말한다. 그런데 완제품에 필요한 원자재를 공급 받아서 기업 내부에서 부품이나 중간재를 생산하여 완제품을 만들 수도 있고, 원자재와 부품의 일부를 외부로부터 사다가 완제품으로 조립할 수도 있고, 아예 완제품 자체를 외부 업체에서 사다가 자신의 브랜드 상표를 부착하여 판매할 수도 있다.

　즉, 재화나 서비스를 기업 내부에서 생산할 수도 있고, 외부에서 구매할 수도 있는데, 예전에는 내부생산이 주를 이루었다면 이제는 중요한 것들은 내부에서 생산하고 그렇지 않은 것들은 외부에서 구매함으로써 생산원가를 낮추는 경향이 점점 더 강해지고 있다.

　아웃소싱(outsourcing)은 기업 내부에서 담당하던 업무의 일부를 기업 외부의 제3자에게 위탁하여 처리하는 것을 말한다. 이것은 일부 업무나 기능을 기업 내부에서 담당하기보다는 기업 외부에서 조달하는 것이 경제적으로 더 유리하고 경영 효과 및 효율의 극대화를 이룰 수 있기 때문이다. 아웃소싱은 기업이나 조직의 서비스와 기능을 기업 내부에서 제공 혹은 조달하는 방식인 인소싱(insourcing)과 반대되는 개념으로서, 1980년대 후반에 미국의 제조업 분야에서 활용되기 시작하면서 전 세계 기업들로 확산되어 왔는데, 이는 기업의 내부조달(인소싱)을 통한 생산비용보다 외부의 전문업체로부터의 구매(아웃소싱)를 통한 거래비용이 훨씬 적게 들 경우에 유리하다. 일반적으로 어떤 기업이 모든 분야에서 최고를 유지하기 어렵기 때문에, 해당 기업이 잘하는 분야나 핵심역량에 자원을 집중시키고 나머지 업무는 외부의 전문기업에 위탁 처리함으로써 경제효과를 극대화할 수 있다. 하지만 기존에 기업 내부에서 담당하던 업무를 외부 기업에 위탁하게 되면, 기존 업무를 담당하던 종업원의 해고가능성이 높아진다는 단점이 있는데, 이런 종업원들에 대해 재교육이나 재훈련을 통해 새로운 업무에 재배치하거나, 이런 사업부를 새로운 업체로 분리 독립시키기도 한다.

오프쇼어링(offshoring)은 기업이 경비를 절감하기 위해 기업 내부에서 수행하던 업무(생산이나 서비스 등)를 해외의 기업(동일 기업의 국외 설비이거나 아예 다른 기업)에 맡겨 처리하는 것을 말한다. 오프쇼어링은 21세기에 들어서면서 미국의 기업들이 생산과 서비스 등을 인건비가 싼 중국이나 인도로 이전하기 시작하면서 본격화되었으며, 오프쇼어링 대상 업무는 초기에 콜센터, 데이터 분석, IT 서비스 등에서 시작하여 지금은 인터넷과 디지털 기술이 발달하면서 제품 연구 및 신제품 디자인, 회계 등으로 다양하게 확산되고 있다. 하지만 오프쇼어링은 국내 자본과 설비가 임금이 저렴한 해외로 빠져나가기 때문에, 이를 담당하던 국내의 근로자들이 실직한다는 단점이 생길 수도 있다.

글로벌소싱(global sourcing)은 기업이 외부조달 비용의 절감을 위하여 구매활동 범위를 범세계적으로 확대하여 국외에서 부품이나 완제품을 조달하는 형태를 의미한다. 예를 들어, 제조기업이 자신의 핵심 역량을 전략 분야에 집중시키고 국외에서 싼 부품을 신속하게 조달함으로써 생산단가를 낮출 수가 있다.

공급업체의 선택은 생산/제조기업의 제품 품질에 직접적인 영향을 주므로, 제품의 특성과 기업의 핵심역량 및 비교 우위 등을 고려하여 신중하게 해야 하는데, 선택 기준으로는 주로 가격, 품질, 납기 등을 주로 고려한다. 우선은 각 기준에 대한 가중치를 배정하고 입찰에 참여한 업체들 각각에 대해서 기준별로 평가를 한 후에 이 두 가지를 각각 곱하여 가중평균 점수를 계산하여 그 중 가장 점수가 높은 업체를 선정하는 게 보통이다.

평가 기준에 대한 가중치 배정 및 공급업체에 대한 평가는 민감한 사안이다 보니, 구성원 한 명(예: 구매본부장)이 담당하기보다는 외부의 전문가들의 의견을 모아서 처리하려는 경향이 강한 편이며, 이때 많이 사용하는 방법 중 하나가 **계층분석과정**(AHP: analytic hierarchy process)이라서, 여기서는 AHP에 대해 간단히 살펴보기로 한다.

먼저 공급업체는 세 업체(S1, S2, S3)가 지원하였고, 평가 기준으로 품

표 9-2 평가기준의 상호 비교 행렬

기준	품질	가격	납기	기준	품질	가격	납기	가중치
품질	1	2	4	품질	4/7	6/10	4/8	0.557
가격	1/2	1	3	가격	2/7	3/10	3/8	0.320
납기	1/4	1/3	1	납기	1/7	1/10	1/8	0.123
합계	7/4	10/3	8	합계	–	–	–	1.000

질, 가격, 납기를 고려하고 있으며, 외부의 전문가에게 가중치를 문의해서 〈표 9-2〉의 왼쪽 표와 같은 수치를 얻었다고 가정하자.

〈표 9-2〉의 왼쪽 행렬(원래의 행렬)은 가로를 기준으로 하여 표를 작성해야 하는데, 처음 표의 숫자를 하나씩 살펴보면, 첫 번째 줄은 품질을 기준으로 할 때의 다른 기준들의 상대적 중요도를 나타낸 것으로서, 품질은 가격보다 2배 중요하고, 품질은 납기보다 4배 중요하다는 뜻이며, 그다음 줄은 가격을 기준으로 할 때 가격은 품질보다 1/2배 중요하고 납기보다 3배 중요하며, 세 번째 줄은 납기를 기준으로 할 때 납기는 품질보다 1/4배 중요하고 가격보다 1/3배 중요하다는 뜻이다. 그러므로 이 숫자를 종으로 합한 값(합계)이 작을수록 그 항목이 상대적으로 중요하다고 볼 수 있다.

여기서 품질이 가격보다 2배 중요하고 가격이 납기보다 3배 중요하다면 품질은 납기보다 6배 중요해야 하나, 이 표에서는 4배 중요하다고 생각한다는 뜻인데, AHP는 이렇게 판단의 일관성(혹은 일치성)이 다소 흔들려도 용인해주고 있다는 점이 특징이다.

〈표 9-2〉의 오른쪽 행렬(조정된 행렬)은 각 기준 항목에 대해 상대적인 중요성을 합이 1이 되도록 표준화한 것으로서, 품질을 기준으로 할 때 종으로 품질 : 가격 : 납기의 중요도는 1 : 1/2 : 1/4이므로, 이를 합계 7/4로 나누어 4/7 : 2/7 : 1/7로 만들면 합이 1이 된다. 가격과 납기도 각각 10/3과 8로 나눠주면 위의 표와 같이 상대적 중요도를 계산할 수 있다.

맨 오른쪽의 가중치는 품질의 상대적인 중요도를 품질, 가격, 납기 기준으로 계산한 세 개의 숫자의 평균을 낸 것이다. 즉, (4/7+6/10+4/8)/3 = 0.557이 된다. 따라서 이 의사결정자의 평가기준(품질, 가격, 납기)의 상대적인 중요도는 각각 0.557, 0.320. 0.123이 되며, 평가가 왜곡이 되지 않도록 이들의 합계는 반드시 1.000이 되도록 보정해줘야 한다(보정하는 방법은 2장 예측에서의 표준계절지수의 보정 방법을 참고하기 바란다).

다음으로 대안(공급업체)을 비교해 보자. 원래의 행렬은 평가기준(품질, 가격, 납기) 각각에 대하여 세 개의 업체(S1, S2, S3)의 상대적인 점수를 계산하게 된다. 왼쪽 원래의 행렬은 평가기준을 비교할 때와 동일한 방법으로 진행하면 된다. 즉, 품질이라는 평가기준에 대하여, S1을 기준으로 할 때 S1은 S2보다 4배 우수하고, S3보다 5배 우수하며, S2는 S3보다 2배 우수하다고 하면 아래와 같은 표(〈표 9-3〉)가 만들어진다. 여기서 각 평가기준에 대한 점수들의 합은 꼭 1.000이 아니어도 상관이 없다.

이어서 각 평가기준 별 가중치에 각 공급업체의 해당 점수를 곱하여 평가점수를 계산하면 〈표 9-4〉와 같으며, 평가점수가 0.507로 가장 높은 공급업체(S1)를 선택하면 된다.

이와 같은 과정은 전문가 한 명에 대한 것이므로, 전문가 여러 명일 경우는 이러한 과정을 전문가 숫자만큼 여러 번 수행하여 얻은 평가점수들

표 9-3 공급업체들의 상호 비교 행렬

기준/공급업체		S1	S2	S3	S1	S2	S3	점수
품질	S1	1	4	5	20/29	8/11	5/8	0.681
	S2	1/4	1	2	5/29	2/11	2/8	0.201
	S3	1/5	1/2	1	4/29	1/11	1/8	0.118
	합계	29/20	11/2	8	–	–	–	1.000
가격	S1	1	1/2	3	3/10	2/7	3/8	0.320
	S2	2	1	4	6/10	4/7	4/8	0.557
	S3	1/3	1/4	1	1/10	1/7	1/8	0.123
	합계	10/3	7/4	8	–	–	–	1.000
납기	S1	1	2	1/5	2/13	2/6	3/23	0.206
	S2	1/2	1	1/3	1/13	1/6	5/23	0.154
	S3	5	3	1	10/13	3/6	15/23	0.640
	합계	13/2	6	23/15	–	–	–	1.000

표 9-4 공급업체들의 평가점수

공급업체	품질		가격		납기		평가점수
S1	(0.557)(0.681)	+	(0.320)(0.320)	+	(0.123)(0.206)	=	0.507
S2	(0.557)(0.201)	+	(0.320)(0.557)	+	(0.123)(0.154)	=	0.309
S3	(0.557)(0.118)	+	(0.320)(0.123)	+	(0.123)(0.640)	=	0.184
합계	−		−		−		1.000

을 평균 내어서 최종점수로 사용하면 된다.

생산기업과 공급업제 사이의 관계는 시로 경쟁적이거나 협력적일 수 있다. **경쟁적 관계**(competitive relationship)란 생산기업과 공급업체가 서로 상대방을 경쟁자로 인식하여 각자 이득을 더 얻어내기 위해 노력하는 관계를 말한다. 이 경우 계약이나 거래가 단기적이면서, 시장에서의 주도권을 가진 쪽에 유리하게 진행되는 게 보통이다. **협력적 관계**(cooperative relationship)란 생산기업과 공급업체가 서로 상대방을 경쟁자가 아닌 파트너로 인식하여, 서로 협력하여 부품의 품질 향상이나 새로운 부품 개발에 대해 함께 노력하는 관계를 말한다. 이 경우 계약이나 거래가 비교적 장기적이면서, 특별히 문제가 없다면 거래가 오래 유지되는 게 보통이다.

단일공급자전략(single sourcing strategy)은 어떤 부품을 하나의 공급업체로부터 구매하는 전략을 말하고, **다수공급자전략**(multiple sourcing strategy)은 어떤 부품을 여러 공급업체로부터 구매하는 전략을 말한다. 공급업체의 수가 늘어나면, 공급업체들 간의 경쟁으로 납품가격이 줄어들고 공급중단의 위험이 줄어들 수 있지만, 공급업체에 대한 관리가 복잡해질 수 있다. 일반적으로 경쟁적 관계에서는 다수공급자전략을, 협력적 관계에서는 단일공급자전략을 취하는 게 보통이다.

집중구매(centralized purchasing)는 여러 개의 지점이 있을 경우 각 지점의 필요량을 한꺼번에 모아서 본점에서 일괄 구매하는 반면, **분산구매**(decentralized purchasing)는 각 지점들이 독립적으로 자신이 필요한 양을 따로 구매하는 걸 말한다. 집중구매는 구매하는 양이 크다 보니 구매력이 커지면서 구매비용을 줄일 수 있으나, 구매에 걸리는 시간이 길고 각 지점의 특성을 반영하기가 어려운 편이다. 분산구매는 집중구매와 반대의 특성을 가지게 된다. 최근에는 환경에 대한 관심이 높아지면서 구매에서도 환경을 고려하게 되었는데, 그린구매(green purchasing)는 공급업체의 생산 활동이 환경에 미치는 영향이 좋은지 여부도 함께 고려하여 구매하는 것을 의미한다.

9.3 판 매

판매(sales)는 완제품이 생산(제조)기업으로부터 유통업체를 거쳐 고객에게까지 흘러가는 것을 말하며, **배급**(distribution), **유통**(distribution), 혹은 **로지스틱스**(logistics)라고 부르기도 한다. 여기서는 용어의 설명을 위해, 완제품 재고의 배치에 대해서만 살펴보기로 하자.

전방배치(forward placement)는 완제품 재고를 공급사슬의 전방에 배치하는 것으로서, 고객에게 가깝도록 도매점이나 소매점, 물류창고, 혹은 배급센터 등에 배치하는 것을 말한다. 완제품을 전방에 배치하면, 완제품의 위치가 고객과 가까이 있어서 주문을 받으면 신속하게 배달이 가능하고 수송비용도 낮출 수 있다는 장점이 있지만, 고객수요의 불확실성에 대비하기 위해 완제품이 도/소매점이나 배급센터 등에 흩어져 있어서 공급사슬 전체로 볼 때는 재고가 많아지고, 지역별 수요변동이 심할 때는 배급센터 간의 재수송이 늘어난다는 단점이 존재한다.

후방배치(backward placement)는 중앙집중적 배치(centralized placement)라고도 부르며, 완제품 재고를 공급사슬의 후방에 배치하는 것으로서, 생산공장 자체나 대규모의 중앙 창고에 가지고 있는 것을 말한다. 완제품을 중앙에 모아놓다 보니, 지역별 수요변동이 심할 때 서로 음양이 상쇄되어 완충이 가능하므로 전체 시스템의 재고수준을 낮출 수 있다는 장점이 있지만, 고객수요가 있을 때마다 작은 단위의 수송을 자주하게 되어

수송비용이 증가한다는 단점이 있다.

재고공유효과(inventory pooling)는 고객수요가 불확실하거나 지역별 변동이 클 경우에 완제품을 후방배치하여 중앙에 공유하고 있으면, 지역별 불확실성이나 변동성이 상쇄되어 공급사슬 전체의 재고수준을 낮추는 효과를 말한다.

수요의 불확실성에 대비하기 위한 재고생산을 할 경우에는 신속한 납품이 가능한 전방배치가 유리하지만, 고객의 주문을 받아 생산하는 주문생산의 경우는 선후방배치에 따른 유불리는 존재하지 않는다.

9.4 공급사슬의 성과

전체 시스템의 차원에서 공급사슬을 관리함으로써 얻어지는 공급사슬의 성과(원가, 품질, 납기, 재고 등)에 관한 척도 중 주요한 것들을 몇 개만 살펴보도록 하자.

총공급사슬원가(total supply chain cost)는 공급사슬 전체에 걸쳐 발생하는 원가의 총합으로서, 공급업체의 자재나 구성품 생산원가, 생산(제조) 기업의 완제품 생산 원가, 유통 과정의 물류비 등을 모두 합한 것이다.

정시납품비율(on-time delivery rate)은 주문생산의 경우에 전체 주문 중 고객이 원하는 날짜에 배달이 완료된 주문의 비율(%)을 말한다.

재고충족률(inventory fill rate)은 재고생산의 경우에 재고로 있는 제품으로부터 충족되는 제품 수요의 비율을 말하며, **제품충족률**(product fill rate)이라고도 부른다.

주문충족률(order fill rate)은 전체 주문 중 가용 재고로부터 충족되는 주문의 비율을 말하며, 만일 하나의 주문이 여러 품목을 포함할 경우 품목 전체의 주문이 모두 재고로부터 충족될 경우에 이 주문이 충족되었다고 볼 수 있다. 예컨대, 두 개의 품목으로 이루어진 주문에 대해서 한 품목만 가용 재고로 충족하고 나머지 한 품목은 충족하지 못했을 경우, 제품충족률은 50%지만, 주문충족률은 0%가 된다.

조달기간(lead time)은 고객으로부터 주문을 접수한 후 고객에게 납품하기까지 걸리는 시간을 말한다.

평균총괄재고가치(average aggregate value of inventory)는 기업이 재고로 보유하고 있는 모든 품목의 총가치로서, 모든 재고품목(원자재, 재공품, 완제품 등)의 평균재고량에 그 품목의 단위당 원가를 곱하여 더한 값이 되며, 기업의 총자산 중 재고의 형태로 묶여있는 게 얼마나 되는지를 보여준다.

공급주수(weeks of supply)는 현재 보유하고 있는 재고로 몇 주 간의 수요를 충당할 수 있는지를 말하는 것으로서, 평균총괄재고가치를 주당 매출원가로 나눈 값이 되며, 공급주수가 작을수록 전반적인 재고수준은 낮아진다. 만일 기업의 관리를 주(week) 단위가 아니라 일(day) 단위로 한다면, 공급주수는 공급일수(days of supply)로 교체해야 한다.

재고회전율(inventory turnover)은 재고가 일정기간 동안(예: 일년) 몇 번 회전하는가를 나타내는 재고의 회전속도를 말하는데, 연간 매출액을 연간 평균재고(즉, 평균총괄재고가치)로 나눈 값으로서, 재고회전율이 높을수록 재고자산이 매출로 빠르게 이어져서 재고자산이 효율적으로 운용됨을 의미한다. 하지만 이 비율이 지나치게 높을 경우 원자재나 제품 등의 부족으로 생산이나 판매활동에 어려움을 초래할 수도 있다.

이상에서 살펴본 성과 척도들은 공급사슬을 전체적인 시스템 차원에서 효율적으로 관리함으로써 향상시킬 수 있고, 이 값들이 좋아지면 그만큼 공급사슬의 관리가 잘 되고 있고 그 성과도 커진다고 볼 수 있다.

9.5 공급사슬의 발전

공급사슬이 효율성을 높이고 성과를 내기 위해서는 공급사슬에 참여하고 있는 각 기업들 자체의 개선은 물론이고 참여 기업들 사이의 긴밀한 이해와 협력 또한 중요하다. 여기서는 공급사슬의 개선과 발전에 관련된 주요 개념들을 살펴보도록 하자.

공급사슬의 **구조**(structure)적인 변화는 공급사슬의 구조 자체를 새롭게 재구성하는 하드웨어적인 변화라서 보통은 많은 자본과 오랜 기간이 필요한데, 대표적인 것으로는 수직적 통합을 들 수 있다. 공급사슬의 **하부구조**(infrastructure)적인 변화는 주어진 구조적 배열 내에서 공급사슬이 작동하는 방식을 바꾸는 소프트웨어적인 변화라서 비교적 적은 자본과 짧은 기간에도 가능한 변화인데, 대표적인 것으로는 참여 기업들 사이의 정보시스템의 공유나 파트너십 구축 등을 들 수 있다.

수직적 통합(vertical integration)은 생산(제조)기업이 공급사슬 상의 다른 기업을 흡수하는 것을 말한다. 수직적 통합은 원자재의 구매에서 완제품의 생산 및 판매에 이르는 공급사슬 전체 중 어느 쪽을 흡수하는지에 따라서 전방통합과 후방통합으로 나눈다. **전방통합**(forward integration)은 기업의 소유를 공급사슬의 전방인 시장 혹은 고객 쪽으로 확대하는 것으로서, 생산(제조)기업이 유통업체를 인수하는 걸 예로 들 수 있다. **후방통합**(backward integration)은 기업의 소유를 공급사슬의 후방인 공급자 쪽으로 확대하는 것으로서, 생산(제조)기업이 원자재 공급업체를 합병하는 걸 예로 들 수 있다. 수직적 통합의 장점으로 공급안정성 확보, 원가 절감, 품질 향상, 조달기간의 단축 등을 통한 기업의 효율성이나 경쟁력, 시장지배력의 강화를 들 수 있지만, 시장 혹은 기술 변화에 대처하는 유연성의 저하나 규모의 경제의 약화 등의 단점도 존재한다.

이와는 달리 **수평적 통합**(horizontal integration)은 동일 업종의 기업이 비슷한 조건하에서 제휴나 합병을 하는 것으로서, 현대차가 기아차를 인수

/합병하여 현대기아차 그룹이 된 것을 예로 들 수 있다. 이는 생산 규모가 커져 시장점유율을 높이고 규모의 경제로 인한 가격선도자(price leader) 역할을 할 수 있는 장점이 있는 반면, 대기업이 수평적 통합을 할 경우 독과점으로 인한 시장이 경직될 가능성이 있으며, 통합 후 흡수된 기업의 임직원에 대한 대량해고 등의 문제가 발생할 수도 있다는 단점도 존재한다.

이제는 인터넷과 AI의 발달, 4차 산업혁명으로 대표되는 엄청난 변화에 직면하여 공급사슬도 전자상거래(e-commerce)는 물론이고 생산자동화, 무인배송 등 그에 상응하는 변화를 해나가고 있다. 아울러 환경의 영향을 고려한 그린공급사슬관리(green supply chain management; GSCM)에서 한발 더 나아가 환경적, 사회적, 경제적 영향까지도 적절히 관리하는 지속가능한 공급사슬관리(sustainable supply chain management; SSCM)도 점점 중요해지고 있다.

9.6 공급사슬의 설계

공급사슬은 역동적 특성의 시스템이며, 시장수요, 공급상황, 공급자-구매자 관계, 시장지배력의 양상 등 기업 외부 환경의 지속적 변화와 불확실성에 의해 영향을 받는다. 예를 들어, 최종 시장에서 환경적 또는 사회적 원인으로 상품에 대한 불매운동이 발생할 수 있으며, 공급자의 파업으로 납기가 준수되지 않을 수도 있고, 자연재해나 인재, 환율변동 등의 영향으로 공급사슬의 일부 또는 전체가 중단되는 경우가 발생할 수 있다. 더구나 공급사슬의 지리적 범위가 글로벌로 확대됨에 따라 공급사슬이 직면하게 되는 위험의 수준도 증가하게 되어 기업이 이들 변화 또는 위험을 예측만으로 대응하는 것은 한계가 있다.

공급사슬 위험(supply chain risk)은 기업이 상품을 지속적으로 공급하는 능력에 영향을 미칠 수 있는 중단(disruption) 가능성의 정도로 정의할 수 있다. 기업은 위험을 평가하여 공급사슬 중단을 완화할 수 있는 공급사슬을 설계해야 한다. 예를 들어, 안전 또는 완충 재고를 보유하거나 여유용량을 확보함으로써 공급사슬 중단에 대비할 수 있으며, 복수의 공급자로부터의 다중 조달(multiple sourcing)을 활용할 수도 있다. 이러한 일련의 노력이 포함된 설계를 통해 공급사슬의 강건성(robustness)을 확보하는 것이 기업에게 중요한 과제가 되고 있다.

연습문제

9-1 어느 기업의 작년도 연간 평균재고액은 60억 원, 연간 매출원가는 300억 원이라고 할 때 공급주수와 재고회전율을 구하여라.(1년은 50주라고 가정)

9-2 어느 기업의 작년도의 평균재고액은 50억 원, 주당 매출원가는 8억 원이라고 할 때 공급주수와 재고회전율을 구하여라.(1년은 50주라고 가정)

9-3 어느 기업이 두 개의 공급업체(S1, S2) 중 하나를 선택하는데, 선택기준으로 품질, 가격, 납기를 고려하고 있다. 품질은 가격과 납기보다 각각 2, 3배 중요하며, 가격은 납기보다 2배 중요하다고 생각하고, S1이 S2보다 품질, 가격, 납기의 기준에 대해 각각 2, 1/2, 3배 잘한다고 생각할 때, 계층분석과정(AHP) 기법을 적용하여 공급업체를 선정하여라.

9-4 어느 기업이 세 개의 공급업체(S1, S2, S3) 중 하나를 선택하는데, 선택기준으로 품질, 가격, 납기를 고려하고 있다. 품질은 가격과 납기보다 각각 3, 2배 중요하며, 가격은 납기보다 3배 중요하다고 생각하고, S1이 S2보다 품질, 가격, 납기의 기준에 대해 각각 3, 1/3, 2배 잘한다고 생각하고, S1이 S3보다 각각 1/2, 3, 2배 잘한다고 생각하고, S2가 S3보다 각각 1, 2, 1/2배 잘한다고 생각할 때, 계층분석과정(AHP) 기법을 적용하여 공급업체를 선정하여라.

탐구문제

9-5 https://www.saramin.co.kr 및 https://www.ascm.org에서 공급사슬 관리자에 대한 국내 및 해외 채용공고를 탐색해 보자. 공급사슬 관리자와 관련된 직종들을 확인하고 직무내용, 역할, 자격요건도 알아보자.

9-6 공급사슬 중단에 관한 최근의 기업 사례를 탐색하자. 이 중단이 발생하기 전에 기업이 무엇을 할 수 있었을지 토론해 보자.

CHAPTER **10**

품질관리

10.1 품질에 관한 정의
10.2 품질관리의 발전
10.3 통계적 품질관리
10.4 서비스 품질관리

품질은 제조업은 물론 서비스업에서도 기업의 성공과 존속에 대단히 중요한 역할을 한다. 이 장에서는 먼저 품질에 관한 정의와 품질경영이 어떻게 발전해 왔는지를 알아보고, 그중 가장 중요한 역할을 해온 통계적 품질관리와 이를 위한 샘플링검사 등에 대해서 살펴보고자 한다.

10.1 품질에 관한 정의

품질(quality)에 관한 정의는 품질을 어느 관점에서 바라보는가에 따라서 다음과 같이 나눌 수 있다.

a. 생산자 관점: 생산자 관점에서의 품질은 '요구사항/규격에 대한 일치성(conformance to requirements/specifications)'을 의미한다. 즉, 어떤 제품을 만들라고 한 대로 만들었는지, 혹은 어떤 서비스를 제공하라고 한 대로 제공하였는지가 기준이며, 하라는 대로 하였으면 품질이 좋고 그렇지 못하면 품질이 좋지 않다는 의미가 된다.

b. 소비자 관점: 소비자 관점에서의 품질은 '용도에 대한 적합성(fitness for use)'을 의미한다. 즉, 어떤 제품이나 서비스가 사용될 용도에 맞게 제공이 되면 품질이 좋고 그렇지 못하면 품질이 좋지 않다는 걸 의미한다. 여기에는 두 가지 품질의 의미가 관련되어 있는데, **설계품질**(quality of design)은 제품이나 서비스의 용도에 적합하게 설계가 되었는지 여부를 의미하고, **적합품질**(quality of conformance)은 설계된 대로 제품을 만들거나 서비스를 제공했는지의 여부를 의미한다.

따라서 생산자 관점에서의 품질은 적합품질을 말하고, 소비자 관점에서의 품질은 설계품질과 적합품질을 모두 포함하게 된다. 아울러 생산자 관점에서의 품질은 요구대로 만들거나 제공했는지의 여부라서 객관적이라고 할 수 있지만, 소비자 관점에서의 품질은 용도가 사용자에 따라 다를 수 있어서 주관적이라고 할 수 있다. 즉, 동일한 제품이나 서비스에 대해서 사용자에 따라 품질을 다르게 평가할 수가 있다.

c. 사회/국가적 관점: 사회/국가적 관점에서의 품질은 사회/국가적 차원에서의 공식적인 정의를 말한다. 즉, 사회/국가적으로 공인 받은 기관에서 심사를 통해 품질을 인정하고 이를 공식적으로 표시해주는 것으로서, KS, ANSI, ISO 등을 그 예로 들 수 있다. 이는 소비자 관점에서의 품질이 가지는 주관적인 측면을 넘어서고, 소비자 개인이 제품/서비스의 품질을 평가하는 시간과 비용을 절약해주는 측면이 있다.

위의 품질에 관한 정의는 모두 바람직한 성향이 클수록 품질이 좋다고 정의하는 반면에 **다구찌의 품질 정의**는 제품으로 인해 발생한 사회적 손실이 작을수록 품질이 좋다고 하였다(Taguchi Genichi, 1987). 이는 처음에는 별로 관심을 끌지 못하였으나, 인터넷의 발달 등으로 부정적인 이미지를 주는 사건의 영향력이 점점 커지면서 주목을 받게 되었다.

10.2 품질관리의 발전

품질관리는 대략 다음과 같은 단계를 거쳐 개선되고 발전하면서 오늘에 이르렀다.

a. 검사지향적 품질관리: 검사지향적 품질관리는 일단 제품이나 서비스가 생산되고 난 후에 '사후적'으로 품질 검사를 하여 품질을 관리하는 걸 말한다. 품질 검사는 작업자, 감독자, 검사자 중에서 제품이나 서비스의 특성에 맞는 적임자가 담당할 수 있다. 이는 품질이란 개념이 대두되면서부터 산업혁명 시기를 거쳐 근대에 이르는 시기에 주로 시행되었다.

b. 통계적 품질관리(statistical quality control; SQC): 통계적 품질관리는

'예방의 원칙'에 입각하여 통계적 방법(샘플링검사법, 관리도 등)을 적용하여 품질을 관리하는 걸 말한다. 이는 1920년대에 미국에서 시작되어 점점 산업계에 보급된 후에 1950년대에는 일본에서도 꽃을 피우기 시작하였으며, 품질 프로세스에 생긴 이상징후를 문제가 불거지기 전에 파악하여 미리 예방할 수 있다는 점에서 '사전적'인 관리라고 할 수 있다.

c. 전사적 품질관리(total quality control; TQC): 전사적 품질관리는 품질과 관련된 회사 내 모든 부문이 종합적으로 품질을 관리하는 걸 말한다. 이전까지는 품질이 생산 부문이 주된 담당자였다면, TQC는 품질을 회사 차원으로 끌어 올려서 회사 전체가 좋은 품질을 위해 노력한다는 점이 다르다. 이는 1960년대에 시작된 것으로서 품질에 대한 책임을 구매부서부터 생산 및 배송부서까지 회사 내 모든 구성원들이 함께 지도록 하였다.

d. 종합적 품질경영(total quality management; TQM): 종합적 품질경영은 품질향상 프로그램 차원을 넘어서서 고객중심/고객만족을 강조하며 기업의 전략적 경영차원까지 끌어올린 것으로서, 최근에 오면서 소비자지향의 품질보증이나 제품책임(product liability) 등이 이에 속한다.

이렇게 품질관리가 발전하면서 현재에 이르는 과정에서 품질 향상을 위한 프로그램들이 등장하였는데, 예방의 원칙하에 생산 초기부터 결점이 없는 완전한 제품을 만들자는 **무결점운동**(zero defects(ZD) program), 작업자들의 정기적인 모임을 통하여 품질을 향상시키자는 **품질분임조**(quality control(QC) circle), 시그마(표준편차)라는 통계척도를 사용하여 모든 품질수준을 정량적으로 평가하여 혁신적인 품질개선을 목적으로 하는 **식스시그마**(six sigma), 무결점(zero defect)처럼 추상적인 목표가 아니라 불량률 단위를 백분율(%)에서 PPM(parts per million; 제품 백만 개당 불량수)으로 세분화하여 불량이 소비자에게 전달되지 않도록 처음부터 불량을 배제하여 품질향상/비용절감 하려는 총체적인 품질혁신운동인 **100PPM운동**(또는 Single PPM운동) 등이 이에 해당한다.

10.3 통계적 품질관리

품질관리를 하기 위해서는 품질의 불량 여부를 어떻게 확인하고 그 기준은 무엇이며 그 확인(검사)을 누가 어느 단계(시점)에 할 것인지를 결정하여야 한다.

규격한계(standard limit)란 제품의 양/불량 여부를 판정하는 기준을 말한다. 즉, 어떤 제품의 길이가 최대 10.01cm, 최소 9.99cm의 범위 내에 있을 때 양품으로, 이 범위를 벗어나면 불량품으로 판정한다고 할 때, 허용 최대치(10.01cm)를 **규격한계상한**(upper standard limit; USL), 허용 최소치(9.99cm)를 **규격한계하한**(lower standard limit; LSL)이라고 부른다.

품질을 나타내는 특성이 길이/무게/부피 등 연속량으로 측정되는 값을 **계량치**(variables)라고 부르고, 불량수나 결점수 등 불연속적인 값(주로 정수)으로 세는 것을 **계수치**(attributes)라고 부른다. 품질관리를 위해서는 계수치보다는 계량치가 더 유리하기 때문에, 가능한 한 계량치를 이용하도록 하고, 그게 어려울 경우에 계수치를 이용하게 된다.

품질 검사는 검사의 크기에 따라 전수검사와 표본검사로 나누는데, 이는 품질검사를 함으로써 발생하는 비용인 **검사비용**(inspection cost)과 전수검사를 하지 않아 불량품이 발견되지 않고 출하됨으로써 발생하는 비용인 **불검사비용**(non-inspection cost)을 비교하여 어느 쪽이 큰지에 따라 정해진다. 즉, **전수검사**(total inspection)는 제품 전체를 모두 검사하는 것으로서, 불검사비용이 검사비용보다 큰 경우에 시행하며, 불량품 수용 불가 시에도 적용된다. **표본검사**(sample inspection)는 제품의 일부를 표본으로 추출하여 검사하는 것으로서, 검사비용이 불검사비용보다 큰 경우에 시행하며, 검사가 복잡하거나 수명/파괴검사 등 전수검사를 할 수 없는 경우에도 적용된다.

검사를 하는 시점(단계)에 따라서 수입검사, 공정검사, 완제품검사, 출하검사 등이 있으며, 검사의 주체가 작업자나 내/외부전문검사자, 혹은 이들의 혼합형태일 수도 있고, 심지어는 고객이 검사의 일부를 담당할 수도 있다.

품질관리시스템의 검사시점, 측정치 유형, 검사의 크기, 검사자 등은 해당 제품의 특성과 기업의 경영 전략 등 제반 여건을 고려하여 결정하게 된다.

10.3.1 공정의 관리도

품질변동은 우연원인이나 이상원인에 의해 발생한다. **이상원인**(assignable cause)은 변동폭이 비교적 크며 원인 규명이 가능하고 해결할 수 있는 것으로서, 원자재의 변화나 작업자의 교체 혹은 설비 등의 교체/결함 등으로 발생하는 걸 예로 들 수 있다. **우연원인**(chance cause)은 생산프로세스가 정상인데도 발생하는 자연적인 변동으로서 변동폭이 비교적 작으며 규명이 불가하여 해결할 수 없는 것이다. 앞면이 나올 확률이 1/2인 동전을 100번씩 던지는 시도를 여러 번 했을 때, 앞면이 50번도 나오고 51번이나 49번도 나올 수 있는데, 동전에 문제가 없어도 이렇게 달라지는 게 우연원인 때문이다.

길이가 10cm이어야 하는 어떤 제품을 생산하는 경우를 생각해 보자. 생산프로세스가 정상적인지 품질에 이상이 생겼는지를 알아보기 위하여, 생산되는 제품 중에서 정기적으로 표본을 추출하여 품질검사를 한다. 가령 한 박스당 1,000개의 제품이 들어있는데, 10박스가 생산될 때마다 하나의 박스를 무작위로 선택하고 그 박스에서 100개의 표본을 추출하여 측정한 길이의 평균이 10cm에 근접하면 문제가 없지만 10cm에서 상당히 벗어나면 생산프로세스에 문제가 있다고 판단하여 생산을 멈추고 이상원인이 무엇인지 확인하여 이를 시정한 후 생산을 재개하게 된다.

이를 위해 관리도를 사용하게 되는데, **관리도**(control chart)란 매번 추출된 표본의 품질특성(이 경우는 제품 길이의 평균)을 점을 찍어 가면서 생산프로세스에 문제가 있는지 여부를 판단하는 도구(그래프)를 말한다. **관리한계**(control limit)란 관리도에서 생산프로세스에 문제가 없다고 판단하는 상하 허용범위를 말하며, **관리한계상한**(upper control limit; UCL)은 허용범위의 최댓값을, **관리한계하한**(lower control limit; LCL)은 허용범위의 최솟값을 말한다. 즉, 표본을 추출할 때마다 나오는 점들이 UCL과 LCL 사이에 있으면 **관리상태**(under control)라고 부르고, 이 허용범위를 벗어나면 **비관리상태**(out of control)라고 판단하고 그 원인이 무엇인지 확인하여 시정하도록 한다.

이 표본들이 정규분포(평균 μ, 표준편차 σ)를 이루고 있다고 가정할 때, 데이터가 $[\mu-3\sigma, \mu+3\sigma]$ 구간에 있을 확률은 99.7%가 된다. 따라서 관리한계를 이 구간으로 설정(LCL=$\mu-3\sigma$, UCL=$\mu+3\sigma$)하여 생산프로세스가 관리상태에 있는지 여부를 판단하게 된다.

여기서 **귀무가설**(null hypothesis: H_0)은 '생산프로세스가 관리상태에 있다'라고 설정하고, 이 귀무가설이 옳다는 가정하에 데이터가 평균(μ)으로부터 3σ(관리한계 허용범위)를 벗어나면 귀무가설을 기각하고 생산프로세스에 문제가 있다고 판단하여 원인이 무엇인지를 규명하여 이를 시정하게 된다.

따라서 관리도는 품질변동이 우연원인과 이상원인 중 어느 것에 의한 것인지를 판단하고, 품질변동이 관리상 바람직한 품질수준을 유지하고 있는지(즉, 중심선을 기준으로 상하로 고르게 분포하는지, 만족할 만한 산포 정도인지)도 함께 판단할 수 있게 해준다.

관리도에는 측정치의 유형이 무엇인지에 따라 계량치관리도와 계수치관리도가 있는데, 본 장에서는 각각에 대해 가장 기본이 되는 관리도만 살펴보기로 한다.

10.3.2 계량치관리도

계량치관리도(control charts for variables)는 품질을 나타내는 특성이 계량치로 측정되는 경우에 사용한다. 즉, 품질특성이 길이/무게/부피 등 연속량으로 측정 가능할 경우를 말한다.

계량치관리도는 중심경향과 산포정도의 변화를 관리하는 게 가장 중요한데, 중심경향은 품질특성의 평균(mean)으로 관리하고, 산포정도는 범위(range)로 관리하는 게 보통이다. 여기서 **범위**(range; R)는 표본의 최댓값과 최솟값의 차이를 의미한다. 산포정도를 표준편차(standard deviation; σ)가 아니라 범위로 관리하는 이유는 품질관리 측면에서는 평균적인 산포정도보다는 예외적으로 특이한 경우가 더 관심을 가지고 그 원인을 파악해서 시정해야 하기 때문이다. 즉, 100개의 표본 중 하나만 11cm이고 나머지가 10cm라고 가정하면, 표준편차(0.1cm)는 매우 작지만, 범위(1cm)는 상대적으로 큰 값이 되는데, 이 경우 품질관리 차원에서 11cm의 제품이 나온 원인이 매우 중요하기 때문이다.

품질특성의 중심경향은 표본의 평균($\overline{X}$)들을 점 찍어서 만든 **평균치관리도**(average control chart; $\overline{X}$ 관리도)로 관리하고, 산포정도(변동폭)는 표본의 범위(R)들을 점 찍어서 만든 **범위관리도**(range control chart; R 관리도)로 관리한다. 공정평균이 변할 경우는 $\overline{X}$ 관리도에 나타나고 공정산포가 변할 경우는 R 관리도에 나타나기 때문에 두 개의 관리도를 동시에 사용하는 게 보통이다.

〈표 10-1〉은 어떤 제품을 10일 동안 매일 1,000개 들이 박스 10개씩 생산하면서 품질관리를 하는 경우로서, 매일 10개의 박스 중 하나를 무작위로 선택하여 그 안에서 100개를 표본으로 무작위 추출하여 그 길이를 재서 평균, 최댓값, 최솟값, 범위 등을 정리해 놓은 것이다. 즉, 10일 동안 100개의 박스가 생산되었고, 그 중 표본으로 추출된 박스는 7, 12, 25, … 번이며, 길이평균은 각각의 박스에 들어있는 제품 100개의 길이를 측정하여 평균을 낸 수치이고, 최댓값과 최솟값은 100개의 제품 중 각각 가장 긴 것과 가장 짧은 것의 길이가 된다.

표본들의 품질특성(표본으로 추출한 100개 제품의 길이의 평균)이 평균(μ) 10cm, 표준편차(σ) 0.001cm, 범위(R)의 허용최대치는 6σ라고 하면, $\overline{X}$ 관리도의 LCL = $\mu - 3\sigma$ = 9.997cm, UCL = $\mu + 3\sigma$ = 10.003cm가 되고, R 관리도의 LCL = 0.000cm, UCL = 6σ = 0.006cm가 된다. R 관리도의 LCL이 0

표 10-1 계량치관리도 예제

생산날짜	표본박스번호	길이평균	최댓값	최솟값	범위
1	7	9.9995	10.0029	9.9988	0.0041
2	12	10.0014	10.0003	9.9985	0.0018
3	25	10.0003	10.0017	9.9994	0.0023
4	36	9.9998	10.0009	9.9973	0.0036
5	41	10.0004	10.0022	10.0000	0.0022
6	58	10.0000	9.9998	9.9969	0.0029
7	63	9.9993	10.0000	9.9958	0.0042
8	74	9.9986	10.0032	9.9983	0.0049
9	90	9.9980	9.9981	9.9929	0.0052
10	99	9.9967	10.0025	9.9961	0.0064

* 단위: cm

인 이유는 최댓값과 최솟값이 같을 때 범위가 0이 되기 때문이다. 이를 $\overline{X}$ 관리도와 R관리도로 나타내면 각각 [그림 10-1]과 [그림 10-2]가 된다.

매번 추출된 표본의 품질특성이 관리한계(LCL과 UCL) 사이에 있으면 생산프로세스가 관리상태에 있다고 판단하고 생산을 지속하면 되고, 이를 벗어나면 비관리상태에 있다고 판단하여 생산을 멈추고 이상원인이 무엇인지 조사하여 이를 시정하게 된다. 하지만 품질특성에 변화가 생긴 것으로

그림 10-1 $\overline{X}$ 관리도

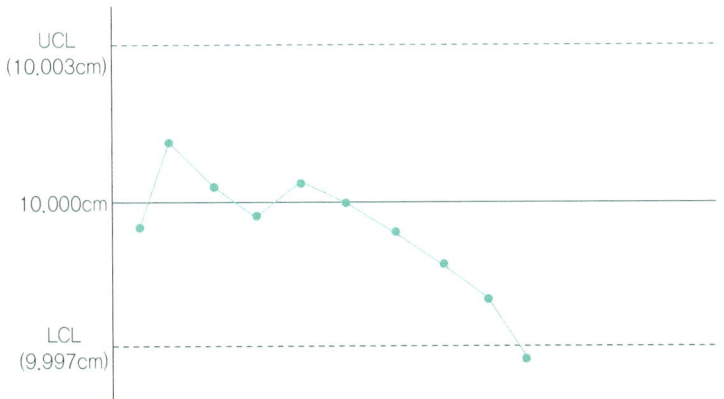

그림 10-2 R관리도

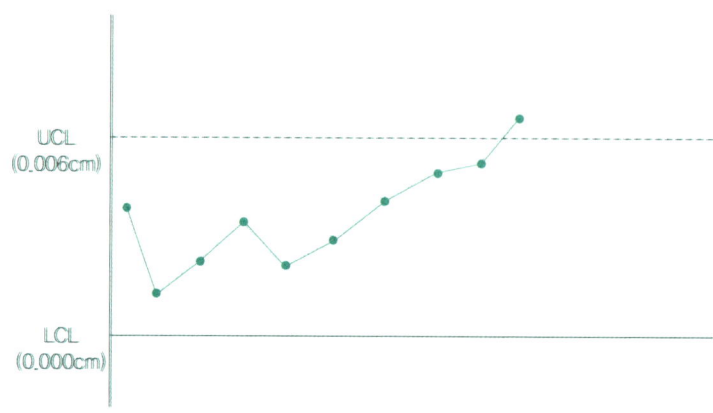

판단할 만한 징후가 나타나면 아직은 관리한계 내에 있다고 하더라도 이상원인 조사에 착수할 수 있다. 즉, 점들이 연속해서 평균선의 위나 아래 중 어느 한쪽으로 몰리거나, 변동폭이 평소보다 커지거나, 점들이 증가 또는 감소 추세를 나타내는 경우를 그 예로 들 수 있다.

$\overline{X}$관리도는 분산이 안정적이라는 가정이 필요하므로, 먼저 R관리도를 이용하여 공정산포가 안정화된 것을 확인한 후에 $\overline{X}$관리도를 이용하여 공정평균의 변화를 관리하게 된다.

10.3.3 계수치관리도

계수치관리도(control charts for attributes)는 불량품의 숫자나 단위당 결점수와 같이 불연속적인 값(주로 정수)으로 셀 수 있는 경우에 사용한다. 계수치관리도는 계량치관리도만큼 민감하지 못하므로 계량치데이터를 얻기 힘들 때 사용한다. 계수치관리도에는 여러 종류가 있으나, 본절에서는 가장 대표적인 불량률관리도(p관리도)와 결점수관리도(c관리도)만을 살펴보기로 한다.

(1) 불량률관리도

불량률관리도(p관리도; control charts for proportion of defects)는 제품이 동일한 형태로 여러 개가 생산이 되고 불량의 정도를 계량치로 측정하기 어려울 경우에 제품 각각에 대해 불량 여부를 판정하여 표본 중에 불량품이 차지하는 비율로 품질을 관리하는 것을 말한다. 예를 들어, 벽돌을 생산할 경우 반이 부러졌거나 불순물이 조금 들어갔거나 모서리가 깨졌을 경우 불량품으로 판정하는데, 이런 불량의 정도는 측정하기가 쉽지 않아 그냥 검사 개수 대비 불량품 개수의 비율로 불량률을 계산하여 공정을 관리하게 된다.

불량률로 품질관리를 할 경우 표본의 크기(즉, 표본으로 추출하는 제품의 숫자)를 결정할 때, 적어도 표본 중에 불량품이 한 개는 있을 만큼 충분히 많은 표본을 추출해야 한다. 예를 들어, 허용불량률이 5%라고 하면 표본의 크기는 최소한 20개 이상이 되어야 한다는 뜻이다.

(2) 결점수관리도

결점수관리도(c관리도; control charts for count of defects)는 제품이 연속적인 형태로 생산이 되고 불량의 정도를 계량치로 측정하기 어려울 경우에 표본 중에 발견된 불량(결점)의 숫자를 계산하여 단위당 결점수로 품질을 관리하는 것을 말한다. 예를 들어, 직물(원단)을 생산할 경우 구멍이 났거나 염색이 잘못되어 얼룩진 부분이 있을 경우에 불량(결점)으로 판정하고, 결점수의 합을 검사한 직물의 길이로 나눠서 단위당 결점수를 계산하여 공정을 관리하게 된다. 필름이나 전선 등의 공정관리에도 결점수관리도를 사용할 수 있다.

제품이 연속적인 형태가 아니라 독립적인 개체로 생산이 될 경우에도 불량(결점)의 숫자가 더 적절하다면 결점수관리도를 사용할 수도 있다. 예를 들어, 아파트 단지의 여러 동(건물)의 외벽 도색(페인트칠)의 경우, 총결점수를 센 후 전체면적으로 나눠 단위면적당 결점수로 공정을 관리할 수도 있다.

10.3.4 샘플링검사

샘플링검사(acceptance sampling)는 생산된 제품의 로트로부터 표본을 추출하여 각각의 제품의 합격 여부를 검사한 결과로 이 로트의 수용 여부를 결정하는 것을 말한다. 예를 들어, 어떤 제품이 500개로 이루어진 생산 로트(예: 박스)로부터 50개의 제품을 무작위로 선택하여 표본을 추출한 후, 50개의 표본 중 불량품이 5개 미만이면 이 박스에 들어있는 제품 500개 전체를 수용하고, 불량품이 5개 이상이면 500개 전체를 수용하지 않는다고 할 경우가 해당된다.

1회샘플링검사(single sampling inspection)는 단 한 번의 표본조사 결과로 해당 로트의 합격 여부를 결정하는 것을 말한다. 그런데 위의 예제에서 50개의 표본 중 불량품이 5개 이상이면 수용하지 않고 4개 이하면 수용한다는 것이 잘못된 판정의 가능성이 있다고 여겨질 경우 불량품의 숫자가 4개나 5개로 애매할 경우는 수용 여부에 대한 판정을 보류하고 한 번 더 표본을 추출하여 표본의 숫자를 더 증가시켜서 그 결과로 수용 여부를 판정할 수도 있고(**2회샘플링검사**(double sampling inspection)), 결과가 좀 더 확실해질 때까지 표본 추출을 반복하여 검사할 수도 있다(**축차샘플링검사**(sequential sampling inspection)).

이와 같이 샘플링검사는 표본의 검사결과로 전체 로트의 수용 여부를 결정하다 보니, 오류의 가능성이 있다. 즉, 허용불량률이 10% 미만이라고 할 경우, 로트 전체의 불량률이 10% 미만이면 좋은 품질(혹은 수용가능한 품질)이라고 하고, 10% 이상이면 나쁜 품질(혹은 수용 불가한 품질)이라고 하고, 표본의 불량률이 10% 미만이면 로트 전체를 수용(합격 판정)하고 10% 이상이면 로트 전체를 수용하지 않는다(불합격 판정)고 하자.

〈표 10-2〉는 실제 로트와 표본의 발생가능한 경우를 분류해 놓은 것인데, 실제 로트가 좋은 품질인데 표본의 불량률이 낮아서 합격 판정을 받거

표 10-2 샘플링검사의 오류

실제\표본	합격 판정	불합격 판정
좋은 품질	○	생산자 위험(α)
나쁜 품질	소비자 위험(β)	○

나, 실제 로트가 나쁜 품질인데 표본의 불량률이 높아서 불합격 판정을 받는 것은 문제가 없다. 그러나 실제 로트는 좋은 품질인데 표본의 불량률이 높게 나와서 불합격 판정을 받을 수 있는데, 이는 생산자에게 불리한 경우이므로 **생산자위험**(producer's risk) 또는 **제1종 오류**(the type I error)라고 부른다. 반대로 실제 로트는 나쁜 품질인데 표본의 불량률이 낮게 나와서 합격 판정을 받을 수 있는데, 이는 소비자에게 불리한 경우이므로 **소비자 위험**(consumer's risk) 또는 **제2종 오류**(the type II error)라고 부른다.

제1종 오류가 일어날 확률을 α라고 하고, 제2종 오류가 일어날 확률을 β라고 정의한다. α와 β 모두 오류가 일어날 확률이므로, 가급적 두 확률은 작을수록 좋다. 가장 손쉬운 방법으로 표본의 숫자를 증가시키면 두 확률 모두 동시에 줄어들긴 하나, 샘플링검사의 특성이나 두 확률의 크기 및 경제성 등 다양한 요소를 고려하여 결정하여야 한다. 로트가 좋은 품질인데도 불합격시키는 비용이 크면 α를 줄이고, 로트가 나쁜 품질인데도 합격시키는 비용이 크면 β를 줄이는 노력을 해야 한다.

10.4 서비스 품질관리

기업은 고객에게 제공하는 서비스의 품질을 신뢰성(reliability), 대응성(responsiveness), 확신성(assurance), 공감성(empathy), 유형성(tangibles)과 같은 다섯 가지 차원에서 관리한다. 이들 차원의 실제 측정은 **SERVQUAL**이라는 다문항 척도(multiple-item scale)를 이용하여 서비스에 대한 차원별 고객의 사전 기대와 사후 인지의 차이를 근거로 한다. 예를 들어, 항공사, 백화점, 병원 등은 정기적으로 실시하는 고객 설문조사와 같은 샘플링검사에서 SERVQUAL을 이용하여 다섯 가지 차원들 중 어느 차원에서 고객의 불만족 비율이 높은지 또는 기대와 인지의 차이가 큰지를 확인한다.

또한 이들 서비스기업은 관리도를 이용하여 이러한 불만족 또는 차이가 우연원인에 의해 발생한 것인지 또는 이상원인에 의해 발생한 것인지를 판단함으로써, 고객에 대한 서비스 전딜과징이 정상적으로 운영되고 있는지 또는 적절한 조치를 취해야 할 것인지를 결정한다.

연습문제

10-1 보도블럭을 생산하는 회사의 어떤 보도블럭 제품의 무게의 평균(μ)이 900g, 표준편차(σ)가 5g이라고 한다. 불량 여부를 판단하는 규격한계의 상하한(USL, LSL)을 표본의 90%가 포함이 되도록 설정한다고 할 때, 이 보도블럭 제품에 대한 규격한계의 상하한(USL, LSL)을 구하여라.

10-2 플라스틱 자를 생산하는 회사의 어떤 제품의 길이의 평균(μ)이 20cm, 표준편차(σ)가 0.01cm라고 한다. 불량 여부를 판단하는 규격한계의 상하한(USL, LSL)을 표본의 95%가 포함이 되도록 설정한다고 할 때, 이 플라스틱 자에 대한 규격한계의 상하한(USL, LSL)을 구하여라.

10-3 어떤 제품의 품질검사를 위해 표본으로 추출한 100개 제품의 길이의 평균(μ)이 30cm, 표준편차(σ)가 0.05cm라고 한다. 관리한계의 상하한(UCL, LCL)을 표본의 95%가 포함이 되도록 설정하고, 범위(R)의 허용최대치는 6σ라고 할 때, $\overline{X}$ 관리도의 LCL과 UCL, R관리도의 LCL과 UCL을 구하여라.

10-4 어떤 제품의 품질검사를 위해 표본으로 추출한 50개 제품의 무게의 평균(μ)이 10kg, 표준편차(σ)가 0.001kg라고 한다. 관리한계의 상하한(UCL, LCL)을 표본의 90%가 포함이 되도록 설정하고, 범위(R)의 허용최대치는 4σ라고 할 때, $\overline{X}$ 관리도의 LCL과 UCL, R관리도의 LCL과 UCL을 구하여라.

탐구문제

10-5 당신이 이용하고 싶은 항공사를 두 개 선정하자. 이 항공사들의 홈페이지에 각각 방문하여, 이들이 제공하는 고객 만족도에 관한 설문조사 결과를 비교해 보자. 이들 항공사의 설문조사에서 동일한 품질 차원은 무엇인가? 그리고 차별되는 품질 차원은 무엇인가?

CHAPTER **11**

서비스 운영관리

11.1 서비스과정
11.2 서비스능력
11.3 서비스설계
11.4 대기행렬관리

서비스는 고객에게 또는 고객을 위하여 수행되는 어떤 행동(act)을 말하며, 행동의 주체인 노동과 기술이 서비스 전달시스템을 통하여 행동의 대상인 고객에게 제공된다. 서비스 조직(service organization)은 서비스 전달시스템을 통해 이와 같은 행동을 계속해서 창출하는 생산단위로서, 놀이공원, 항공사, 호텔과 같은 기업뿐만 아니라 자동차 수리점 및 식자재점과 같은 점포, 그리고 의사, 회계사 등의 개인을 포함한다. 여기서, 서비스 전달시스템(service delivery system)은 서비스를 창출하는 데 필요한 노동력, 설비, 기술, 기능, 과정, 입지의 체계적 조합으로, 서비스 소식마나 그리고 서비스 조직의 전략에 따라 서로 다른 조합이 가능할 뿐만 아니라, 더 나아가 서비스 조직이 서비스를 고객에게 전달하는 능력에 영향을 미친다. **서비스 운영관리**(service operations management)는 서비스 전달시스템을 전략적으로 설계하고 효율적으로 관리하는 접근방법이다.

서비스 조직은 서비스 운영관리를 기반으로 고객에 대한 일련의 서비스 과정을 파악하고, 서비스시스템의 서비스능력을 분석한 다음, 서비스전략에 따라 서비스를 설계한 후, 대기행렬을 통해 서비스의 전반적 운영을 통제한다.

11.1 서비스과정

서비스과정(service process)은 서비스 조직이 고객에게 서비스를 제공하는 일련의 순차적 구조이며, 고객모집단, 고객의 도착형태, 서비스시스템의 대기행렬 형성, 서버의 서비스형태를 기본 요소로 한다. 이를 [그림 11-1] 과 같이 정리할 수 있으며, 이 구조 내 요소들은 서비스 전달시스템을 설계하고 관리하는 데 영향을 미친다. 여기서, **서비스시스템**(service system) 은 대기행렬과 서버로 구성된 서비스 설비의 배치를 말한다. 이 중 **대기행렬**(queue)은 하나 이상의 서버에게 서비스를 요구하며 기다리는 고객의

그림 11-1 서비스과정의 기본 요소

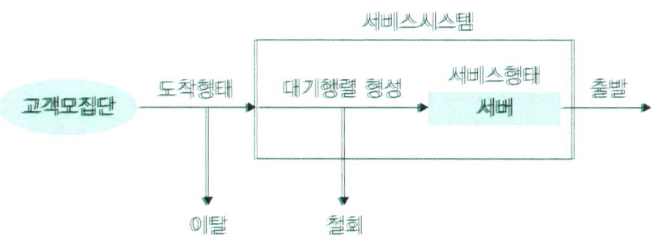

줄이고, 서버(server)는 고객에게 실제 서비스를 제공하는 개별 장소이다. 대기행렬은 서비스에 대한 수요와 서비스시스템의 서비스 공급 사이의 일시적 불균형으로 발생한다. 이러한 불균형은 서비스시스템으로의 고객들의 도착 간격에서 발생하는 변동성과 서버의 고객별 서비스시간의 변동성에 기인한다.

　　a. **고객모집단**(population): 잠재적 고객 수의 측면에서 고객 원천이 제한되어 있는가와 관련한 것이며, 보통 고객 원천의 모든 고객은 독립적으로 서비스시스템에 도착하는 것을 가정한다.

　　b. **도착형태**(arrival pattern): 단위 시간당 고객의 도착 간격을 말한다. 서비스 조직은 고객들의 실제 도착시간을 이용하여 도착 간격 시간을 측정한다.

　　c. **대기행렬 형성**(queue configuration): 대기행렬의 수, 길이, 장소를 지칭하며, 고객의 행태, 즉 기다림, 서비스시스템 이탈(balk), 요구 철회(renege)에 영향을 미친다. 또한, 대기행렬 형성은 어느 고객부터 서비스를 제공할지에 관한 우선순위 규칙을 포함할 수 있다.

　　d. **서비스형태**(service pattern): 서비스시스템의 서비스시간에 관한 분포이다. 서버의 배열과 행동에 의해 영향을 받고, 이는 다시 서비스 성과로 이어진다.

11.2 서비스능력

　서비스능력(service capacity)은 서비스시스템이 일정 기간 동안 서비스 수요를 충족할 수 있는 정도를 말한다. 콜센터에서 시간당 처리하는 고객 문의 수, 병원에서 시간당 진료하는 외래 환자 수, 그리고 정비센터에서 하루당 수리하는 차량 수가 대표적 예이다. 서비스능력은 시간과 위치에 의존적이고, 수요 변동에 의한 영향이 제조보다 크기 때문에, 서비스 조직은 시간, 위치, 수요의 측면에서 서비스능력을 고려한다.

　첫째, 서비스가 생산(즉, 전달)과 동시에 소멸되는 동시성을 지니므로, 서비스 조직은 시간을 고객에게 제공하는 하나의 상품으로 간주하며, 이에 서비스능력은 필요한 때 서비스를 창출할 수 있어야 한다. 예를 들어, 항공권은 물리적 상품처럼 창고에 쌓아놓고 수요에 대응하는 재고 상품이 아니므로, 항공사는 지금 비행기에 빈 좌석이 없다고 이전 비행기의 좌석을 제공할 수 없고, 항공승객은 특정일의 비행기 좌석을 구매한 후 이를 다른 날에 사용할 수 없다. 둘째, 물리적 상품은 생산된 후 고객에게 전달되지만, 이와 반대로 서비스는 서비스능력이 고객에게 먼저 전달된 후 창출되므로, 서비스능력은 고객이 있는 곳에 위치해야 한다. 셋째, 서비스는 고객과의 상호작용으로 창출될 수 있으며, 동일한 서비스에 대한 고객의 요구사항과 경험수준이 다양하기 때문에, 서비스를 창출하는 데 소요되는 시간의 변동성이 크고, 이에 따라 서비스능력의 변화 폭이 커진다. 또한 점심시간에 식당 또는 은행이 붐비는 것처럼 고객의 행동적 효과에 의해 서비스 수요가 영향을 받기 때문에, 서비스능력은 수요의 변동성과 주기성에 대처해야 한다. 예를 들어, 서비스 조직은 서비스능력의 가동률과 서비스품질 사이의 관계를 조정하여 수요의 변동성을 관리하거나, 수율관리를 적용하여 성수기의 수요를 비수기로 이전할 수 있다.

　서비스시스템의 서비스 창출은 시간에 의존적이기 때문에, 서비스 조직은 우선 가동률(utilization)과 서비스품질 사이의 관계를 고려하여 서비스능력을 평가한다. 이를 그림으로 나타내면 [그림 11-2]와 같다. 그림에서 가동률(ρ)은 도착률(λ)을 서비스율(μ)로 나눈 수치이며, 이 값이 1보다 크면 고객에 대한 서비스가 불가능하다. **도착률**(mean arrival rate)은 단위 시간당 서비스시스템에 도착한 평균 고객수이고, **서비스율**(mean service rate)은 서비스시스템이 단위 시간당 서비스를 제공한 평균 고객수이다. 가동률이 0.7일 때 서비스능력이 최대가 되는 것이 보통이지만, 서비스 전달시스템의 유형에 따라 이를 조정할 수 있다. 가동률 0.7에서 서버는 바쁘지만, 서비스 창출에 필요한 시간적 여유를 확보할 만큼의 서비스능력을 지닌다. 가동률이 0.7보다 클수록, 서비스 창출에 필요한 시간이 줄어들게 됨에 따라, 고객의 요구사항이 제한되어 서비스품질이 감소한다. 가동률이 0.7보다 작을수록, 서비스 창출에 소요되는 시간이 늘어남에 따라, 고객의 다양한 요구사항이 반영되어 서비스품질이 증가한다.

최적 가동률은 서비스시스템의 목적과 전략에 따라 달라질 수 있다. 임계 영역(critical zone)이라 일컫는 가동률 0.7~1.0에서, 자동세차, 롤러코스터 등 예측이 가능한 서비스를 제공하는 서비스시스템 또는 우편분류 작업처럼 고객 접촉이 낮은 서비스시스템은 가동률을 높일수록 서비스능력이 최적이라 할 수 있다. 이에 반하여 손세차, 미용 등 예측이 어려운 서비스

그림 11-2 가동률과 서비스품질의 관계[Jacobs et al.(2017)]

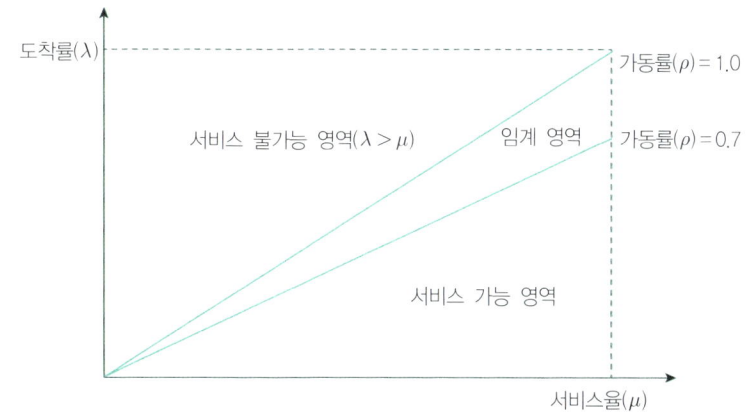

를 제공하는 서비스시스템 또는 병원 응급실, 소방서처럼 고객 접촉이 높거나 생사와 관련한 서비스시스템은 가동률을 낮추는 서비스능력이 최적일 수 있다.

다음으로, 서비스 조직은 수율관리를 적용하여 서비스 수요의 주기성에 대처한다. **수율관리**(yield management)는 예상되는 서비스 수요에 서비스 공급을 일치시키기 위하여 고객에게 적절한 시간에 적절한 가격으로 적절한 서비스능력을 할당하는 것을 말한다. 성수기와 비수기의 서비스 가격 차별화처럼 항공사, 렌터카, 호텔 등이 서비스 수요와 서비스능력에 따라 가격 폭을 결정하는 것이 이에 해당한다. 또한 성수기에 서비스 인력을 추가 배치하거나 서비스의 일부 또는 전부를 외주하는 것, 비수기에 유휴 능력을 보완 또는 대체 서비스에 활용하는 것, 사전 판매가 가능한 서비스에서 초과예약, 예약금, 예약취소 수수료의 범위를 결정하는 것 등이 수율관리에 포함된다.

11.3 서비스설계

서비스 조직은 서비스전략에 따라 서비스를 설계한다. **서비스전략**(service strategy)은 고객에게 제공할 서비스의 종류, 유형, 경쟁우위와 관련한 것이고, 서비스의 본질, 초점, 표적시장을 결정한다. 예를 들어, 패스트푸드 식당의 서비스전략은 일정한 품질의 음식을 고객에게 값싸고 신속하게 제공하는 것이다. 서비스 조직은 고객의 요구변동 정도와 접촉 정도를 고려하여 서비스를 설계한다고 할 수 있는데, 이는 이들 두 가지 고려사항이 서비스의 표준화와 고객화 수준에 영향을 미치기 때문이다. 고객의 **요구변동** (order variation) 정도는 고객이 서비스시스템에서 야기하는 불확실성의 수준으로 정의되며, **고객의 접촉**(customer contact) 정도는 고객에게 서비스를 제공하는 데 소요되는 총시간에서 고객이 서비스시스템에 머무는 시간의 비율로 측정된다. 고객 접촉 정도가 낮을수록 고객의 요구변동이 감소하여 서비스시스템을 보다 효율적으로 설계할 수 있고, 이에 따라 서비스의 표준화 수준이 높아진다. 이에 반하여 고객 접촉 정도가 높을수록 고객의 요구변동이 증가하여 서비스시스템을 고객과 상호작용하도록 설계할 수 있고, 이에 따라 서비스의 고객화 수준이 높아진다.

서비스 조직은 서비스 청사진을 이용하여 고객의 접촉 정도를 분석하고, 이로부터 고객의 접촉 정도가 높은 서비스와 낮은 서비스를 구분하여 서비스를 설계한다.

11.3.1 서비스 청사진

서비스 청사진(service blueprint)은 서비스 조직이 고객에게 서비스를 전달하는 과정에 포함된 모든 활동을 순차적으로 보여주는 흐름도이다. 서비스 조직은 서비스 청사진을 작성하고 분석함으로써, 각 활동에서 고객의 요구변동과 접촉 정도를 파악하고, 각 활동에서 고객에 의해 야기되는 불확실성에 대한 대안들을 사전에 마련하며, 더 나아가 서비스시스템이 도착률에 따른 서비스율을 조정하는 데 활용한다.

서비스 청사진은 다음과 같은 주요 단계로 작성된다. 첫째, 서비스의 경계를 결정하고 필요한 세부 수준을 결정한다. 둘째, 고객의 행동, 서비스 활동, 고객 및 서비스 사이의 상호작용을 파악하고 결정한다. 셋째, 각 행동, 활동, 상호작용의 소요 시간과 이 시간의 평균 및 분산 시간을 측정한다. 마지막으로, 서비스 실패가 일어날 만한 곳 또는 고객의 요구변동이 큰 곳을 파악하여 이를 방지하거나 최소화할 대안을 수립한다.

[그림 11-3]은 한 식당을 대상으로 작성한 서비스 청사진의 예이다. 그림에서 윗부분은 고객이 식당에 도착하여 떠날 때까지의 순차적 행동들을 나타내고, 그 바로 아래는 고객과 접점(encounter)에 있는 현장직원의 상호작용 행동들을 보여준다. 이 아래는 가시선을 경계로 주방 조리원과 같은 후방직원의 행동들과, 내부상호작용선을 경계로 하는 지원시스템의 활

그림 11-3　식당의 서비스 청사진 작성 예

물리적 증거	식당 건물	테이블	메뉴판	음식	계산서	
고객 행동	도착	앉기	주문	식사	지불	출발
상호작용선						
현장직원	인사 예약 확인 자리 안내	인사 물잔 채움 메뉴판 전달	메뉴 설명 특별 사항 설명 주문 접수	수시 점검	계산서 전달 영수증 전달	테이블 정리
가시선						
후방직원			음식 준비 요리			식기 세척
내부상호작용선						
지원시스템	예약시스템		식자재 주문		계산 영수증 발행	테이블보 세탁

동들을 보여준다.

11.3.2 서비스 분류

서비스 조직은 고객의 접촉 정도를 분리하고 서비스 주체를 달리하여 서비스를 설계한다(Roger W. Schmenner, 1986). 고객 접촉 정도가 낮고 주로 설비 또는 기술에 의해 서비스를 창출하는 **서비스공장**(service factory) 유형의 조직은 표준화된 서비스가 고객에게 대량으로 전달되도록 설계하며, 항공사의 운송과 놀이공원의 롤러코스터가 여기에 해당된다. 고객 접촉 정도가 낮고 주로 노동에 의해 서비스를 창출하는 **대량서비스**(mass service) 유형의 조직은 고객의 요구사항을 제한하는 일관된 품질의 서비스가 고객에게 전달되도록 설계하는데, 패스트푸드 식당과 학원이 대표적인 예이다. 고객 접촉 정도가 높고 주로 설비 또는 기술에 의해 서비스를 창출하는 **서비스숍**(service shop) 유형의 조직은 고객의 요구사항이 반영된 고객화된 서비스가 고객에게 전달되도록 설계하며, 종합병원과 자동차 수리센터가 여기에 해당한다. 마지막으로, 고객 접촉 정도가 높고 주로 노동에 의해 서비스를 창출하는 전문서비스(professional service) 유형의 조직은 고객에게 맞춤화된 서비스가 고객과 상호작용되도록 설계하는데, 법률사무소와 회계법인이 대표적인 예이다.

서비스 조직은 서비스전략, 예를 들어 서비스 표준화 또는 고객화 수준을 결정한 후, 서비스 청사진을 통해 파악된 고객의 행동, 서비스 활동, 고객 및 서비스 사이의 상호작용에 관한 소요 시간과 요구변동을 제한하거나 조정한다. 이로부터 고객에게 서비스를 전달하는 주체, 즉 노동과 설비 또는 기술의 유형, 예를 들어 직원의 관여 정도와 숙련 정도, 그리고 설비 또는 기술의 자동화 정도를 결정한다.

11.4 대기행렬관리

대기행렬관리(waiting-line management)는 대기행렬 상황에서 서비스능력 비용과 고객대기 비용의 합을 최소화하는 것을 목표로 한다. **서비스능력 비용**(cost of service capacity)은 서비스시스템이 고객에게 서비스를 제공하기 위한 능력을 유지하기 위한 비용이다. 예를 들어, 병원의 병상 수, 슈퍼마켓의 계산대 수, 고속도로의 차선 수가 그것이다. **고객대기 비용**(cost of customers waiting)은 고객의 대기시간에 대한 불만족 정도를 나타내는 것으로, 정확한 측정이 어렵지만, 고객의 서비스시스템 이탈, 요구 철회, 재방문 거절 등에 따른 잠재적 손실이다. [그림 11-4]는 서비스능력과 비용 사이의 관계를 보여준다(William J. Stevenson, 2020). 서비스능력이 증가함에 따라 대기하는 고객의 수와 그들이 대기하는 시간이 감소하여 고객대기 비용이 감소한다. 이 그림에서 서비스능력 비용과 고객대기 비용은 상충관계에 있고, 총비용은 U자형의 곡선을 나타내며, 이 총비용을 최소화하는 서비스능력의 수준을 확인할 수 있다. 그림에서 보는 바와 같이, 총비용의 최소점은 재고관리의 경제적 주문량(EOQ) 모형과 달리 두 개의

그림 11-4 서비스능력과 비용의 관계

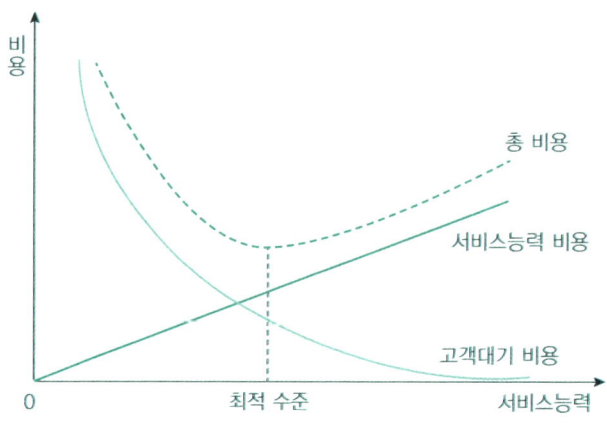

비용선이 교차하는 지점이 아니다. 따라서 대기행렬관리는 특정 수준의 서비스능력으로 고객에게 서비스를 전달하는 데 필요한 비용과 이 서비스를 요구하며 기다리는 고객의 대기비용 사이의 균형을 유지하는 것이라 할 수 있다.

11.4.1 대기행렬모형

서비스 조직은 서비스능력 비용과 고객대기 비용의 균형관계를 분석하는 데에 대기행렬모형(queuing model)을 사용한다. 물론 서비스 조직은 대기행렬의 길이, 서비스시스템에 있는 고객의 수, 고객의 대기시간, 고객의 서비스시스템 내에서의 총시간, 서비스시스템의 가동률에서의 다양한 상황들 각각을 화폐가치로 환산하는 비용분석을 할 수도 있다. 그렇지만 대형마트의 계산대에서 고객의 대기시간을 화폐가치로 환산하는 것처럼 특정 상황에 대한 비용분석이 쉬운 것은 아니다. 이러한 경우에 각 상황의 비용과 변화가 없는 상황의 주관적 비용을 비교할 수 있지만, 대기행렬모형은 시간 단위의 측면에서 이들 비용에 관한 통찰을 제공한다.

본서는 무한 원천의 고객모집단으로부터 하나의 서버를 지닌 서비스시스템에 도착한 고객에게 선착순(first come, first served) 규칙으로 단일 단계(single phase)의 서비스를 전달하는 상황에 관하여 분석한다. 교량의 한 요금소가 한 차선으로 통행요금을 징수하거나 매장의 한 창구에서 드라이브 스루(drive-thru)로 주문을 완료하는 상황이 이에 해당한다. 이 상황을 분석하기 위한 대기행렬모형을 단일창구(single channel) 모형이라 한다. 이 모형은 다음과 같은 가정(assumption)을 가진다.

a. **고객모집단**(population): 고객 원천은 무한하며(infinite), 모든 고객은 독립적으로 서비스시스템에 도착하여 서비스를 받을 때까지 이탈하거나 서비스 요구를 철회하지 않는다.

b. **도착형태**(arrival pattern): 고객의 도착시간 분포는 포아송분포(Poisson distribution)이고, 평균 도착률은 λ이다.

c. **서비스형태**(service pattern): 서버의 서비스시간 분포는 지수분포(exponential distribution)이고, 평균 서비스율은 μ이다.

d. **대기행렬 형성**(queue configuration): 대기행렬의 길이는 무제한이고, 경로는 단일하다.

e. **대기행렬 규칙**(queue discipline): 고객은 도착한 순서대로 서비스를 받는다.

이와 같은 가정으로 〈예제 11-1〉과 같은 서비스시스템의 다양한 운영 특성을 설명할 수 있다.

예제 11-1 단일창구 모형의 간단한 예

어느 대학교 경영관 1층에 한 대의 현금인출기가 설치되어 이용되고 있다. 이 현금인출기에 평균적으로 시간당 10명의 이용자들이 포아송분포에 따라 도착하고, 이들의 현금인출기를 이용한 은행거래 시간은 평균 3분의 지수분포를 따른다고 할 때, 이 현금인출기의 운영 특성을 살펴보도록 하자.

〈예제 11-1〉에서, 어떤 학생이 이 현금인출기를 이용하기 위해 도착했을 때, 다른 학생이 현금인출기를 사용하고 있을 확률을 현금인출기의 가동률로 구할 수 있다.

ρ = 서비스시스템의 평균 이용률(가동률) = λ/μ (11.1)

∴ ρ = 10(명/시간)/20(명/시간) = 0.5

예제에서 도착률은 10(명/시간)이고, 서비스율은 20(명/시간, =(1명/3분)*60분))이므로, 다른 학생이 현금인출기를 사용하고 있을 확률은 50%이다. 그렇지만 어떤 학생이 이 현금인출기를 이용하기 위해 도착했을 때, 현금인출기를 사용하기 위해 대기하고 있거나 사용하는 사람이 아무도 없을 확률은 다음과 같이 구한다.

P_n = 서비스시스템에 정확히 n명의 고객이 있을 확률

= $(1-\rho)\rho^n$ (11.2)

앞서 가동률은 0.5이므로, 현금인출기를 사용하기 위해 대기하고 있거나 사용하는 사람이 아무도 없을 확률, 즉 서비스시스템에 0명의 고객이 있을 확률은 $0.5(=(1-0.5)*0.5^0)$이다.

또한, 이 현금인출기를 사용하기 위해 대기하고 있거나 사용 중인 사람은 평균적으로 몇 명인지, 그리고 이 현금인출기를 사용하기 위해 대기하는 사람은 평균적으로 몇 명인지를 다음의 식들을 이용하여 구한다.

L = 서비스시스템 내에 있는 평균 고객 수

= $\lambda/(\mu-\lambda)$ (11.3)

Lq = 대기행렬에 있는 평균 고객 수 = ρL (11.4)

∴ $L = 10/(20-10) = 1$(명)

$Lq = 0.5*1 = 0.5$(명)

이 현금인출기를 사용하기 위해 대기하고 있거나 사용 중인 사람은 평균적으로 1명이고, 이 현금인출기를 사용하기 위해 대기하는 사람은 평균

적으로 0.5명이다. 이에 따라 이 현금인출기의 사용을 위해 서비스시간을 포함하여 1인당 소비하는 평균 시간과, 이 현금인출기의 사용을 위해 1인당 대기하는 평균 시간은 각각 다음과 같은 식을 이용하여 구한다.

$$W = 서비스시스템\ 내에서의\ 평균\ 시간 = 1/(\mu - \lambda) \qquad (11.5)$$

$$Wq = 대기행렬에서의\ 평균\ 시간 = \rho W \qquad (11.6)$$

$$\therefore\ W = 1/(20 - 10) = 0.1(시간) = 6(분)$$

$$Wq = 0.5 * 0.1 = 0.05(시간) = 3(분)$$

즉, 이 현금인출기를 사용하는 데 1인당 평균 6분을 소비하고, 이 중 대기행렬에서 기다리는 평균 시간은 1인당 3분이다.

11.4.2 컴퓨터 모의실험

고객모집단의 원천, 고객의 도착형태, 대기행렬의 길이, 수, 규칙과 같은 구조, 서버의 서비스형태에 따라 다양한 상황들이 조합될 수 있으며, 이들 상황을 분석하기 위한 각각의 대기행렬모형이 있다. 이들 모형의 수식과 해법이 매우 복잡하여 일반적으로 컴퓨터 모의실험(computer simulation)을 이용하여 문제를 해결한다.

연습문제

11-1 어느 중국요리 전문식당이 TV에 소개되면서 이 식당을 찾는 손님이 계속해서 증가하고 있다. 식당 주인은 지금의 서비스능력으로 TV 방영 전과 마찬가지로 손님에게 양질의 음식과 응대 서비스를 제공할 수 있을지 우려하고 있다. 식당 주인은 일주일 중 가장 바쁜 금요일 저녁 시간과 토요일 오후 시간에 식당을 찾는 손님이 몇 명인지 그리고 이들을 위한 서비스시간이 얼마나 소요되는지에 관하여 조사하였다. 이 시간대에 시간당 평균 75명의 손님이 식당에 도착하는 것으로 나타났고, 식당 주인은 시간당 평균 100명의 손님에게 서비스를 제공할 수 있다고 판단하고 있다.

    a) 금요일 저녁 시간과 토요일 오후 시간에 식당의 서비스능력은 서비스 가능 영역, 임계 영역, 서비스 불가능 영역 중 어디에 해당하는가?

    b) 식당 주인은 손님에게 양질의 음식과 응대 서비스를 지속해서 제공한다면 식당을 찾는 손님의 수가 두 배 증가할 것으로 예상하고 있다. 식당 주인이 식당의 서비스능력을 임계 영역에서 벗어나 서비스 가능 영역에 진입시키려면, 서비스능력을 얼마큼 더 늘려야 하는가?

11-2 어느 대형마트는 고객 중 70세 이상 고령자의 장보기를 지원하는 데 노력하고 있다. 대형마트의 노력 중 하나가 고령자들만을 위한 별도의 계산대 1대를 평일 영업시간에 운영하는 것이다. 이 시간대에 시간당 평균 30명의 고령자 고객이 전용 계산대에 도착하고, 1명의 직원이 이 계산대에서 시간당 평균 35명의 고령자 고객에게 계산 관련 서비스를 제공하고 있다.

    a) 평일 영업시간에 고령자 전용 계산대의 서비스능력은 서비스 가능 영역, 임계 영역, 서비스 불가능 영역 중 어디에 해당하는가?

    b) 대형마트가 평일 영업시간에 고령자 전용 계산대에서 포장 및 응대 서비스를 추가하기로 하였다. 대형마트가 고령자 전용 계산대의 서비스능력을 임계 영역에서 벗어나 서비스 가능 영역에 진입시키려면, 서비스능력을 얼마큼 더 늘려야 하는가?

11-3 어느 대학교 경영학과 사무실 내에 학생 전용의 오래된 컴퓨터 한 대가 있다. 경영학과 사무실은 이 컴퓨터를 더욱 빠른 성능의 새로운 컴퓨터로 교체하려고 한다. 먼저 경영학과 사무실은 기존 컴퓨터의 이용에 관한 과거 기록을 분석함으로써, 컴퓨터를

사용하려는 학생들의 평균 도착률이 시간당 12명이고 포아송분포(Poisson distribution)를 따르며, 서비스시간은 평균 3분의 지수분포(exponential distribution)라는 것을 알았다. 다음 물음에 답하여라.

  a) 기존 컴퓨터의 평균 이용률(average utilization)은 얼마인가?
  b) 기존 컴퓨터를 사용하기 위해 서비스시스템 내에 있는 평균 학생 수를 구하여라.
  c) 기존 컴퓨터를 사용하기 위해 대기행렬에 있는 평균 학생 수를 구하여라.
  d) 기존 컴퓨터의 사용을 위해 학생 1인당 소비하는 평균 시간은 얼마인가?
  e) 기존 컴퓨터의 사용을 위해 학생 1인당 대기하는 평균 시간은 얼마인가?
  f) 어떤 학생이 기존 컴퓨터를 사용하기 위해 경영학과 사무실에 도착했을 때, 이 컴퓨터를 사용하기 위해 대기하고 있거나 사용 중인 학생이 2명을 초과할 확률을 구하여라.
  g) 경영학과 사무실이 평균 회전 시간(학생 한 명이 컴퓨터를 사용하기 위해 소비하는 평균 시간)이 3분 또는 그 미만이 되는 새로운 컴퓨터의 교체를 고려하고 있다면, 새로운 컴퓨터의 시간당 최소 처리율은 얼마가 되어야 하는가?

11-4 어느 대형마트는 고객 중 70세 이상 고령자의 장보기를 지원하는 데 노력하고 있다. 대형마트의 노력 중 하나가 고령자들만을 위한 별도의 계산대 1대를 평일 영업시간에 운영하는 것이다. 이 시간대에 시간당 평균 30명의 고령자 고객이 포아송분포(Poisson distribution)로 전용 계산대에 도착하고, 1명의 직원이 이 계산대에서 시간당 평균 40명의 고령자 고객에게 계산 관련 서비스를 제공하고 있다. 이 서비스의 시간이 지수분포(exponential distribution)라고 할 때, 다음 물음에 답하여라.

  a) 평일 영업시간에 고령자 전용 계산대의 평균 이용률(average utilization)은 얼마인가?
  b) 평일 영업시간에 고령자 전용 계산대를 이용하기 위해 서비스시스템 내에 있는 평균 고객 수를 구하여라.
  c) 평일 영업시간에 고령자 전용 계산대를 이용하기 위해 대기행렬에 있는 평균 고객 수를 구하여라.
  d) 평일 영업시간에 고령자 전용 계산대의 이용을 위해 고객 1인당 소비하는 평균 시간은 얼마인가?
  e) 평일 영업시간에 고령자 전용 계산대의 이용을 위해 고객 1인당 대기하는 평균 시간은 얼마인가?

f) 평일 영업시간에 어떤 고령자 고객이 전용 계산대에 도착했을 때, 계산 관련 서비스를 지원받기 위해 대기하고 있거나 지원받고 있는 고객이 2명을 초과할 확률을 구하여라.

g) 대형마트가 고령자 고객이 이 전용 계산대에서 평균적으로 단지 5분 동안만 머무르게 하기 위해서는 시간당 서비스율을 얼마로 변경해야 하는가?

탐구문제

11-5 당신이 경험한 서비스 중 단일창구 모형의 특성을 갖는 서비스시스템을 하나 선정하고, [그림 11-3]과 같은 서비스 청사진을 작성하자. 대기행렬 모형을 이용하여 이 서비스시스템을 분석하는 것이 가능한가?

[부표]

표준정규분포표

[부표] 표준정규분포표

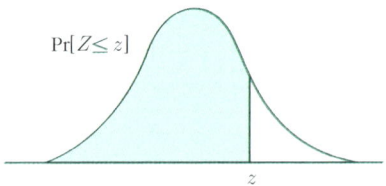

z	−0.00	−0.01	−0.02	−0.03	−0.04	−0.05	−0.06	−0.07	−0.08	−0.09
−4.0	0.00003	0.00003	0.00003	0.00003	0.00003	0.00003	0.00002	0.00002	0.00002	0.00002
−3.9	0.00005	0.00005	0.00004	0.00004	0.00004	0.00004	0.00004	0.00004	0.00003	0.00003
−3.8	0.00007	0.00007	0.00007	0.00006	0.00006	0.00006	0.00006	0.00005	0.00005	0.00005
−3.7	0.00011	0.00010	0.00010	0.00010	0.00009	0.00009	0.00008	0.00008	0.00008	0.00008
−3.6	0.00016	0.00015	0.00015	0.00014	0.00014	0.00013	0.00013	0.00012	0.00012	0.00011
−3.5	0.00023	0.00022	0.00022	0.00021	0.00020	0.00019	0.00019	0.00018	0.00017	0.00017
−3.4	0.00034	0.00032	0.00031	0.00030	0.00029	0.00028	0.00027	0.00026	0.00025	0.00024
−3.3	0.00048	0.00047	0.00045	0.00043	0.00042	0.00040	0.00039	0.00038	0.00036	0.00035
−3.2	0.00069	0.00066	0.00064	0.00062	0.00060	0.00058	0.00056	0.00054	0.00052	0.00050
−3.1	0.00097	0.00094	0.00090	0.00087	0.00084	0.00082	0.00079	0.00076	0.00074	0.00071
−3.0	0.0014	0.0013	0.0013	0.0012	0.0012	0.0011	0.0011	0.0011	0.0010	0.0010
−2.9	0.0019	0.0018	0.0018	0.0017	0.0016	0.0016	0.0015	0.0015	0.0014	0.0014
−2.8	0.0026	0.0025	0.0024	0.0023	0.0023	0.0022	0.0021	0.0021	0.0020	0.0019
−2.7	0.0035	0.0034	0.0033	0.0032	0.0031	0.0030	0.0029	0.0028	0.0027	0.0026
−2.6	0.0047	0.0045	0.0044	0.0043	0.0042	0.0040	0.0039	0.0038	0.0037	0.0036
−2.5	0.0062	0.0060	0.0059	0.0057	0.0055	0.0054	0.0052	0.0051	0.0049	0.0048
−2.4	0.0082	0.0080	0.0078	0.0076	0.0073	0.0071	0.0070	0.0068	0.0066	0.0064
−2.3	0.0107	0.0104	0.0102	0.0099	0.0096	0.0094	0.0091	0.0089	0.0087	0.0084
−2.2	0.0139	0.0136	0.0132	0.0129	0.0126	0.0122	0.0119	0.0116	0.0113	0.0110
−2.1	0.0179	0.0174	0.0170	0.0166	0.0162	0.0158	0.0154	0.0150	0.0146	0.0143
−2.0	0.0228	0.0222	0.0217	0.0212	0.0207	0.0202	0.0197	0.0192	0.0188	0.0183
−1.9	0.0287	0.0281	0.0274	0.0268	0.0262	0.0256	0.0250	0.0244	0.0239	0.0233
−1.8	0.0359	0.0352	0.0344	0.0336	0.0329	0.0322	0.0314	0.0307	0.0301	0.0294
−1.7	0.0446	0.0436	0.0427	0.0418	0.0409	0.0401	0.0392	0.0384	0.0375	0.0367
−1.6	0.0548	0.0537	0.0526	0.0516	0.0505	0.0495	0.0485	0.0475	0.0465	0.0455
−1.5	0.0668	0.0655	0.0643	0.0630	0.0618	0.0606	0.0594	0.0582	0.0571	0.0559
−1.4	0.0808	0.0793	0.0778	0.0764	0.0749	0.0735	0.0722	0.0708	0.0694	0.0681
−1.3	0.0968	0.0951	0.0934	0.0918	0.0901	0.0885	0.0869	0.0853	0.0838	0.0823
−1.2	0.1151	0.1131	0.1112	0.1094	0.1075	0.1057	0.1038	0.1020	0.1003	0.0985
−1.1	0.1357	0.1335	0.1314	0.1292	0.1271	0.1251	0.1230	0.1210	0.1190	0.1170
−1.0	0.1587	0.1563	0.1539	0.1515	0.1492	0.1469	0.1446	0.1423	0.1401	0.1379
−0.9	0.1841	0.1814	0.1788	0.1762	0.1736	0.1711	0.1685	0.1660	0.1635	0.1611
−0.8	0.2119	0.2090	0.2061	0.2033	0.2005	0.1977	0.1949	0.1922	0.1894	0.1867
−0.7	0.2420	0.2389	0.2358	0.2327	0.2297	0.2266	0.2236	0.2207	0.2177	0.2148
−0.6	0.2743	0.2709	0.2676	0.2644	0.2611	0.2579	0.2546	0.2514	0.2483	0.2451
−0.5	0.3085	0.3050	0.3015	0.2981	0.2946	0.2912	0.2877	0.2843	0.2810	0.2776
−0.4	0.3446	0.3409	0.3372	0.3336	0.3300	0.3264	0.3228	0.3192	0.3156	0.3121
−0.3	0.3821	0.3783	0.3745	0.3707	0.3669	0.3632	0.3594	0.3557	0.3520	0.3483
−0.2	0.4207	0.4168	0.4129	0.4091	0.4052	0.4013	0.3974	0.3936	0.3897	0.3859
−0.1	0.4602	0.4562	0.4522	0.4483	0.4443	0.4404	0.4364	0.4325	0.4286	0.4247
0.0	0.5000	0.4960	0.4920	0.4880	0.4841	0.4801	0.4761	0.4721	0.4681	0.4641

| 부표 표준정규분포표 |

z	0.00	0.01	0.02	0.03	0.04	0.05	0.06	0.07	0.08	0.09
0.0	0.5000	0.5040	0.5080	0.5120	0.5160	0.5199	0.5239	0.5279	0.5319	0.5359
0.1	0.5398	0.5438	0.5478	0.5517	0.5557	0.5596	0.5636	0.5675	0.5714	0.5754
0.2	0.5793	0.5832	0.5871	0.5910	0.5948	0.5987	0.6026	0.6064	0.6103	0.6141
0.3	0.6179	0.6217	0.6255	0.6293	0.6331	0.6368	0.6406	0.6443	0.6480	0.6517
0.4	0.6554	0.6591	0.6628	0.6664	0.6700	0.6736	0.6772	0.6808	0.6844	0.6879
0.5	0.6915	0.6950	0.6985	0.7019	0.7054	0.7088	0.7123	0.7157	0.7190	0.7224
0.6	0.7258	0.7291	0.7324	0.7357	0.7389	0.7422	0.7454	0.7486	0.7518	0.7549
0.7	0.7580	0.7612	0.7642	0.7673	0.7704	0.7734	0.7764	0.7794	0.7823	0.7852
0.8	0.7881	0.7910	0.7939	0.7967	0.7996	0.8023	0.8051	0.8079	0.8106	0.8133
0.9	0.8159	0.8186	0.8212	0.8238	0.8264	0.8289	0.8315	0.8340	0.8365	0.8389
1.0	0.8413	0.8438	0.8461	0.8485	0.8508	0.8531	0.8554	0.8577	0.8599	0.8621
1.1	0.8643	0.8665	0.8686	0.8708	0.8729	0.8749	0.8770	0.8790	0.8810	0.8830
1.2	0.8849	0.8869	0.8888	0.8907	0.8925	0.8944	0.8962	0.8980	0.8997	0.9015
1.3	0.9032	0.9049	0.9066	0.9082	0.9099	0.9115	0.9131	0.9147	0.9162	0.9177
1.4	0.9192	0.9207	0.9222	0.9236	0.9251	0.9265	0.9279	0.9292	0.9306	0.9319
1.5	0.9332	0.9345	0.9357	0.9370	0.9382	0.9394	0.9406	0.9418	0.9430	0.9441
1.6	0.9452	0.9463	0.9474	0.9485	0.9495	0.9505	0.9515	0.9525	0.9535	0.9545
1.7	0.9554	0.9564	0.9573	0.9582	0.9591	0.9599	0.9608	0.9616	0.9625	0.9633
1.8	0.9641	0.9649	0.9656	0.9664	0.9671	0.9678	0.9686	0.9693	0.9700	0.9706
1.9	0.9713	0.9719	0.9726	0.9732	0.9738	0.9744	0.9750	0.9756	0.9762	0.9767
2.0	0.9773	0.9778	0.9783	0.9788	0.9793	0.9798	0.9803	0.9808	0.9812	0.9817
2.1	0.9821	0.9826	0.9830	0.9834	0.9838	0.9842	0.9846	0.9850	0.9854	0.9857
2.2	0.9861	0.9865	0.9868	0.9871	0.9875	0.9878	0.9881	0.9884	0.9887	0.9890
2.3	0.9893	0.9896	0.9898	0.9901	0.9904	0.9906	0.9909	0.9911	0.9913	0.9916
2.4	0.9918	0.9920	0.9922	0.9925	0.9927	0.9929	0.9931	0.9932	0.9934	0.9936
2.5	0.9938	0.9940	0.9941	0.9943	0.9945	0.9946	0.9948	0.9949	0.9951	0.9952
2.6	0.9953	0.9955	0.9956	0.9957	0.9959	0.9960	0.9961	0.9962	0.9963	0.9964
2.7	0.9965	0.9966	0.9967	0.9968	0.9969	0.9970	0.9971	0.9972	0.9973	0.9974
2.8	0.9974	0.9975	0.9976	0.9977	0.9977	0.9978	0.9979	0.9980	0.9980	0.9981
2.9	0.9981	0.9982	0.9983	0.9983	0.9984	0.9984	0.9985	0.9985	0.9986	0.9986
3.0	0.9987	0.9987	0.9987	0.9988	0.9988	0.9989	0.9989	0.9989	0.9990	0.9990
3.1	0.99903	0.99906	0.99910	0.99913	0.99916	0.99918	0.99921	0.99924	0.99926	0.99929
3.2	0.99931	0.99934	0.99936	0.99938	0.99940	0.99942	0.99944	0.99946	0.99948	0.99950
3.3	0.99952	0.99953	0.99955	0.99957	0.99958	0.99960	0.99961	0.99962	0.99964	0.99965
3.4	0.99966	0.99968	0.99969	0.99970	0.99971	0.99972	0.99973	0.99974	0.99975	0.99976
3.5	0.99977	0.99978	0.99978	0.99979	0.99980	0.99981	0.99981	0.99982	0.99983	0.99983
3.6	0.99984	0.99985	0.99985	0.99986	0.99986	0.99987	0.99987	0.99988	0.99988	0.99989
3.7	0.99989	0.99990	0.99990	0.99990	0.99991	0.99991	0.99992	0.99992	0.99992	0.99992
3.8	0.99993	0.99993	0.99993	0.99994	0.99994	0.99994	0.99994	0.99995	0.99995	0.99995
3.9	0.99995	0.99995	0.99996	0.99996	0.99996	0.99996	0.99996	0.99996	0.99997	0.99997
4.0	0.99997	0.99997	0.99997	0.99997	0.99997	0.99997	0.99998	0.99998	0.99998	0.99998

연습문제 해답(홀수번)

1-1 생략

1-3 생략

1-5 새로운 설비 도입 전 노동생산성 = 24대/(2명*8시간) = 1.5(대/명・시간)
새로운 설비 도입 후 노동생산성 = 30대/(2명*8시간) = 1.875(대/명・시간)
노동생산성의 증가율 = (1.875 − 1.5)/1.5 = 0.25이므로, **25% 증가**.

2-1
a) $F_7 = (D_2 + D_3 + D_4 + D_5 + D_6)/5 = (45+42+44+46+50)/5 = 227/5 = $ **45.4(kg)**

b) $F_7 = w_4 D_4 + w_5 D_5 + w_6 D_6 = 0.2*44 + 0.3*46 + 0.5*50 = $ **47.6(kg)**

c) $F_7 = \alpha D_6 + (1-\alpha) F_6 = 0.5*50 + (1-0.5)*45 = $ **47.5(kg)**

2-3
a) 3개 (이유 생략)
b) 아래 표 중 '인접계절평균치' 참조 (단위: 백만 원, 지수는 단위 없음)

계절	t	수요	인접계절평균치	계절지수	표준계절지수		
A	1	20					
B	2	35	40.000	0.875			
C	3	65	41.000	1.585			
A	4	23	44.000	0.523	0.611	0.607(0.607395)	0.607 (A)
B	5	44	46.000	0.957	0.945	0.939(0.939425)	0.940 (B)
C	6	71	49.000	1.449	1.462	1.453(1.453375)	1.453 (C)
A	7	32	52.000	0.615	============		=====
B	8	53	54.000	0.981	3.018	2.999	3.000
C	9	77	57.000	1.351			
A	10	41	59.000	0.695			
B	11	59	61.000	0.967			
C	12	83					

$m = 10$, $\Sigma t = 65$, $\Sigma Y_t = 503$, $\Sigma t Y_t = 3473$, $\Sigma t^2 = 505$.

$b = (m*\Sigma t Y_t - \Sigma t * \Sigma Y_t)/(m*\Sigma t^2 - (\Sigma t)^2)$

$\quad = (10*3473 - 65*503)/(10*505 - 65^2) = 2.467$

$a = (\Sigma Y_t - b*\Sigma t)/m = (503 - (2.467)*65)/10 = 34.265$

→ $\overline{Y}_t = 34.265 + 2.467t$ (백만 원)

c) 생략

d) 위의 표 중 '표준계절지수' 참조

e) 추세선으로 기간 13,14기의 추세수요를 구한 후 표준계절지수를 곱하여 구함.

   A 13 → $(34.265 + 2.467*13)*0.607 = $ **40.266**(백만 원)

   B 14 → $(34.265 + 2.467*14)*0.940 = $ **64.675**(백만 원)

f) 오차 $(e_{13}, e_{14}) = (40 - 40.266, 65 - 64.675) = (-0.266, 0.325)$,

   ME $= (-0.266 + 0.325)/2 = $ **0.030**(백만 원)

   MSE $= ((-0.266)^2 + 0.325^2)/2 = $ **0.088**(백만 원^2)

   MAD $= (|-0.266| + |0.325|)/2 = $ **0.296**(백만 원)

   MAPE $= (|-0.266/40| + |0.325/65|)*100/2 = $ **0.583**(%)

   TS $= p*$ME/MAD $= 2*(0.030)/0.296 = $ **0.203**

2-5 a) 4개 (이유 생략)

b) 아래 표 중 '인접계절평균치' 참조 (단위: kg, 지수는 단위 없음)

계절	t	수요	인접계절평균치	계절지수	표준계절지수	
A	1	58				
B	2	54				
C	3	50	53.500	0.935	0.929	0.925 (C)
D	4	53	53.250	0.995	0.995	0.991 (D)
A	5	56	53.000	1.057	1.063	1.059 (A)
B	6	54	52.500	1.029	1.029	1.025 (B)
C	7	48	52.000	0.923	======	=====
D	8	51	51.250	0.995	4.016	4.000
A	9	54	50.500	1.069		
B	10	50				
C	11	46				

$n = 7$, $\Sigma t = 42$, $\Sigma Y_t = 366$, $\Sigma t Y_t = 2182$, $\Sigma t^2 = 280$.

$b = (n*\Sigma t Y_t - \Sigma t * \Sigma Y_t)/(n*\Sigma t^2 - (\Sigma t)^2)$

  $= (7*2182 - 42*366)/(7*280 - 42^2) = $ **−0.500**

$a = (\Sigma Y_t - b*\Sigma t)/n = (366 - (-0.500)*42)/7 = $ **55.286**

→ $\overline{Y}_t = 55.286 - 0.500t$ (kg)

c) 생략

d) 위의 표 중 '표준계절지수' 참조

e) 추세선으로 기간 12,13의 추세수요를 구한 후 표준계절지수를 곱하여 구함.

　　D　12　→　$(55.286 - 0.500*12)*0.991 = 48.842$(kg)

　　A　13　→　$(55.286 - 0.500*13)*1.059 = 51.664$(kg)

f) 오차 $(e_{12}, e_{13}) = (49 - 48.842, 50 - 51.664) = (0.158, -1.664)$,

　　ME $= (0.158 - 1.664)/2 = -0.753$(kg)

　　MSE $= (0.158^2 + (-1.664)^2)/2 = 1.397$(kg^2)

　　MAD $= (|0.158| + |-1.664|)/2 = 0.911$(kg)

　　MAPE $= (|0.158/49| + |-1.664/50|)*100/2 = 1.825$(%)

　　TS $= p*$ME/MAD $= 2*(-0.753)/0.911 = -1.653$

3-1　a) 연평균수요 $= 10*0.05 + 20*0.15 + 30*0.30 + 40*0.30 + 50*0.15 + 60*0.05 = 35(t)$

　　b) 여유(완충)생산능력 $=$ 생산능력 $-$ 평균수요 $= 50 - 35 = 15(t)$

　　c) 평균가동률 $= 10/50*0.05 + 20/50*0.15 + 30/50*0.30 + 40/50*0.30$
　　　　　　　　　$+ 50/50*(0.15 + 0.05) = 0.69 = 69$(%)

3-3　$c_1 = 4$(만 원/kg), $K = 100$(만 원), $c_2 = 2$(만 원/kg)

　　$x^* = K/(c_1 - c_2) = 100/(4 - 2) = 50$(kg)

3-5　정규생산능력: 25(박스/주), 최대 잔업생산능력: 5(박스/주), 박스당 재고유지비용: 1(만 원/주), 정규생산비용: 3(만 원/박스), 잔업생산비용: 5(만 원/박스)

주	1주	2주	3주	4주	5주	합계
납품계약(박스)	22	25	28	20	27	122
정규생산량(박스)	22	25	25	20	25	117
잔업생산량(박스)	0	0	3	0	2	5
재고량(박스)	0	0	0	0	0	0
정규생산비용(만 원)	66	75	75	60	75	351
잔업생산비용(만 원)	0	0	15	0	10	25
재고유지비용(만 원)	0	0	0	0	0	0
총비용(만 원)	66	75	90	60	85	376

- 주별 생산량: (22, 25, 28, 20, 27)(박스)

- 총비용: 376(만 원)

3-7   설계생산능력 = 6일*9시간*60분*4개 = 12,960(분)

방학 시작 전 주의 실제산출률 = (500(명)*5(분/명)) + (400(명)*20(분/명))
= 10,500(분)

졸업식 전 주의 실제산출률 = (700(명)*5(분/명)) + (300(명)*20(분/명))
= 9,500(분)

∴ 방학 시작 전 주의 가동률 = (10,500(분)/12,960(분))*100% = **81.019**(%)

졸업식 전 주의 가동률 = (9,500(분)/12,960(분))*100% = **73.302**(%)

그러므로, **방학 시작 전 주의 가동률**이 더 높았다.

4-1.   a) FCFS:

job #	p_i	d_i	a_i	C_i	F_i	T_i
1	3	6	0	3	3	0
2	6	10	0	9	9	0
3	4	15	0	13	13	0
4	7	12	0	20	20	8
sum =	20	43	0	45	45	8

$\overline{F}$ = 45/4 = **11.25**(일)
$\overline{T}$ = 8/4 = **2**(일)
$\overline{N}$ = 45/20 = **2.25**(개)
$\#_{tj}$ = **1**(개)

b) SPT:

job #	p_i	d_i	a_i	C_i	F_i	T_i
1	3	6	0	3	3	0
2	4	15	0	7	7	0
3	6	10	0	13	13	3
4	7	12	0	20	20	8
sum =	20	43	0	43	43	11

$\overline{F}$ = 43/4 = **10.75**(일)
$\overline{T}$ = 11/4 = **2.75**(일)
$\overline{N}$ = 43/20 = **2.15**(개)
$\#_{tj}$ = **2**(개)

c) EDD:

job #	p_i	d_i	a_i	C_i	F_i	T_i
1	3	6	0	3	3	0
2	6	10	0	9	9	0
3	7	12	0	16	16	4
4	4	15	0	20	20	5
sum =	20	43	0	48	48	9

$\overline{F}$ = 48/4 = **12**(일)
$\overline{T}$ = 9/4 = **2.25**(일)
$\overline{N}$ = 48/20 = **2.4**(개)
$\#_{tj}$ = **2**(개)

d) CR:

	job #	p_i	d_i	CR	
$t=0$	1	3	6	2	
	2	6	10	1.666667	*
	3	4	15	3.75	
	4	7	12	1.714286	
$t=6$	1	3	6	0	*
	3	4	15	2.25	
	4	7	12	0.8571429	
$t=9$	3	4	15	1.5	*2
	4	7	12	0.4285714	*1

job #	p_i	d_i	a_i	C_i	F_i	T_i
2	6	10	0	6	6	0
1	3	6	0	9	9	3
4	7	12	0	16	16	4
3	4	15	0	20	20	5
sum =	20	43	0	51	51	12

$\overline{F} = 51/4 = $ **12.75**(일)
$\overline{T} = 12/4 = $ **3**(일)
$\overline{N} = 51/20 = $ **2.55**(개)
$\#_{tj} = $ **3**(개)

4-3 a) average tardiness(이유 생략).

b) 아침 9시 기준, 현재시간 = 90, FCFS규칙을 적용하면 처리순서는 1 - 2 - 3 - 4순 (단, d_i, a_i, C_i는 9시부터 경과한 시간(단위: 분) 의미)

job	p_i	d_i	a_i	C_i	F_i
1	10	240	0	100	100
2	30	180	0	130	130
3	70	150	0	200	200
4	40	270	30	240	210
					640

F_i가 180분을 넘긴 job은 3, 4번이고 총지연시간은 50분이므로 수리공이 물어야 할 벌금은 **5천 원**이다.

c) $\overline{N} = (3*30 + 4*70 + 3*30 + 2*70 + 1*40)/240 = 640/240 = $ **2.67**(개)

5-1 a)

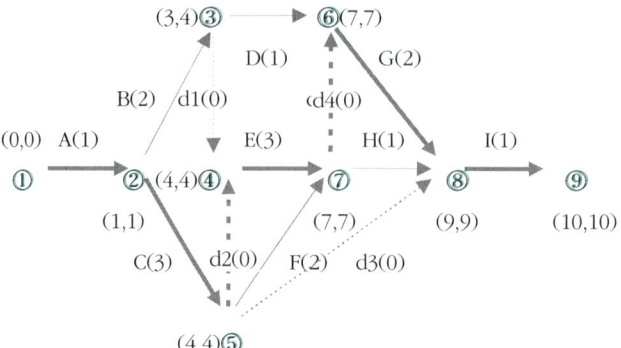

b) $A-C-d2-E-d4-G-I$ (과정 생략). 소요시간(x) $= 1+3+3+2+1 = 10$(주)

c) $FS_B = 0$(주) (과정 생략)

d) 공기: y(주), 주경로 소요시간(T_{cp})의 평균(μ) $=10$(주), 표준편차(σ) $=4$(주),

$\Pr[T_{cp} \geq y] = 1 - \Pr[T_{cp} \leq y] \leq 0.7$

$\Pr[T_{cp} \leq y] = \Pr[(T_{cp}-10)/4 \leq (y-10)/4] \geq 0.3$

$z = (y-10)/4 \geq -0.5244$, $y \geq 7.9024$(주).

∴ $y \geq 7.9024$(주)(y는 정수)

5-3 a)

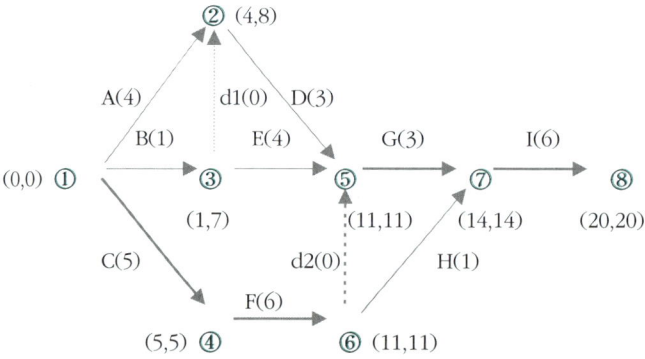

b) 주경로: $C-F-d2-G-I$ (과정 생략)

c) $FS_H = 2$(일) (과정 생략)

d) 주경로 소요시간(T_{cp})의 평균 $= 5+6+3+6 = 20$,

분산 $= 2^2 + 2^2 + 2^2 + 2^2 = 16$.

$\Pr[T_{cp} \leq 23] = \Pr[(T_{cp}-20)/4 \leq (23-20)/4] = \Pr[Z \leq 0.75] = 0.7734$.

5-5 a)

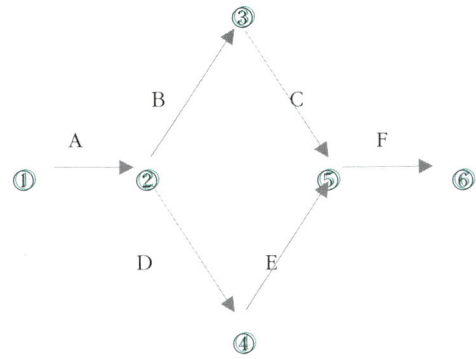

b) 주경로: A – D – E – F, 최소완료시간 = 21(주), 총비용 = 3,000(만 원)

c)

활동	A	B	C	D	E	F
$T_N - T_C$ (주)	1	1	1	3	3	3
$C_C - C_N$ (만 원)	100	200	120	600	360	390
주당 단축비용 (만 원)	100	200	120	200	120	130

① 먼저, 주경로의 활동들 중 주당 단축비용이 가장 적은 A에서 1주일 단축.

② 다시 주경로를 구하면, 그대로 A – D – E – F가 되고, 이 주경로의 활동들 중 주당 단축비용이 가장 적은 E에서 1주일 단축(A의 경우 $T_N - T_C = 1$(주)이므로 더 이상 단축이 불가능).

∴ 추가비용 = 100(만 원)(A의 1주일 단축비용) + 120(만 원)(E의 1주일 단축비용) = 220(만 원)

d) 주경로: A – B – C – F, 최소완료시간 = 12(주), 총비용 = 4,770(만 원)

6-1 EOQ: $S = 100,000$(원/회), $h = 5,000$(원/주, kg), $D = 10$(kg/주)

$$Q^* = \sqrt{\frac{2SD}{h}} = \sqrt{\frac{2*100,000*10}{5,000}} = \sqrt{400} = 20(\text{kg})$$

6-3 경제적 생산량(EPQ) 모형:

$S = 48$만 원/회, $c = 8$만 원/kg, $h = 2,400$원/월, kg, $P = 1,200$kg/월, $D = 300$kg/월, 소매가 = 10만 원/kg, $h' = h(1 - D/P) = 2,400(1 - 300/1,200) = 2,400 * 3/4 = 1,800$원/월, kg, $L = 0$.

a) $G(Q) = h'Q/2 + SD/Q + Dc = 900Q + 14{,}400만/Q + 2{,}400만(원)$

$G'(Q) = 900 - 14{,}400만/Q^2$, $G''(Q) = 28{,}800만/Q^3 > 0$ for $Q > 0$,

즉 $G(Q)$는 Q에 대하여 볼록(convex)함수이므로, $G'(Q) = 0$인 Q가 최적해가 됨

$Q^* = \sqrt{2SD/h'} = \sqrt{2(48만)(300)/1800} = \sqrt{16만} = 400(\text{kg})$.

b) $G(Q^*) = 900Q^* + 14{,}400만/Q^* + 2{,}400만 = \mathbf{2{,}472만(원)}$.

c) $T = Q^*/D = 400/300 = 4/3(월) = 30*4/3(일) = \mathbf{40(일)}$.

$t_p = Q^*/P = 400/1{,}200 = 1/3(월) = 30/3(일) = \mathbf{10(일)}$.

d) 순이익 = 수입 − 비용 = 300kg*10만/kg − 2,472만 = **528만(원)**

e) 생산준비기간(75일)이 주기(T: 40일)보다는 크고 $2T$(80일)보다는 작으며, 생산이 시작된지 80 − 75 = 5일이 지났을 때이므로, 생산가동기간($t_p = 10$일) 중이다. 이 기간 중에는 재고가 하루에 $(P − D)/30$의 비율로 증가하므로, $R = 5*(1200 − 300)/30 = $ 150(kg). 즉, 생산이 시작된 후 재고수준이 150kg이 되었을 때, 다음 생산준비를 시작해야 한다.

6-5 Newsboy 모형:

a) $MP = 2{,}000 − 1{,}400 = 600(원)$, $ML = 1{,}400 − 500 = 900(원)$.

$P = ML/(MP + ML) = 900/(600 + 900) = 900/1{,}500 = 0.6$.

$P = \Pr[X \geq W] = \Pr[(X − 200)/5 \geq (W − 200)/5] = \Pr[Z \geq (W − 200)/5]$

$= 1 − \Pr[Z \leq (W − 200)/5] = 0.6$, $\Pr[Z \leq (W − 200)/5] = 0.4$

$\Pr[Z \leq (W − 200)/5] = 0.4$, 표준정규분포표에서 $(W − 200)/5 = −0.253$(보간법)

→ $W = 198.735(개)$. 정수로만 주문할 수 있으므로, **198개**를 주문해야 함.
  (199개를 주문하면 기대한계손실이 기대한계이익보다 더 커지므로 안됨)

b) 600(원/개)*198(개) = **118,800(원)**

c) Y: 개당 판매가격(원), P_{195}: 195개째가 팔릴 확률, N: 아이스크림 판매량(개)

$MP = Y − 1{,}400(원)$, $ML = 1{,}400 − 500 = 900(원)$. $P*MP \geq (1 − P)*ML$.

$P^* = ML/(MP + ML) = 900/(Y − 1{,}400 + 900) = 900/(Y − 500)$.

아이스크림 195개째가 팔리기 위해서는 판매량 N이 195개 이상이어야 한다.

$P_{195} = \Pr[N \geq 195] = \Pr[(N − 200)/5 \geq (195 − 200)/5] = \Pr[Z \geq −1.0]$

$= 1 − \Pr[Z \leq −1.0] = 1 − 0.1587 = 0.8413$

그러므로 $P_{195} \geq P^*$, 즉 $0.8413 \geq 900/(Y − 500)$이어야 하므로,

∴ $Y \geq \mathbf{1569.77(원)}$ (Y는 정수)

7-1.

품목	구분/주	1	2	3	4	5
가압장치 ($LT=1$주)	총소요				120	100
	현재고	80	80	80	80	–
	순소요				40	100
	발주			40	100	
모터 ($LT=2$주)	총소요				80	200
	현재고	50	50	50	–	
	순소요				30	200
	발주	30	200			
구리관 ($LT=1$주)	총소요				120	300
	현재고	120	120	120	–	
	순소요					300
	발주			300		

7-3 LUC: 수정 수요 = (15, 6, 15, 10, 14)박스,

$h = 1$(만 원)/박스·일, $K = 20$(만 원)/회

$C(1) = 20/15 = 1.33$,

$C(2) = (20 + 1*1*6)/(15 + 6) = 1.24$,

$C(3) = (20 + 1*1*6 + 2*1*15)/(15 + 6 + 15) = 1.56$

　　$C(3) > C(2)$, stop. Set $y_1 = 15 + 6 = 21$, $y_2 = 0$. 3기부터 다시 시작.

$C(1) = 20/15 = 1.33$,

$C(2) = (20 + 1*1*10)/(15 + 10) = 1.20$,

$C(3) = (20 + 1*1*10 + 2*1*14)/(15 + 10 + 14) = 1.49$

　　$C(3) > C(2)$, stop. Set $y_3 = 15 + 10 = 25$, $y_4 = 0$. 5기부터 다시 시작.

마지막 기만 남았으므로, $y_5 = 14$.

기	1	2	3	4	5	
수요	–	20	6	15	10	12
생산	–	21	0	25	0	14
재고	(5)	6	0	10	0	2

$y = (21, 0, 25, 0, 14)$(박스)

$TC = 3*20 + 1*(6 + 10 + 2)$

　　$= 78$(만 원)

8-1 a) $n = $(컨테이너 순환시간)*(부품의 시간당 수요율)/(컨테이너 용량)

　　　$= 4$(시간)$*200$(개/시간)$/40$(개/대)$= 20$(대)

b) 최대 재고수준＝(컨테이너 숫자)＊(컨테이너 용량)

$\qquad$ ＝20(대)＊40(개/대)＝800(개)

c) 20(개) [컨테이너의 숫자만큼 필요하므로]

9-1 연간 평균재고액 60억 원, 연간 매출원가 300억 원 (1년 50주)

주당 매출원가＝연간 매출원가/50주＝300(억 원/년)/50(주/년)＝6(억 원/주)

- 공급주수＝평균총괄재고가치/주당 매출원가＝60(억 원)/6(억 원/주)＝10(주)
- 재고회전율＝연간 매출원가/평균총괄재고가치＝300(억 원/년)/60억 원＝5(회전/년)

9-3

평가기준의 상호 비교 행렬

기준	품질	가격	납기	기준	품질	가격	납기	가중치
품질	1	2	3	품질	6/11	4/7	3/6	0.539
가격	1/2	1	2	가격	3/11	2/7	2/6	0.297
납기	1/3	1/2	1	납기	2/11	1/7	1/6	0.164
합계	11/6	7/2	6	합계	−	−	−	1.000

공급업체들의 상호 비교 행렬

기준/공급업체		S1	S2	S1	S2	점수
품질	S1	1	2	2/3	2/3	0.667
	S2	1/2	1	1/3	1/3	0.333
	합계	3/2	3	−	−	1.000
가격	S1	1	1/2	1/3	1/3	0.333
	S2	2	1	2/3	2/3	0.667
	합계	3	3/2	−	−	1.000
납기	S1	1	3	3/4	3/4	0.750
	S2	1/3	1	1/4	1/4	0.250
	합계	4/3	4	−	−	1.000

공급업체들의 평가점수

공급업체	품질		가격		납기		평가점수
S1	(0.539)(0.667)	＋	(0.297)(0.333)	＋	(0.164)(0.750)	＝	0.581
S2	(0.539)(0.333)	＋	(0.297)(0.667)	＋	(0.164)(0.250)	＝	0.419
합계	−		−		−		1.000

S1의 평가점수가 S2의 평가점수보다 높으므로 S1을 선택한다.

10-1 $\mu=900\text{g},\ \sigma=5\text{g},\ z_{0.05}=1.645$

규격한계의 $\text{LSL}=\mu-1.645\sigma=900-1.645*5=\mathbf{891.775}(\text{g})$,

$\text{USL}=\mu+1.645\sigma=900+1.645*5=\mathbf{908.225}(\text{g})$.

10-3 $\mu=30\text{cm},\ \sigma=0.05\text{cm},\ z_{0.025}=1.96$

$\overline{X}$ 관리도의 $\text{LCL}=\mu-1.96\sigma=30-1.96*0.05=\mathbf{29.902}(\text{cm})$,

$\text{UCL}=\mu+1.96\sigma=30+1.96*0.05=\mathbf{30.098}(\text{cm})$,

R관리도의 $\text{LCL}=\mathbf{0.000}(\text{cm})$,

$\text{UCL}=6\sigma=6*0.05=\mathbf{0.3}(\text{cm})$

11-1 a) 가동률$(\rho)=75$(명/시간)$/100$(명/시간)$=0.75$이므로, 임계 영역.

b) 도착률$(\lambda)=75$(명/시간)$*2=150$(명/시간)이고,

임계 영역 최소 가동률$(\rho)=0.7=150/\mu$이므로, $\mu\fallingdotseq 214.29$(명/시간)

∴ 서비스율을 최소 **115**(명/시간, $=214.29-100$) 더 늘려야 함.

11-3 a) 도착률$(\lambda)=12$(명/시간), 서비스율$(\mu)=20$(명/시간)이므로,

평균 이용률$(\rho)=\lambda/\mu=12/20=\mathbf{0.6}$ ($=60\%$)

b) $L=\lambda/(\mu-\lambda)=12/(20-12)=\mathbf{1.5}$(명)

c) $L_q=\rho L=0.6*1.5=\mathbf{0.9}$(명)

d) $W=1/(\mu-\lambda)=1/(20-12)=0.125$(시간)$=\mathbf{7.5}$(분)

e) $W_q=\rho W=0.6*0.125=0.075$(시간)$=\mathbf{4.5}$(분)

f) 서비스시스템 내 학생이 2명 초과할 확률

$=1-$서비스시스템 내 학생이 2명 이하일 확률

$=1-(P_0+P_1+P_2)$

$=1-((1-\rho)\rho^0+(1-\rho)\rho^1+(1-\rho)\rho^2)$

$=1-((1-0.6)0.6^0+(1-0.6)0.6^1+(1-0.6)0.6^2)$

$=1-(0.4+0.24+0.144)=\mathbf{0.216}$ ($=21.6\%$)

g) 학생 1명이 컴퓨터를 사용하기 위해 소비하는 평균 시간

$=3$(분)$=1/20$(시간)$=1/(\mu-\lambda)=1/(\mu-12)$이므로, $\mu=32$(명/시간)

∴ 새로운 컴퓨터의 시간당 최소 처리율은 **32**(명).

찾아보기

국문

ㄱ

가법적 계절변동 27
가변조달기간 141
가상활동 81
가장 현실적인 추정시간 87
가중이동평균법 19
간트도표 79
객관적 예측기법 14
검사비용 187
결점수관리도(c관리도) 193
경쟁적 관계 174
경제적 생산량 113
경제적 주문량 109
경제적 생산량 모형 112
경제적 주문량 모형 105
계량적 모형 2
계량적 예측기법 14
계량치 187
계량치관리도 189
계수치 187
계수치관리도 192
계절변동 27
계절성 16

계절지수 33
계층분석과정 171
고객대기 비용 207
고객의 요구변동 204
고객의 접촉 204
고정비 99
고정주문량모형 102
고정주문주기모형 102
공급사슬 166
공급사슬관리 166
공급일수 177
공급주수 177
공급사슬 위험 179
관리도 188
관리상태 189
관리한계 188
관리한계상한 189
관리한계하한 189
구매 166, 170
구조 178
귀무가설 189
규격한계 187
규격한계상한 187
규격한계하한 187
규모의 경제 49, 97
규모의 비경제 49

그린 공급사슬관리 179
그린구매 175
글로벌소싱 171
기(期) 10
기간당 평균비용 144
기대비용최소화 117
기정균일수요 105
긴급률 67

낙관적 추정시간 87
납기일 60
납품칸반 155
낭비 154
내부생산 112
네트워크 80
노드 80

다기능작업자 161
다수공급자전략 174
단계 81
단기 11
단속공정 59
단순이동평균법 19
단위당 평균비용 146
단일공급자전략 174
단일기간재고모형 118
단일칸반시스템 155
대기시간 60
대기행렬 200

대기행렬관리 207
대기행렬모형 208
대량서비스 206
델파이기법 13
도요타생산시스템 154
도착률 203
도착시간 60
독립수요 97
동시처리 60

라인공정 58
로지스틱스 175
로트 142
로트크기결정 142
로트크기결정 최적해법 148
린 생산 154

매몰비용 52
매점매석 98
모형 2
목적함수 4
목표재고수준 103
무결점운동 186
무작위성 17
무한생산율 106

반복생산공정 58

배급 175
배치공정 59
100PPM운동 186
범위 190
범위관리도(R관리도) 190
변동비 99
변질성 101
변환과정 5
부자관계 134
부족비용 100
부품 96
부품수급혁신 161
부품전개 139
분산구매 174
불검사비용 187
불량률관리도(p관리도) 193
불량품 142
불확실성 97
비관리상태 189
비관적 추정시간 87
비용최소화 106

산출 5
상류 166
샘플링검사 194
생산계획 132
생산관리 2
생산능력 46
생산성 6
생산시스템 5
생산운영관리 2

생산자위험 195
생산칸반 155
생산평활 53
서버 201
서비스공장 206
서비스과정 200
서비스능력 202
서비스능력 비용 207
서비스숍 206
서비스수준 122
서비스시스템 200
서비스 운영관리 200
서비스율 203
서비스 전달시스템 200
서비스전략 204
서비스 조직 200
서비스 청사진 205
서비스확률 122
선착순 66
선행관계 61, 79
선형회귀 15
설계생산능력 46
설계품질 184
설비계획 46, 132
세부일정계획 132
소비자위험 195
속성처리 88
수량할인모형 115
수송중 재고 96
수요 100
수요율 105
수율관리 204
수직적 통합 178

수평적 통합　178
순서계획　61
순차처리　60
순환성　17
승법적 계절변동　27
시계열　16
시계열분석기법　16
시계열분해법　27
시스템 내 평균작업수　63
시장조사법　14
식스시그마　186
신문팔이소년모형　118
Silver-Meal 휴리스틱(SMH)　144
실제유사성　3

ㅇ

아웃소싱　170
아크　80
안전재고　103
안정생산능력　46
약정　72
ABC재고관리　125
AOA네트워크　80
AON네트워크　81
(S,s) 모형　124
lot-for-lot(LFL) 생산　144
여유생산능력　48
연속생산공정　58
연속적 조사　101
열거법　83
예상주경로　87
예약　72

예측　10
예측기간　10
예측오차　35
예측주기　10
예측치　11
오프쇼어링　171
와그너-휘틴해법　148
완제품　96
완충생산능력　48
외부생산　106
우연원인　188
운송/이동칸반　155
운영관리　2
원자재　96
유지생산능력　46
유통　175
유한생산율　112
유휴시간비용　52
이동평균법　18
이상원인　188
EOQ 근사　143
이윤최대화　106
이중칸반시스템　155
2회샘플링검사　194
인과형 모형　15
인소싱　170
인접계절평균치　31
인출칸반　155
일시선량배달　106
일정계획　58, 61, 132
1회샘플링검사　194
임계 영역　203

ㅈ

자유여유시간 85
자재명세서 133
자재소요계획 132, 140
작업 60
잔업비용 52
잡샵 60
잡샵공정 59
장기 10
재고 96
재고공유효과 176
재고관리 96
재고기록철 139
재고부족비용 52
재고생산공정 59
재고유지비용 52, 99
재고의 유형 96
재고조사시기 100
재고충족률 176
재고회전율 177
재공품 96
재주문점 102
적시생산시스템 154
적합품질 184
전량할인 115
전문서비스 207
전방배치 175
전방통합 178
전사적 자원관리 140
전사적 품질관리 186
전수검사 187
전진후진계산법 85

정상시계열 17
정성적 모형 2
정성적 예측기법 13
정시납품비율 176
제1종 오류 195
제2종 오류 195
제약식 4
제조자원계획 140
제품구조나무 133
제품구조도 133
조달기간 101, 106, 135
존슨 규칙 69
종료시간 60
종속관계 134
종속수요 97
종합적 품질경영 186
주경로 83
주관적 예측기법 13
주기 101, 106
주기적 조사 101
주문비용 99
주문생산공정 59
주문적체 72
주문충족률 176
주일정계획 132
주체 60
주활동 83
중기 10
중단 가능 61
중단 불가 61
중대경로 83
중앙집중적 배치 175
지속가능한 공급사슬관리 179

지수평활법 20
지연시간 62
지연작업수 62
직전선행활동 78
집중구매 174

채용비용 52
채찍효과 167
처리시간 60
초과수요 101
총공급사슬원가 176
총공급사슬주기 169
총괄계획 46, 132
총여유시간 85
총완료시간 62
최단처리시간 66
최소납기일 67
최소완료시간 82
최소자승법 25
최적해 4
추가량할인 115
추세 16
추세분석법 23
추세선 23
추적지표 37
추종전략 53
추후납품 53, 101
추후납품비용 52
축차샘플링검사 194
취급용이성 3

칸반 155
칸반시스템 155
Q시스템 102

통계적 품질관리 185
투입 5
트럭적재할인 116

파레토 법칙 125
판매 166, 175
판매상실 101
판매원추정 13
편의 35
편차 35
평균오차 35
평균자승오차 36
평균절대비율오차 36
평균절대편차 36
평균지연시간 62
평균총괄재고가치 177
평균치관리도($\overline{X}$ 관리도) 190
평균흐름시간 61
평준화전략 53
평활상수 21
표본검사 187
표준계절지수 34
품목비 100

품절비용 52
품절확률 122
품질분임조 186
프로젝트 78
프로젝트공정 59
플로우샵 60
피드백정보 5
P시스템 103
피크생산능력 46

한계손실 118
한계이익 118
해고비용 52
협력적 관계 174
확률적 재고모형 102, 117
확정적 재고모형 102, 105
환경 5
활동 78
효과성 6
효율성 6
후방배치 175
후방통합 178
휴리스틱 142
휴리스틱 순서규칙 65
흐름시간 61

하류 166
하부구조 178
하청비용 52

영문

A

ABC inventory management 125
acceptance sampling 194
activity 78
activity-on-arc network 80
activity-on-node network 81
additive seasonal variation 27
aggregate planning 46, 132
all-at-once replenishment 106
all-units discounts 115
analytic hierarchy process(AHP) 171

appointment 72
arc 80
arrival time 60
assignable cause 188
attributes 187
average aggregate value of inventory 177
average control chart($\overline{X}$ chart) 190
average cost per period 144
average cost per unit 146
average number of jobs in system 63
average tardiness 62

backlog cost   52
backlog   53, 72
backorder   53, 101
backward integration   178
backward placement   175
batch process   59
bias   35
bill of materials(BOM)   133
bullwhip effect   167

capacity   46
capacity cushion   48
carload discounts   116
causal model   15
centered moving average   31
centralized purchasing   174
centralized placement   175
chance cause   188
changing inventory   101
chase strategy   53
competitive relationship   174
completion time   60
components/subassemblies   96
constant known demand   105
constraint   4
consumer's risk   195
continuous process   58
continuous review   101
control chart   188
control charts for attributes   192
control charts for count of defects(c chart)   193
control charts for proportion of defects(p chart)   193
control charts for variables   189
control limit   188
conveyance kanban   155
cooperative relationship   174
cost minimization   106
cost of customers waiting   207
cost of service capacity   207
CPM   80
crashing   88
critical activity   83
critical path   83
critical path method   80
critical ratio(CR)   67
critical zone   203
customer contact   204
customer survey/market research   14
cycle   101, 106
cyclicity   17

days of supply   177
decentralized purchasing   174
Delphi method   13
demand   100
demand rate   105
dependent demand   97
designed capacity   46

deterministic inventory model 102
deviation 35
discrete/periodic review 101
diseconomies of scale 49
distribution 175
double sampling inspection 194
downstream 166
dual kanban system 155
due date 60
dummy activity 81

earliest due date(EDD) 67
economic order quantity(EOQ) 109
economic order quantity(EOQ) model 105
economic production quantity(EPQ) 113
economic production quantity(EPQ) model 112
economies of scale 49, 97
effectiveness 6
efficiency 6
enterprise resource planning(ERP) 140
enumeration method 83
environment 5
EOQ approximation 143
event 81
excess demand 101
expected cost minimization 117
expected critical path 87
exponential smoothing 20

facility planning 46, 132
feasibility 3
feedback information 5
fidelity 3
finished goods 96
finite production rate 112
firing cost 52
first-come first-served(FCFS) 66
fixed cost 99
fixed-order-period/interval model 102
fixed-order-quantity model 102
flow shop 60
flow time 61
forecast 11
forecast error 35
forecasting horizon 10
forecasting 10
forecasting interval 10
forward and backward pass method 85
forward integration 178
forward placement 175
free slack time 85

Gantt chart 79
global sourcing 171
green purchasing 175
green supply chain management(GSCM) 179

heuristic 142
heuristic sequencing rule 65
hiring cost 52
horizontal integration 178

immediate predecessor 78
imperfect product 142
incremental quantity discounts 115
independent demand 97
infinite production rate 106
infrastructure 178
input 5
inside production 112
insourcing 170
inspection cost 187
intermediate term 10
intermittent process 59
inventory fill rate 176
inventory holding cost 52, 99
inventory management 96
inventory model with known demand 105
inventory model with unknown demand 117
inventory pooling 176
inventory records file 139
inventory shortage cost 52
inventory turnover 177
inventory 96

item cost 100

job 60
job shop 60
job shop process 59
Johnson's rule 69
just-in-tim(JIT) II 161
just-in-time production system(JIT) 154

kanban 155
kanban system 155

lead time(LT) 101, 106, 135
lean production 154
least squares 25
least unit cost(LUC) 146
level strategy 53
line process 58
linear regression 15
logistics 175
long term 10
lost sales 101
lot 142
lot-for-lot production(LFL) 144
lot-size dependent lead time 141
lot-sizing 142
lower control limit(LCL) 189

lower standard limit(LSL)   187

machine   60
makespan   62
make-to-order process   59
make-to-stock process   59
manufacturing resource planning(MRP II)   140
marginal loss(ML)   118
marginal profit(MP)   118
market research/customer survey   14
mass service   206
master production schedule(MPS)   132
materials requirements planning(MRP)   132, 140
mean absolute deviation(MAD)   36
mean absolute percentage error(MAPE)   36
mean arrival rate   203
mean error(ME)   35
mean flow time   61
mean service rate   203
mean squared error(MSE)   36
minimum completion time   82
model   2
most likely time   87
moving averages   18
multi-function worker   161
multiple sourcing strategy   174
multiplicative seasonal variation   27

network   80
newsboy model   118
node   80
non-inspection cost   187
non-preemptive   61
null hypothesis(H0)   189
number of tardy jobs   62

obejctive function   4
objective method   14
offshoring   171
100 PPM movement   186
on-time delivery rate   176
operations management   2
operations scheduling   58, 132
optimal lot-sizing algorithm   148
optimal solution   4
optimistic time   87
order cost   99
order fill rate   176
order variation   204
out of control   189
output   5
outside production   106
outsourcing   170
overtime cost   52

P system 103
parallel processing 60
parent-child relationship 134
Pareto principle 125
part period balancing(PPB) 147
parts explosion 139
peak capacity 46
penalty/shortage/stock-out cost 100
period 10
periodic/discrete review 101
PERT 80
PERT/CPM 80
pessimistic time 87
pipeline inventory 96
precedence relation 61
precedence relationship 79
preemptive 61
processing time 60
producer's risk 195
product structure diagram 133
product structure tree 133
production and operations management 2
production kanban 155
production management 2
production planning 132
production smoothing 53
production system 5
productivity 6
professional service 207
profit maximization 106

program evaluation and review technique 80
project 78
project process 59
pull system 160
purchasing 166, 170
push system 160

Q system 102
qualitative forecasting method 13
qualitative model 2
quality control(QC) circle 186
quality of conformance 184
quality of design 184
quantitative forecasting method 14
quantitative model 2
quantity discount model 115
queue 200
queuing model 208

randomness 17
range(R) 190
range control chart(R chart) 190
raw materials 96
reorder point 102
repetitive process 58
reservation 72
review time 100

S

safety stock 103
sales 166, 175
sales-force estimates 13
sample inspection 187
scheduling 61
seasonal factor/index 33
seasonal index/factor 33
seasonal variation 27
seasonality 16
sequencing 61
sequential processing 60
sequential sampling inspection 194
server 201
service blueprint 205
service capacity 202
service delivery system 200
service factory 206
service level 122
service operations management 200
service organization 200
service process 200
service shop 206
service strategy 204
service system 200
service-level probability 122
SERVQUAL 195
short term 11
shortage/stock-out/penalty cost 100
shortest processing time(SPT) 66
Silver-Meal heuristic(SMH) 144
simple moving averages 19

single kanban system 155
single sampling inspection 194
single sourcing strategy 174
single-period inventory model 118
six sigma 186
smoothing constant 21
speculation 98
standard limit 187
standardized seasonal factor/index 34
standardized seasonal index/factor 34
stationary time series 17
statistical quality control(SQC) 185
stochastic inventory model 102
stock out probability 122
stockout cost 52
stock-out/penalty/shortage cost 100
structure 178
subassemblies/components 96
subcontracting cost 52
subjective forcasting method 13
sunk cost 52
supply chain management(SCM) 166
supply chain risk 179
supply chain 166
sustainable supply chain management (SSCM) 179
sustained capacity 46
(S,s) model 124

tardiness 62
target inventory level 103

the type I error   195
the type II error   195
time series   16
time series decomposition   27
time series method   16
total inspection   187
total quality control(TQC)   186
total quality management(TQM)   186
total slack time   85
total supply chain cost   176
total supply chain cycle time   169
Toyota prduction system(TPS)   154
tracking signal(TS)   37
transformation process   5
trend   16
trend analysis   23
trend line   23
types of inventories   96

uncertainties   97
under control   189
undertime cost   52
upper control limit(UCL)   189
upper standard limit(USL)   187
upstream   166

variable cost   99
variables   187
vendor kanban   155
vertical integration   178

Wagner-Whitin algorithm   148
waiting time   60
waiting-line management   207
waste   154
weeks of supply   177
weighted moving averages   19
withdrawal kanban   155
work in process(WIP)   96

yield management   204

zero defects(ZD) program   186